EL TEATRO CUBANO EN EL VÓRTICE DEL COMPROMISO

1959-1961

COLECCIÓN POLYMITA

EDICIONES UNIVERSAL, Miami, Florida, 2002

Matías Montes-Huidobro

EL TEATRO CUBANO EN EL VÓRTICE DEL COMPROMISO

1959-1961

Copyright © 2002 by Matías Montes-Huidobro

Primera edición, 2002

EDICIONES UNIVERSAL
P.O. Box 450353 (Shenandoah Station)
Miami, FL 33245-0353. USA
Tel: (305) 642-3234   Fax: (305) 642-7978
e-mail: ediciones@ediciones.com
http://www.ediciones.com

Library of Congress Catalog Card No.: 2001097549
I.S.B.N.: 0-89729-973-6

Composición de textos: María Cristina Zarraluqui
Diseño de la cubierta: Luis García Fresquet

Este es un proyecto de Pro-Teatro Cubano

Todos los derechos
son reservados. Ninguna parte de
este libro puede ser reproducida o transmitida
en ninguna forma o por ningún medio electrónico o mecánico,
incluyendo fotocopiadoras, grabadoras o sistemas computarizados,
sin el permiso por escrito del autor, excepto en el caso de
breves citas incorporadas en artículos críticos o en
revistas. Para obtener información diríjase a
Ediciones Universal.

DEDICATORIA:

    A mi madre, Eulalia Huidobro,
        en deuda permanente.

    A mi esposa, Yara,
        por acompañarme.

Índice

Palabras preliminares	11
Para una historia del teatro cubano	13
Teatro en *Lunes de Revolución*	19
Nueva mirada hacia el pasado	21
El dramaturgo cubano en estado de tránsito	24
Teoría y práctica de la escena cubana	29
Estética teatral de *Lunes:* utopía del intelecto	31
Función doctrinal del teatro: realidad de la revolución	35
Ensayos en *Lunes de Revolución*	43
Necesidad de José Antonio Ramos	45
Paddy Chayefsky: Las cosas hablan	57
Presencia de Stanislavski en el teatro cubano	69
Arthur Miller "La jaula del hombre"	75
Tennessee Williams	87
Realismo no objetivo de La Ópera de Pekín	99
Cervantes en escena: técnica del entremés	101
Nueva mirada hacia el pasado	105
Antón Chéjov	111
Un actor se prepara	123
Reseñas	131
Teatro cubano	133
Pasado teatral cubano	139
Santiago de Pita	139
El príncipe jardinero y fingido Cloridano	139
José Agustín Millán	140
Un californiano	140
Felipe Pichardo Moya	140
La oración	140
Rolando Ferrer	141
La taza de café: café amargo	141
La taza de café	143
Función homenaje	144
Virgilio Piñera	146
Electra Garrigó	146
José Triana	149
El chisme: mito trágico. *Medea en el espejo*	149
El mayor general hablará de Teogonía	152

Raúl Eguren	153
Despertar	153
Raúl González de Cascorro	155
Árboles sin raíces	155
Ramón Ferreira	157
Un color para este miedo	157
Emilio Taboada	159
Las auras huyen de la tormenta	159
Raúl de Cárdenas	160
Los ánimos estan cansados	160
David Camps	162
Oficinista	162
Dora Alonso	163
La hora de estar ciegos	163
Marcos Behemaras	166
La cortina de bagazo	166
Enrique Nuñez Rodríguez	167
¡Gracias, Doctor!	167
Olga de Blank y Maria Julia Casanova	168
Nuestros maridos	168
José Martí	170
El lindo ruiseñor	170
Risa alegre en la tarde	172
Los niños están primero	173
Teatro español	177
Cervantes	179
Los habladores	179
Lope de Vega	180
Fuenteovejuna	180
Federico García Lorca	182
El teatro de García Lorca	182
Pedro Salinas	183
Los santos	183
Miguel Mihura	185
Melocotón en almíbar	185
Víctor Ruiz Iriarte	187
Usted no es peligrosa	187
¿?	188
Ahora llueve, vida mía	188
Teatro latinoamericano	191
Andrés Lizárraga	193
Santa Juana de América	193

Osvaldo Dragún	196
La peste viene de Melos	196
Corrado Alvaro	197
La larga noche de Medea	197
Pedro Bloch	198
Las manos de Eurídice	198
Teatro norteamericano	201
William Inge	203
La oscuridad al final de la escalera	203
Antonia Rey y la puesta en escena	206
Arthur Miller	208
Las brujas de Salem	208
Panorama desde el puente	212
La muerte de un viajante	213
El teatro como documento	215
Tennessee Williams	217
El dulce pájaro de la juventud	217
Truman Capote	220
El arpa de hierba	220
Eugene O'Neill	222
Distinto	222
Thornton Wilder	223
Nuestro pueblito	223
Cliford Odets	225
Esperando al zurdo	225
Fields y Devries	227
Sólo por amor	227
Otras dramaturgias	229
Anouilh	231
Antígona	231
Bertold Brecht	232
Los fusiles de la Madre Carrar	232
Chéjov	235
El jardín de los cerezos	235
Ilegalidad y *Una bromita*	237
"Humoradas" en Arlequín	237
Diego Fabbri	239
Proceso de familia	239
Ionesco	241
La lección	241
La soprano calva	242

Patrick Knott	244
La llamada fatal	244
John Patrick	246
Corazón ardiente	246
Pirandello	248
(si os parece)	248
El hombre, la bestia y la virtud	248
J. B. Priestley	250
Esquina peligrosa	250
Jean Paul Sartre	252
Presencia de Sartre	252
Bernard Shaw	258
Santa Juana	258
Carl Schoenherr	259
La endemoniada	259
Louis Verneuil	261
El Señor Lambertier	261
La Ópera de Pekín	263
Sugerencias de *Selva de jabalíes*	265
La serpiente blanca	267

Entrevistas 271
    Voces en una entrevista 274
    Fermín Borges: mensaje a los actores 276
    Carlos Felipe: Entrevista a una voz necesaria 279
    Carlos Felipe: No apto para timoratos 282
    Manuel Reguera Saumell 283
    Gloria Parrado 285
    Adela Escartín 286
    Liliam Llerena 287
    Miriam Acevedo 288
    Vicente Revuelta 289

Retablo 293
Epílogo 299
Índice Onomástico 303

Palabras preliminares

Personalmente, el período que va de 1959 a 1961 es de extraordinaria importancia para mí como formación del escritor y mi proceso de definición ideológica. Me coloca, como a otros escritores cubanos, en el vórtice del compromiso. Lo que en 1959 empezó con una actitud entusiasta y esperanzadora, para mediados de 1961 ya estaba marcado con la desilusión y el desencanto. Mi actividad creadora y crítica se acrecienta en este período y muchos de mis trabajos aparecen en las páginas del periódico *Revolución* o en el semanario *Lunes de Revolución*. He tenido mis dudas sobre volver a editar o no estos textos ya publicados en revistas y periódicos, que quizás tengan un valor muy relativo, particularmente aquellos que no están relacionados con el teatro cubano. Algunos de los nombres que aparecen mencionados en las reseñas sólo quedan en la memoria de unos cuantos y, además, como detesto lo anecdótico y chismográfico no caen en la categoría de la reconstrucción pintoresca. Sin embargo, la cultura cubana se ha enfrentado en el siglo XX a tantos peligros, que me he decidido por su publicación en espera de que en alguna medida ayude a dilucidar la verdad entre un centenar de mentiras. Además, creo que reflejan el contexto general del momento y, por todo ello, me parecen de interés para un mejor entendimiento de la vida cubana en estos años donde conviven mitos, calumnias, mitificaciones y desmitificaciones. Aclaremos también que estas no son unas Memorias, aunque algo hay, quizás más de la cuenta. Las Memorias se escriben cuando uno no tiene nada nuevo que decir y no creo que este sea mi caso, o cuando se nos ha olvidado la mitad de lo que debíamos recordar. En realidad lo que intento es documentar, como testigo de cargo, tres años de la vida teatral cubana en un momento crucial de nuestra existencia, la de muchos de nuestros contemporáneos y la mía. Incluyo los ensayos que publiqué en *Lunes* y algunas reflexiones contemporáneas que me parecen están conectadas con la situación del escritor en el vórtice del compromiso.

Las críticas que aquí aparecen reunidas no se hubieran podido publicar jamás, sin la colaboración de mi madre, la señora **Eulalia Huidobro**, que me hizo llegar desde Cuba estos trabajos, pacientemente, después de haber salido del país, y con la que estoy en deuda permanente.

Naturalmente, de más está decir, que estos textos jamás hubieran podido hacerse realidad sin la cooperación de mi esposa, **Yara**, que ha sido parte intrínseca de toda mi obra crítica y creadora, a lo que se agrega en este caso el especial significado que tiene por el período histórico tratado en este libro, cuyo viaje, como todos los demás, hemos hecho juntos.

Quiero darles las gracias, por la ayuda recibida, al *Cuban Heritage Collection de la Universidad de Miami*, que tan bien conserva el patrimonio nacional cubano, y muy en especial a la bibliotecaria **Lesbia Orta Varona**, que de modo tan incansable y desinteresado me ha ayudado a conseguir materiales esenciales para poder hacer realidad esta y otras investigaciones, como hace igualmente con extenso número de profesionales dedicados al estudio de la cultura cubana.

Para una historia del teatro cubano

El carácter efímero de toda representación teatral le da al teatro, paradójicamente, un modo de ser y su permanencia. Una puesta en escena es un acto en vivo que no puede repetirse y de ahí surge su validez intrínseca. La crítica teatral, la que se publica en el periódico en relación directa con la puesta en escena, comparte en cierta medida esa característica, y hasta el periódico, la consistencia misma del papel en que aparece, más frágil, amarillento y propenso a sentir el paso del tiempo, con la fecha concreta de un día particular de la semana, el mes y el año, responde a un momento perecedero. Sin embargo, cuando estos pasan a interpretarse retrospectivamente, dentro del tiempo efímero y permanente a la vez, es posible hacer una reconstrucción que adquiere una nueva perspectiva: se vuelve historia del teatro.

A los puntos previamente indicados hay que agregar el hecho mismo del contexto histórico en que el teatro aparece, en este caso, los tres primeros años de la revolución cubana, cuya importancia desde cualquier ángulo que se vea, es un "clímax" en la no menos dramática historia de Cuba durante el siglo XX. Por consiguiente, el teatro cubano de este período es mucho más de lo que puede ser, por ejemplo, la cartelera de Broadway o de Londres durante esos mismos años, ya que las mismas no están conectadas con una crisis histórica de dimensiones parecidas. De ahí que el teatro pase a ser para todos sus participantes (autores, directores, intérpretes, escenógrafos, tramoyistas, etc) una toma de conciencia que desemboca en la realidad histórica, política e ideológica de todos los integrantes del movimiento teatral, y muy en especial, del dramaturgo y del crítico. Se llega así a la teatralidad última de la realidad, como si estuviéramos apresados dentro de un texto sartreano donde la "decisión" existencialista nos hace y hace al teatro.

Las reseñas críticas aquí reunidas fueron publicadas en el periódico *Revolución* entre diciembre de 1959 y enero de 1961. Durante esos años estuve (específicamente en 1960) a cargo de la crítica teatral del periódico y, por consiguiente, las mismas dan un panorama muy completo de lo que era el teatro en Cuba en ese momento de transición histórico-dramática. Vistas en la distancia, comprenden una intensa actividad teatral, si bien no siempre lograda a plenitud, llena de un marcado entusiasmo. Aunque insistía y lamentaba la poca importancia que se le daba a los autores cubanos, dan testimonio de la presencia de numerosos dramaturgos, del pasado y del presente, y principalmente del futuro, algunos de los cuales estrenaban por primera vez o estaban a punto de hacerlo. Como veremos, la nómina no estaba mal, aunque pudo estar mejor. Mi constante insistencia en la importancia de la dramaturgia nacional se manifiesta en estas reseñas. Un recorrido por el repertorio internacional muestra las preferencias de la escena cubana. Sin faltar algunos clásicos, **Cervantes, Lope de Vega** y **Shakespeare,** hay énfasis en el teatro norteamericano y suben a escena **Arthur Miller, Tennessee Williams, William Inge, Thorton Wilder, Clifford Odets, Truman Capote, O'Neill,** así como otros comediógrafos de menor monta. **Anouil, Sartre, Ionesco, Pirandello, Brecht, Chéjov, Shaw, Priestley, John Patrick, Carl Schoenheer y Diego Fabbri,** confirman la presencia de un repertorio amplio y de primera línea, sin contar un buen número de autores de carácter más superficial. Más pobre es el repertorio español e hispanoamericano, encabezado por **García Lorca, Mihura y Salinas**, pero con piezas de dudosos méritos de **Calvo Sotelo, Ruiz Iriarte, Buero Vallejo,** etc., que quizás no debieron subir a escena. Con **Osvaldo Dragún y Andrés Lizárraga** se empieza a abrir camino el repertorio latinoamericano que era territorio poco conocido.

A pesar de mi constante ataque al teatro superficial que ofrecían las salas teatrales, aunque reconociendo siempre sus esfuerzos cuando ofrecían un material válido, la amplitud de este repertorio se debía al entusiasmo que significaba en ese momento el cambio histórico que tenía lugar, así como a un esfuerzo común, cohesivo, entre todos aquellos interesados en un mejor destino para la dramaturgia cubana. De un lado, en el transcurso de los años anteriores al castrismo, se venía realizando en Cuba una labor seria y responsable a favor de un teatro de mayor calidad, y tomando conciencia de las nuevas circunstancias históricas, estaban todas ellas dispuestas a unirse en un esfuerzo colectivo de superación escénica. A ese sector privado se une la actitud positiva del sector oficial, dispuesto a respaldar el movimiento teatral, sin una posición dogmática aparente, ya que, salvo una minoría, los participantes en el movimiento teatral cubano en aquellos momentos no tenían una actitud política dogmatizada. Pero para fines de 1961, esa cohesión inicial que representaba una visión pluralista, queda anulada, ya que la dogmatización de la esfera oficial representaba la gradual eliminación del esfuerzo privado de naturaleza individual.

Muchas de mis reseñas contienen un ataque demoledor a las salas teatrales, no porque no cumplieran con una tarea ideológica en sentido histórico-político, sino porque no cumplían con una responsabilidad estética. Mi ataque al mediocre repertorio de muchas fue constante y permanente, y no me arrepiento de ello. Por otra parte, mi reconocimiento a aquellas tareas estéticamente meritorias realizadas por algunas salas que luchaban a brazo partido por su supervivencia, fue con frecuencia apasionado y respondía a una actitud independiente que a la larga iba contra la sistematización coercitiva oficial en el terreno de la estética y la ideología dramática que se iba a imponer después. Por consiguiente, mi actitud crítica se debatía entre una posición que era, al mismo tiempo, anti-burguesa y anti-marxista, respondiendo a una posición ideológica muy representativa de la cultura cubana.

A medida que he ido "pasando en limpio" estas reseñas, las mismas han estado sujetas a ciertas revisiones estilísticas, en cuanto al vocabulario y la estructura gramatical. He tratado de reducirlas al mínimo, pero como escritor y siendo mía las críticas, no dudé en hacer los debidos ajustes. En cuanto al punto de vista crítico lo he mantenido con fidelidad absoluta, incurriendo en ocasiones en omisiones de datos innecesarios para darle alguna brevedad a muchos textos que han perdido actualidad, particularmente en el área de la actuación. De ahí omisiones a trabajos que no resultaron muy efectivos, lo que sirve para destacar los más logrados.

En estos años mucho material de teatro cubano se ha perdido. Sirva este, en modesta medida, de documento de nuestro tiempo. Escribiendo para un órgano oficial revolucionario, alguna información respondía a los intereses oficiales, pero advierto que fueron pocas. Mi retórica es moderada, creo yo, dadas las circunstancias, siempre relacionada con el teatro, y sólo un artículo de tipo general sobre el teatro cubano, que publico al final del año 1960, está algo cargado de una retórica que me llevó a omitirlo. El escritor se compromete desde el momento en que escribe y publica, y no es cosa de darse golpes de pecho por lo que se ha escrito.

Algunas omisiones críticas se deben a que perdí el artículo (como perdí dos obras de teatro), que fueron enviados por mi madre tras irme de Cuba a fines de 1961. Es por eso que no puedo dar fechas exactas, pero corresponden a un período de catorce meses. En realidad, para el considerable número de trabajos de crítica que publiqué, sólo en pocas ocasiones caí en deslices histórico-políticos de los que tenga que arrepentirme; así que el 95 por ciento de estos textos los volvería a escribir con el mismo punto de vista, aunque con posibles correcciones de estilo, que para mí son esenciales.

En 1961 las directrices políticas cubanas se van determinando claramente con las "palabras a los intelectuales", salvo que a palabras necias oídos sordos y no hay peor sordo que el que no quiere oír. *Revolución* y *Lunes de Revolución* cantan el canto del cisne y la "luna de miel" del teatro cubano y el clima aglutinador y pluricultural llega a su fin. La invasión de Bahía de Cochinos afecta la vida nacional y las actividades culturales. La politización, la desconfianza y la constante amenaza del "imperialismo yanqui" (como excusa para lo que fuera) se acrecienta. Se inicia la persecución de los homosexuales y a **Virgilio Piñera** se lo llevan preso. Todo era un "retablo", efectivamente, pero de otro carácter.

Vista mi propia faena crítica retrospectivamente, fueron tres años de intenso trabajo analítico, y cada puesta en escena representaba una inmersión en la obra del autor en cartelera, lo que explica la extensión de mis críticas. Para mí la crítica teatral debe ser un trabajo serio y responsable, que exige del crítico trascender las modas y adentrarse en un análisis sistemático. Por eso, cuando tuve que enfrentarme a los entremeses cervantinos me consideré en la obligación de meterme en la Biblioteca Nacional para hacer lo mejor que estuviera a mi alcance. Y así hice desde **Ramos** hasta la Ópera de Pekín. Pude haberme equivocado, pero traté de hacer mi trabajo a conciencia y lo mejor posible.

Entre estas recopilaciones, me detengo con alguna frecuencia mirando hacia atrás, en un diálogo entre el presente y el pasado, **Punto y contrapunto,** porque, como ya he dicho, "a cada instante otro ser se apodera de nosotros para confundirnos y negarnos la explicación." De ahí la necesidad de una mirada retrospectiva en este proceso de reorganización de un pasado que nos atormenta y hasta aniquila, como si las imágenes, a veces, no hicieran otra cosa que contradecirse.

Ilustración de Fornés a *Los acosados* de Matías Montes Huidobro,
Lunes de Revolución Nº 8, mayo 4, 1959.

Teatro en
Lunes de Revolución

La versión original de este trabajo fue publicada en *Latin American Theatre Review, Fall 1984,* y le he hecho muy pocos cambios. El trabajo fue realizado gracias a una beca de la *American Philosophical Society.* Las investigaciones fueron realizadas en la biblioteca pública de la ciudad de Nueva York en un momento en que no era fácil consultar *Lunes de Revolución* y el periódico *Revolución*. Salvo muy pocas omisiones de textos de menor importancia, contiene la más completa información bibliográfica con observaciones críticas sobre artículos de temática teatral publicados en el semanario.

Es innegable la importancia de *Lunes de Revolución* dentro de la cultura cubana. Inmediatamente después del triunfo de la revolución castrista, **Carlos Franqui** ocupa la dirección del periódico *Revolución*, vocero oficial del gobierno. Desde el 13 de enero de 1959, el periódico reflejará un gran interés por la cultura, iniciándose primero la publicación de una página literaria, "Nueva Generación", proyecto que había hecho realidad **Franqui** varios años atrás con la publicación de una revista. Esta dirección en beneficio de la cultura se ampliará con la aparición, a partir del 23 de marzo de 1959, de *Lunes de Revolución*, que dirigirá **Guillermo Cabrera Infante**. **Tony Évora** se encargará del audaz emplanaje, inaceptable para muchos con su significativa R invertida. La importancia de *Lunes* radica en su función divulgadora, la permanencia de muchos de sus textos y por reflejar la crisis del escritor en un período de transición revolucionaria. Cuarenta años después de iniciado el castrismo y de haber vivido lo que hemos vivido constituye una experiencia única recorrer nuevamente sus páginas.

Bajo la dirección de **Cabrera Infante** el suplemento adquiere un carácter fuertemente polémico y de vanguardia. Si por un lado refleja, particularmente a través de sus editoriales, un completo apoyo e identificación con la revolución, su posición no es marxista y, en definitiva, representará una contradicción entre estética y revolución. Esta falta de conciliación que va de la escritura al emplanaje, trajo en última instancia, seguramente con otras razones que ignoro, la inevitable desaparición del semanario en 1961. Ideológicamente reflejaba la revolución en la medida que ésta no tenía que ser necesariamente marxista; estéticamente seguía una posición amplia donde la calidad del texto, creo yo, era lo determinante para su publicación, aunque al mismo tiempo se enfrascaba en polémicas generacionales o de grupo. Los detractores, naturalmente, no podían faltar, particularmente después que

Cabrera Infante se fue de Cuba. El carácter polémico del fondo histórico ha impedido la adecuada evaluación del semanario, dificultando el distanciamiento interpretativo, y no ha existido, con anterioridad a esta investigación publicada en 1984, y creo que inclusive después, un análisis adecuado, ya que en algunos casos se ha ido a parar en la diatriba más virulenta. En "Lunes de un frustrado", publicado en *Prisma* (Octubre 1983, 41-43), **Lisandro Otero** dijo que "*Lunes de Revolución* se convirtió en un azote de la cultura cubana: todo aquél que no fuese miembro de la restringida **maffia**, o colaborase con sus pretensiones hegemónicas, era zarandeado y embestido". Viniendo de un colaborador de un régimen hegemónico que ha zarandeado y embestido a todos aquellos que no fuesen miembros de la **maffia** castrista, ya nos podemos imaginar la validez del comentario. Pero es innegable que *Lunes* le brindó sus páginas a muchos escritores, entre ellos a mí, que habían tenido muy pocas oportunidades de publicar en la década anterior. Nunca se me ha ocurrido pensar que yo era uno de los **maffiosos.**

Todos los conflictos culturales del momento aparecen en el semanario, fuente esencial para una mejor comprensión de la vida intelectual del país. La poesía, la narrativa, el cine, la música, la danza, las artes plásticas, la filosofía, la historia, crítica y creación a nivel nacional o internacional, se encuentran en *Lunes.* Comprende, además, números dedicados a determinados géneros, períodos o autores. En el año 1961 la orientación política se hace más marcada y varios números responden a un punto de vista más político que literario, posiblemente por presiones ideológicas, lo cual no impidió su desaparición.

Los artículos de temática teatral, sin ser los más numerosos, son muy abundantes. No existe en ese momento ninguna publicación que refleje tan ampliamente el movimiento teatral cubano, y de hecho sólo la revista *Prometeo*, dirigida por **Francisco Morín,** que se publicó por poco tiempo a fines de los años cuarenta, fue uno de los pocos vehículos dedicados exclusivamente al teatro en los años anteriores al castrismo. Incluye *Lunes* obras dramáticas hasta entonces inéditas de los autores más importantes del momento, muchos de los cuales publican por primera vez. El movimiento teatral cubano no puede comprenderse debidamente si se desconoce el significado del material publicado en *Lunes.*

Puede decirse, en general, que un tema recurrente en sus páginas es la responsabilidad del escritor dentro del proceso revolucionario y la definición de su función. Más de una vez el escritor cae en las trampas de la historia. Acontecimientos de tipo internacional que repercuten en el país lo obligan a una reacción inmediata. El sabotaje al barco francés "La Coubre" lleva, por ejemplo, a la publicación de un número dedicado al episodio. Los dramaturgos no escapamos del conflicto, como me ocurre a mí también como veremos más adelante. Con motivo del mencionado incidente, **Virgilio Piñera**, cuya conflictiva situación dentro de la vida teatral cubana de los últimos cincuenta años del siglo XX es un caso representativo, toma la pluma y de modo impreciso, desconcertado, como si pisara la arena movediza de un "Infierno inesperado", que es el título de su artículo, nos dice, sorprendido por la historia:

> "Porque, digámoslo sin rodeos, la explosión se debe a un affaire político [...] Pero hagamos antes unas consideraciones: hemos sido atacados en numerosas ocasiones por aviones procedentes de otra nación; esa misma nación nos amenaza con restricciones económicas, esa misma nación permite la permanencia en su territorio de criminales de guerra del pasado régimen. Entonces, **y aunque uno se esfuerce en conservar toda serenidad de juicio, aunque uno recuerde las grandes acciones altruistas de esa gran nación, no puede menos que sospechar de ella.** Y a mayor abundamiento porque Fidel en su discurso en el cementerio dijo por lo claro que esta nación por medio de su agregado militar había ejercido presión sobre el gobierno belga. Y **si** esto fuera así, **si** los americanos son los actores intelectuales de este gran crimen, entonces habrán borrado de un plumazo todas las grandes, bellas acciones de su historia."

El **si** condicional que se repite es una clara muestra de la situación del dramaturgo, atrapado entre la presión del contexto (que incluye las palabras de Castro como portavoz de una supuesta verdad) y la sombra de una duda de parte del escritor, que insiste en destacar, por el lado opuesto, "acciones altruistas" en la mejor tradición de "esa gran nación". La impresión es, que en el fondo, hay una secreta reserva y no está convencido del todo.

Al convertirse el teatro en un arte de gran impacto colectivo, la polémica teatral se vuelve candente, extendiéndose a todos los espectáculos de contacto directo con las masas. La definición de la función del artista, en este caso el dramaturgo, se vuelve obsesiva. Cuando se descorre el telón de la revolución castrista, el debate teatral sube a escena, se revisan valores y se inicia la búsqueda del camino a seguir.

Nueva mirada hacia el pasado

El "fuego escénico" se abre con una pieza en la cartelera teatral, *Cañaveral* de **Paco Alfonso**. En "**Paco Alfonso** en su *Cañaveral*" (N. 4, abril 13, 1959, pp. 4-5), **Rine Leal** entrevista a este dramaturgo ya desaparecido, cuya posición había estado siempre muy claramente definida, que es lo mejor que puede decirse de su obra. Para **Alfonso**, el realismo socialista era una teoría "hondamente revolucionaria, limpia de ramaje y que bucea en las raíces. La hojarasca escapista se queda con el naturalismo, el surrealismo, el simbolismo, el existencialismo y el realismo a secas." Pero la obra pasa al "paredón" del crítico, que consideraba que *Cañaveral*, escrita en 1950, era una pieza envejecida que sólo tenía actualidad a causa del proceso histórico nacional, ya que el autor "trata el cubano exterior, grandilocuente, el de las altas denuncias y los gritos angustiados, el guajiro con los males de siempre, el folletín y la historia lacrimosa, el campesino sin tierra y sin medios. Pero el interés del nuevo autor nacional no es éste precisamente." **Rine Leal** propone, en síntesis, un teatro burgués, producto de su interpretación estética y su formación (la de la década del cincuenta, en contacto directo con el movimiento teatral de las salas y la agrupaciones correspondientes), que no mantendrá a lo largo de su carrera en la crítica cubana y cuyas inconsistencias serán francamente lamentables. En su propuesta (que variará después de acuerdo con el devenir histórico) **Leal** llega a decir que "el teatro cubano se ha internacionalizado a fuerza de aburguesarse", afirmación que demuestra la escasa perspectiva ideológico-revolucionaria en ese momento, y que lo llevará a subsiguientes y notorias contradicciones. Después de todo, aunque nos resulte inaceptable el teatro de **Paco Alfonso** desde el punto de vista dramático, era el dramaturgo más cercano al teatro de creación colectiva que se impondrá después, y el que estaba más "claro" ya que casi todos los demás estábamos, más o menos, "confundidos" en medio de la sacudida histórica. Pero en 1959 la onda estética era bien diferente y el teatro de **Paco Alfonso** no respondía a la misma.

A fines de año, **Antón Arrufat** en "Teatro 1959" (N. 43, enero 18, 1959), volverá sobre el tema: "Pero no olvidemos que el problema del guajiro y de la tierra ya fue planteado entre nosotros por **José Antonio Ramos** en *Tembladera*. Si ahora lo hiciéramos otra vez, ¿no estaríamos volviendo al pasado?". Bueno, no exactamente, porque en *Tembladera* no aparece ningún guajiro, pero el argumento es el mismo. Por eso concluye que "para resumir, los escritores cubanos tenemos que hacer Revolución, pero desde la literatura, literariamente". No en balde **Arrufat** tuvo algunos dolores de cabeza que no se le quitaron con aspirinas.

En "Cinco opiniones en busca de una obra" (N. 12, junio 1ro., 1959), entrevista **Leal** a **Ramón Ferreira** y al director y los actrices de *El hombre inmaculado*. Según el entrevistador, "la Revolución toca en todas las puertas y el teatro cubano no es remiso a abrir sus telones a las nuevas corrientes. Por eso el estreno de *El hombre inmaculado* de

Ramón Ferreira, [su] versión escénica del asesino Esteban Ventura Novo, ha terminado de llenar La Habana y su mundillo teatral de miles de versiones a favor o en contra." Aunque terminada desde octubre de 1958, por razones obvias no había podido estrenarse. Estrenada tres o cuatro meses después del triunfo revolucionario, la pieza, por su temática, parecía responder al momento pero no es bien recibida por su confusionismo psicológico. Las complejidades subyacentes en la caracterización de los personajes no son lo suficientemente convincentes dentro del proceso revolucionario; en síntesis, no son lo suficientemente explícitas. El propio **Ferreira** afirma que "no tiene nada que ver con la Revolución, es una obra moral, no política. El teatro cubano tiene que ir más allá del guajiro y sus temas de siempre, hay que hacer teatro dentro de las corrientes actuales, no buscar simplemente la temática de un desalojo de solar." Dejando a un lado las virtudes o limitaciones de *El hombre inmaculado*, es obvio que el dramaturgo colocaba el teatro en oposición a la historia, lo que explica su exilio casi inmediato. Aunque a la larga tenía razón, la trayectoria inmediata iba a ser otra, cerrando espacios, y, en lo que respecta a lo que iba a suceder después, **Ferreira** era otro equivocado que estaba en lo cierto.

La apasionada polémica sobre la función del teatro y sus autores se irá ampliando con una tercera entrevista del propio **Rine Leal** al director de *Teatro Estudio*. En "Entrevista con **Vicente Revuelta**" (N. 8, mayo 4, 1959, pp. 4-6), éste último afirma que "el momento demanda la creación de un tipo de teatro social y revolucionario, pero sabemos que no tenemos derecho a obligar a nadie." **Leal** parece poner el grito en el cielo: "¡Pero ustedes han hablado de la existencia de tres temas únicos (antiimperialismo, reforma agraria y unidad nacional)!... ¿No es eso una posición totalitaria?" La "cándida" actitud del crítico es compartida por un grupo de artistas que se llaman "libres" y que protestan contra las visiones proféticas de *Teatro Estudio*, cuya ortodoxia política queda claramente establecida desde un principio. A una posición abierta opone **Revuelta** la pupila disciplinada de su manifiesto, donde se señala que "no hay derecho en Cuba a hacer otro tipo de teatro". En conjunto, esta búsqueda y contrapunto crean un clima saludable, aunque la política acabará volviéndolo insalubre.

Sin embargo, a modo de conciencia aglutinadora de intereses disímiles, las indagaciones respecto al teatro vernáculo servirán para unificar las divergencias. **Fermín Borges**, dramaturgo que por breve tiempo estará entre aquellos que jugaron un papel en las directrices iniciales del *Teatro Nacional*, inicia el proceso de revalorización, del cual hablará **Leal** en "Con la música de Fermín a otra parte" (N. 9, mayo 11,

1959, pp. 4-5). Después **Rolando Ferrer** llevará a la práctica certeros acercamientos prácticos para lograr integrar la tradición de nuestro teatro vernáculo a corrientes innovadoras del nuevo teatro cubano.

En *Lunes* se publicarán cuatro ensayos sobre el teatro cubano del siglo XIX que forman parte de un anhelo de querer dilucidar las raíces del teatro nacional. El primero en aparecer es "Nueva mirada hacia el pasado" (N. 84, nov. 27, 1960, pp. 30-31), que confirma mi entusiasmo por el bufo y en el que indico que es "la crónica viva del siglo XIX", aunque observo el escepticismo trágico del vernáculo cubano y que no fue "la colonia, sino la República con valores a la inversa, la que le dio su golpe de muerte". En un número especial dedicado al teatro cubano, la mirada retrospectiva se ampliará con "El teatro en Cuba colonial" (N. 101, abril 3, pp. 8-10), donde **José A. Escarpanter** realiza un extenso recorrido que cubre tanto el teatro "serio" como el bufo, y con "El teatro cubano bufo" (N. 101, abril 3, 1961, pp. 11-12), donde **Alejo Carpentier** se extiende en interesantísimas observaciones respecto a los nexos entre el bufo y la música.

> "Los tipos del teatro bufo habían pasado a la canción, creando una mitología de arrabal. Ya se hablaba de los personajes que, medio siglo más tarde, reaparecerán en la poesía afrocubana. La negra María Belén, "sin rival bailadora de danza y de minué", Perico Trebejo, el negro bembón "que saltaba como una rana"; Adela, "azúcar quita dolores"; las rumberas, "que con la tumba tumba de la rumba tumbarán"; los ñáñigos, que guardan "sacos, cañas y gallos en el cuarto famba"; la mulata Juana Chambicú, la mulata María la O, Candela "negrito de rompe y raja, que con el cuchillo vuela y corta con la navaja" [...]

Toda una pintoresca galería de personajes del folklore nacional se encuentra presente en el ensayo de **Carpentier**, mientras que en el mío, "Un actor se prepara" (N. 101, abril 3, 1961, pp. 13-14), dedicado a **Francisco Covarrubias**, actor popular cubano que le daría nombre a la Sala Covarrubias con la que se inauguraba el *Teatro Nacional*, lo recuerdo con tonos lúgubres. Queda pendiente un estudio sin fronteras insulares que delimite de qué forma esta tradición del teatro vernáculo se ha insertado en el teatro no identificado como tal que se escribe dentro y fuera de Cuba, y en qué medida ha tenido repercusión esta revalorización crítica que se inicia cuarenta años atrás.

El dramaturgo cubano en estado de tránsito

Es natural que todo esto fuera a parar al autor dramático como factor determinante del presente y el futuro del teatro en Cuba. Todavía se vivía dentro del concepto "teatro de autores" y como tal existía el dramaturgo, que no estaba anulado por los objetivo políticos de la creación colectiva ni por las ambiciones de los directores y actores por desplazarlo y usurpar su lugar faltándole el respeto al texto y metiéndole "mano a la obra" gracias a alteraciones dispuestas a enmendarle la plana con ensañamiento vengativo, política del montaje que se ha mantenido en el exilio. El proceso de colectivización escénica no se había iniciado y un teatro de creación colectiva no se vislumbraba de inmediato.

En todo caso, con conciencia de la existencia individual del dramaturgo se mira a nuestros autores. **José Antonio Ramos** surge del pasado inmediato, dada su preocupación por la problemática social, económica y política. Muy al principio de la revolución se lleva a escena *Tembladera*, cuya puesta es sometida a un riguroso análisis crítico, y se convoca al *Premio José Antonio Ramos*, que se me otorga por mi obra *Las vacas*. En "Necesidad de **José Antonio Ramos**" (N, 16, junio 29, 1959), a pesar de mi positiva valorización, observo sus limitaciones y aclaro que las mismas surgen, en parte, por ser Ramos un dramaturgo sin escenario, víctima de los obstáculos que se le presentan a nuestros autores; es decir, arquetipo de la frustración escénica republicana.

Este pasado explica que *Lunes* responda afirmativamente y abra sus páginas a la dramaturgia nacional. Se publican obras de múltiples tendencias estéticas sin ninguna definición política precisa. **Virgilio Piñera** encabeza la lista con *Aire frío* (N. 2, marzo 30, 1959, pp. 6-10; N. 9, mayo 11, pp. 10-15) y *El flaco y el gordo* (N. 25, septiembre 7, 1959, pp. 11-16). Posteriormente aparecerá *La sorpresa* (N. 65, junio 27, 1960, pp. 9-11). El recorrido que va desde la primera obra mencionada y el contenido absurdista de la segunda, hasta *La sorpresa*, de compromiso más directo, ofrece un contraste significativo. *El flaco y el gordo* aparece con una entrevista al autor y a su director, **Julio Matas**, en la que **Piñera** se opone a "la prédica al pie de la letra", y considera que distraer al espectador es "más importante que el mensaje social", que debe suministrarse de forma indirecta. Pero al escribir *La sorpresa* a petición del *Teatro Nacional* para presentarla en cooperativas y zonas de desarrollo agrario, observa que "la pieza se mueve entre el pasado reaccionario y el presente revolucionario, es decir, los campesinos oprimidos y los campesinos redimidos". Cuando afirma que se trata de una "materia casi desconocida" para él, establece un distanciamiento y destaca su condición urbana y, a la larga, burguesa. Sin negar su concepto de la teatralidad, su mayor familiaridad con el lenguaje del absurdo que con el usado por los campesinos, hace dudoso que pueda ajustar con éxito su estética al devenir histórico. Está, como otros escritores cubanos, en agónico estado de tránsito. Su importancia se pone de manifiesto en otros trabajos publicados en *Lunes*, que reproduce una charla, "¿Por dónde lo cubano en el teatro?" (N. 101, abril 3, 1961, pp. 28-30), que había dado **Piñera** en 1958. En este ensayo hace un análisis de la precaria situación del teatro durante la República, considerando que la crisis del escritor era, en esencia, un reflejo de la crisis nacional.

> "Nos vimos de la noche a la mañana convertidos en estado soberano, pero desorientados y confusos respecto de qué hacer con esa libertad. Tal desconcierto tendría que reflejarse necesariamente en nuestra manera de enfocar los grandes problemas: desconcierto político, económico, social y mucho más desconcertados en la actividad artística. Un novelista, un filósofo, un dramaturgo, un pintor, no se dan como producto de un azar, son el resultado de una nación en marcha. Y por el momento la nuestra no lo estaba."

Su pesimismo se confirma en "Piñera teatral" (N. 52, marzo 28, 1960, pp. 10-11; N. 53, abril 4, 1960, pp. 18-19), que se publica en dos números consecutivos y es el prólogo a su *Teatro completo*. El dramaturgo, con cierto sentido de culpa detrás de la parodia, distingue entre la pasividad del escritor y la teatralidad en vivo de la vida misma.

> "Envidio al hombre que salió desnudo por la calle, envidio a eso otro que asombró a La Habana con sus bigotes de gato, envidio al que se hizo el muerto para burlar al sacerdote, y por supuesto, a Fidel Castro entrando en La Habana [...] Maldigo mil veces mi timidez, o lo que sea, que me impidió salir por las calles remedando a un jefe griego, vestido con una sábana y llevando una palangana en la cabeza a modo de casco"

El concepto paródico de **Piñera** profundiza en la divergencia entre la realidad y la literatura, pero al mismo tiempo, quizás sin intentarlo, hace una parodia de la historia al establecer un nexo entre Bigote de Gato, personaje folklórico, y el propio Castro. Implica la imposibilidad de asimilación de un escritor a un proceso del cual se encuentra fuera debido a su propia formación intelectual. Estilo mordaz, irreverente de **Piñera**, que también se pone de manifiesto en su "Diálogo imaginario" (N. 51, marzo 21, 1960, pp. 38-44) con **Sartre**, colocado discretamente en las últimas páginas de un número dedicado al escritor francés. La sátira de **Piñera** bien pudo deberse a que el *Teatro Nacional* se inauguraba con *La ramera respetuosa*, de un autor foráneo que desplaza al dramaturgo nacional: por derecho propio bien pudo inaugurarse con una pieza de **Piñera**.

La puesta en escena de *La ramera respetuosa* fue un verdadero desastre y uno de los peores trabajos de dirección que le había visto hacer a un director del prestigio de **Francisco Morín**, quién sabe si intencional porque políticamente fue un éxito gracias al proceso de caricaturización demagógica a la que puede invitar la pieza de **Sartre**. La propia **Miriam Acevedo**, una de nuestras mejores actrices, cuyo retorno a la escena cubana era muy esperado, se encontraba fuera de papel y muy lejos de la actuación que muchos queríamos ver. En mi reseña dejaba constancia de mi reacción y nunca fue publicada. De hecho, la obra no fue reseñada en el periódico *Revolución*, aunque ocupó los titulares de la primera página. Yo recibí un pequeño rapapolvos porque no me fui a escribir la reseña en el periódico mientras otros comían espaguetis. En una nota breve en un artículo que aparece sin firma, "La vigencia de *La ramera*", **Sartre** no parece haber quedado particularmente complacido ya que afirma: "La representación es correcta. El movimiento de los actores es lento, pero mecánicamente exacto. La "mise-en-scéne" es cuidada. No está mal, sin cortesías de mi parte". **Miriam Acevedo** tiene más suerte: "Es una buena actriz. Creo que su interpretación de Lizzie es una de las mejores hechas en el extranjero. Ha sabido captar los diversos matices del personaje. Me siento satisfecho como autor de la labor realizada por ella" *Lunes* publicará también "Noche de la ramera" (N. 53, abril 4, 1960, p. 20), de la propia **Miriam Acevedo**, cuyo texto es sintomático de la realidad "teatral" del momento.

"Fidel, Fidel, FIDEL, FIDEL, FIDEL, FIDEL, FIDEL, FIDEL... Desde mi camerino, situado en el otro piso del escenario, y bastante retirado, subía ese nombre mágico increíblemente repetido en ascensión... Después [de la representación] fuimos a comer con Fidel y **Sartre**. Se hallaban presentes **Isabel Monal, Carlos Franqui, Guillermo Cabrera Infante, Pablo Armando Fernández** y **Baragaño**, que traducía a **Sartre**. Al sentarnos, Fidel pidió espaguetis, y el camarero le respondió que el cocinero no estaba. 'Eso no es problema. Yo sé cocinar', dijo Fidel sin inmutarse. Al final se decidió por un café con leche, para no desentonar con los demás... Me sentía en presencia de un aeda, de aquellos poetas antiguos que narraban después de la cena ante la hoguera..."

No anoto este texto en son de crítica, porque muchos se creyeron los cuentos del gran fabulador; sino a modo de ejemplo de las manipulaciones y trampas que ofrece la historia.

Lo cierto es que *Lunes* brinda a los dramaturgos cubanos la oportunidad de publicar sus obras. Nunca antes, en toda la historia republicana, se publican tantas obras de teatro en tan corto período de tiempo en un periódico a nivel nacional, como lo hace *Lunes* entre 1959 y 1961. *Función homenaje* (N. 4, abril 13, 1959, pp. 12-13), *Los próceres* (N. 20, agosto 3, 1959) y *La taza de café* (N. 30, octubre 12, 1959, pp. 12-15), permiten un mejor conocimiento de la obra de **Rolando Ferrer**, que supo utilizar en esta última pieza elementos propios del "sainete" dentro de un contexto de crítica social, feliz integración de lo popular y el buen quehacer escénico que determinó su éxito ante la crítica y el público habanero a principios de la revolución. Frente al realismo de **Manuel Reguera Saumell** en *Sara en el traspatio,* de la que se publica un fragmento (N. 33, noviembre 2, 1959, pp. 10-12) y **Abelardo Estorino** en *El peine en el espejo* (N. 112, julio 3, 1961, pp. 5-8), aparecen otras obras que no responden a una estética realista: mis obras *Los acosados* (N. 8, mayo 4, 1959, pp. 10-14) y *Gas en los poros* (N. 100, marzo 27, 1961, pp. 40-43), entre el teatro de la crueldad y el absurdo; *El mayor general hablará de Teogonía,* de **José Triana** (N. 49, febrero 29, 1960), marcadamente absurdista; el primer acto de *El vivo al pollo* de **Antón Arrufat** (N. 52, marzo 28, 1960, pp. 31-35), difícil de clasificar pero que no es ciertamente realista. Además aparecen un fragmento de *Una paloma para Graciela* de **Raúl González de Cascorro** (N. 34, noviembre 9, 1959, pp. 10-12) y varias obras de escritores más jóvenes: *Paquín el obrero* de **Ignacio Gutiérrez** (N. 95, febrero 13, 1966, pp. 16-18); *La palangana* de **Raúl de Cárdenas** (N. 110, junio 19, 1961, pp. 19-24) y *El palacio de los cartones* (N. 128, octubre 23, 1961, pp. 22-25) de **Nicolás Dorr**, que tenía solamente catorce años. La calidad del texto dramático y no su posición partidista determinaba, aparentemente, la publicación, aunque todas las obras rechazan de forma directa o indirecta el pasado inmediato. En el caso de **Dorr**, el joven dramaturgo conquista el respaldo específico de aquéllos que sienten que una presión ideológica va minando el ambiente cultural. Su importancia reside, en parte, en la subyacente rebeldía que hay detrás del aplauso a sus piezas. En mi entrevista a **Dorr**, "El autor de *Las pericas* cuenta su historia" (N. 110, junio 19, 1961, p. 18), manifiesta su espontaneidad en su interpretación del teatro. No transcribo la entrevista porque con sus catorce años y su posible timidez, no dijo gran cosa. En "Algo sobre el teatro de **Nicolás Dorr**" (N. 128, octubre 23, 1961, p. 21), nota sin firma a la publicación de *El palacio de los cartones*, acompañada de comentarios del autor, muestra una posición más comprometida y de mayor trastienda cuando afirma que la pieza representa la vida norteamericana con un "falso palacio de cartones con un falso rey: MacDollar," que "destruye, embruja, ordena, hipnotiza": "el dollar bestializa al hombre". En la nota se comenta, además, que "el absurdo le permite una construcción más libre, menos rígida; mientras que muchos autores cubanos, desconociendo su poca habilidad para estructurar a plenitud todo un teatro realista, se lanzan por la difícil, dudosa senda de algún trasnochado ibsenismo". *Lunes* considera su "imaginación, color, humor, entretenimiento, música, locura", virtudes escénicas al parecer más importantes que el contenido ideológico. El contrapunto entre estética y revolución se mantiene hasta el último momento, y **Dorr** se vuelve uno de los hechos más significativos del teatro cubano de 1961, no por la calidad de su obra, sino por lo que su rebeldía intuitiva (en aquel momento) representó dentro de la polémica cultural.

Teoría y práctica de la escena cubana

Los dramaturgos del período que comentamos (1959-61) no pueden escapar del marco histórico. En "¿A dónde va nuestro teatro?" (N. 18, julio 13, 1959, pp. 6-7), "Sobre una política de teatro" (N.23, agosto 24, 1959, p. 2) y "57 años en busca de un gran teatro... sin hallarlo" (N. 101, abril 3, 1961, pp. 18-21), **Rine Leal** insiste en el tema. En el primer trabajo hace un recorrido por la historia del teatro cubano antes del castrismo, destacando la labor de figuras como **Andrés Castro**, que al frente de *Las Máscaras* logró romper la frontera rígida de un estreno al mes y presentó *Yerma* durante 32 noches consecutivas y a precios populares (cuarenta centavos) en 1950. Discute el proceso que llama "sexo y espectáculo", que inicia el auge de las salas teatrales a partir del estreno de *La ramera respetuosa* con **Chela Castro**, al que siguieron piezas como *Te y simpatía*, en el Patronato del Teatro, considerada "gran audacia" en aquellos tiempos. No deja de ser paradójico que *La ramera respetuosa*, punto de partida del auge del teatro burgués, haga otro tanto con el teatro de la revolución. Pero **Leal**, que estuvo muy asociado al movimiento burgués de las salas, tiene que cambiar sus puntos de vista. La previa asociación del crítico con la estética burguesa ("quien lo dude puede revisar sus crónicas entre 1954 y 1958", dice refiriéndose a sí mismo) tiene un viraje acorde con la marcha de los tiempos: "el actual teatro cubano no es cubano ni nacional" y está dirigido a "un público que tiene del teatro un concepto de lujo…" El cambio que propone en su segundo artículo es más definido y pide del Estado "una verdadera política de teatro" para que el movimiento habanero no se pierda en el vacío. Arma de doble filo, la campaña contra las salas (en la que yo también participo porque **nunca** me identifiqué con la frivolidad de la burguesía) se vuelve más persistente. El elitismo económico, por otra parte, nunca me permitió, antes de la revolución, mantener nexos con ella. Salvo en el caso de *Prometeo* y, a veces, *Las Máscaras,* las salas nunca cumplieron con un alto propósito estético (aunque algunos insistan en afirmar lo contrario), con lo cual quedaban invalidados, en mi criterio, sus resultados, por lo que ciertas puestas en escena *(Celos, Nuestros maridos, A media luz los tres)* fueron objeto de mis feroces reseñas. Las salas teatrales cubanas, como representantes de un hecho teatral de relieve nacional, estaban condenadas a desaparecer y su función histórico-teatral a negarse –posición extrema de mi parte, pero que todavía me resisto a rechazar. En lo que a mí respecta, la frivolidad del teatro burgués y "el realismo chancletero" del teatro populachero, son ética y estéticamente inadmisibles.

Sobre los autores cubanos no se publicó mucho. Además de las referencias que hemos hecho anteriormente, debemos mencionar *"La taza de café"* (N. 38, diciembre 7, 1959, p. 16) de **Severo Sarduy** sobre la pieza de **Ferrer**, y *"Medea en el espejo"* (N. 95, febrero 13, 1961, p. 31) de **Rine Leal** sobre la de **Triana**. De Leal es también "El teatro de **José Martí**" (N. 93, enero 30, 1961, pp. 54-55), publicado en un número especial dedicado a **Martí**.

En "Teatro 1959" (N. 43, enero 18, 1960, pp. 12-14) de **Antón Arrufat** y en mi trabajo "1960, panorama teatral" (N. 90, enero 9., 1961, pp. 23-25), tanto él como yo compartimos un compromiso ideológico y una conciencia estética. Mientras que él considera que "la nueva generación –ésa que los reaccionarios llaman 'airada'– sabe que desde ahora tiene que inventarse otras consignas […] y otra expresión", afirmando que en 1959 se llega a la "consolidación del teatro comercial" a pesar de sus "pocas exigencias artísticas", y que la revolución del escritor tiene que tener lugar "desde la literatura", creando modos "diferentes a los modos de expresión de otros pueblos"; yo comento, un año después, que "si el teatro es una estructura que descansa sobre otra estructura más amplia […] la historia traerá resultados opuestos al pasado", y llego a la conclusión que "en el orden estético no tenemos aún un teatro nuevo… La transformación social marcha más rápido que la transformación estética," por lo cual el panorama técnico está "lleno de altibajos, de aciertos inesperados y desaciertos increíbles". No niego mi politización, pero el compromiso ideológico y el estético parecen excluirse y se hace evidente la existencia de una zona de conflicto.

En *Lunes* se reseñan varios libros significativos. La Universidad de Las Villas publica *Teatro* de **Carlos Felipe** y *Teatro* de **González de Cascorro**. Mientras **Piñera** es el "hijo" predilecto de *Lunes,* el nombre de **Felipe** aparece poco y en "Saldo de una editorial" (N. 64, junio 20, 1966, pp. 20-22), el saldo de la reseña de Arrufat no le es particularmente favorable. *Teatro cubano,* publicado por la Universidad de Las Villas (N. 95, febrero 13, 1961, p. 26) de **Frank Rivera**, aparece también. Bajo el título de "Tragedia teatral a través de un libro" (N. 49, febrero 29, 1960, pp. 19-20) le hago una de mis críticas más demoledoras a *Teatro cubano contemporáneo* publicado en España por Aguilar, que llega a Cuba en el peor momento y refleja un mediocre panorama escénico. He decidido no reproducir el texto, porque no quiero remover heridas. De ahí surgió, como es natural, un permanente distanciamiento con **José Cid Pérez** y **Dolores Martí de Cid**, a cuyo cuidado estuvo la antología, que llamé, por lo menos, "broma macabra". Me arrepiento del tono, pero no del contenido, porque una antología que excluyera a **Virgilio Piñera** e incluyera a **Renée Potts** es francamente imperdonable y, efectivamente, no podía dar una visión ni medianamente justa del teatro cubano contemporáneo. A *Imagínate Infinita* de esta autora la puse merecidamente en ridículo, y otro tanto hice con *Hombre de dos mundos* de Cid, y no me quedé atrás con *Tragedia indiana* de Baralt, que aunque trasnochada para el momento en que se publicaba y convencional en su desarrollo, tiene méritos que en aquel momento no supe apreciar y que me propongo rectificar. En todo caso, me sentía indignado, y no porque no apareciera en la antología, porque para fines de los cincuenta mi producción todavía era muy limitada. Me molestaba la visión tan anquilosada que daba de nuestra dramaturgia, como si no hubiera nada realmente innovador, aunque debí darle mayor crédito por divulgar a nivel internacional las obras de **Ramos**, **Salinas** y **Felipe**. Pero, ciertamente, la omisión de **Piñera** me parecía intelectualmente escandalosa.

Estética teatral de *Lunes:* utopía del intelecto

Sin seguir una línea editorial precisa, *Lunes* divulga el teatro extranjero. En algún caso, como el de **Humberto Arenal** en "La madurez del artista: **José Quintero**" (N. 64, junio 20, 1960), el tono frívolo del comentario crítico contrasta con la realidad nacional y refleja la confusión ideológica del momento: "Durante nuestra larga estancia en Estados Unidos seguimos con interés y detenimiento la labor teatral de **José Quintero**. Prácticamente hemos visto todas las obras que ha dirigido en su teatro de Greenwich Village... Ahora, en nuestro reciente viaje a Nueva York, acabamos de ver *El balcón* de **Genet**. Para nosotros, que hemos visto mucho teatro, bueno y malo..." Realmente, el tono resultaba pedante. Los teatristas se encuentran en el callejón sin salida de una ideología burguesa (una influencia norteamericana que impregnaba nuestra cultura y forma de ver el mundo) y una realidad revolucionaria de la que sólo podrían salir por estrangulamiento.

Sin embargo, otras aproximaciones al teatro norteamericano difieren notablemente, impulsados por una órbita más radical, delimitada en parte por la circunstancia histórica. En un número dedicado a la clase obrera, **Rine Leal** en "La clase obrera en el teatro" (N. 7, abril 30, 1959, p. 13) se refiere a **Elmer Rice**, **Odets** y **O'Neill** dentro de una perspectiva política, y orienta al lector con sus comentarios sobre la escena final del segundo acto de *Dioses del alba* (N. 7, abril 30, 1959, pp. 14-15) de **Maxwell Anderson** y **Harold Hickerson**, sobre los líderes obreros **Sacco** y **Vanzetti**, que según **Leal**, tiene "un confuso planteamiento ideológico" pero representa "un paso inicial en la creación de un teatro obrero". También publica: "Trayectoria ideológica de Maxwell Anderson" (N. 1, marzo 23, 1959) y "El teatro norteamericano de Behrman a Miller" (N. 98, marzo 6, 1961).

Salvo mi trabajo sobre "Cervantes en escena: técnica del entremés" (N. 73, agosto 22, 1960, pp. 18-20), análisis estructural de la eficacia del entremés; **García Lorca**, casi de modo exclusivo, representa en *Lunes* al teatro español que refleja una epidemia de producciones lorquianas. No obstante ello, en las salas teatrales se ponen las peores comedias españolas del repertorio madrileño (que yo hago añicos en mis críticas), salvo ocasionales aciertos, como el caso de *Melocotón en almíbar* de **Mihura**. Para **Adolfo de Luis**, que dirige *Mariana Pineda*, según entrevista de **Rine Leal**, la obra sirve para ilustrar revolucionariamente la realidad que vive Cuba porque "es un experimento de teatro social". Motivaciones parecidas llevan a la publicación de "Lorca en el escenario de sus asesinos" (N. 75, septiembre 5, 1960, p. 31), con motivo del anunciado estreno en España de *Yerma*. Al distanciamiento político se une el artístico cuando se dice de **Aurora Bautista** que carece del "más elemental sentido de la medida teatral" y pertenece a "la peor y más anticuada escuela interpretativa". De carácter analítico son: "García Lorca, el tema del amor en su teatro"

(N. 119, agosto 21, 1961, pp. 7-8) de **Antón Arrufat**; "Sonidos negros en el teatro de García Lorca" (N. 119, agosto 21, 1961, pp. 24-25) de **Mario Parajón**, y "Las ideas dramáticas de García Lorca" (N. 119, agosto 21, 1961, pp. 9-14) de **F. Olmos García**.

Al no estar todavía desarrollados los nexos políticos, el teatro latinoamericano no está mejor representado. Se publica parte de *Santa Juana de América* de **Andrés Lizárraga** (N.47, febrero 1ro., 1960), premio Casa de las Américas, y una nota más política que crítica de **Humberto Arenal**, "Sigue *Santa Juana"* (N. 61, mayo 30, 1960, p.12), en la que reconoce la influencia brechtiana en la obra. Aunque la epidemia brechtiana no se había desarrollado a plenitud, aparecen varios artículos sobre el teatro de **Brecht** que van abonando el camino: "Bertold Brecht: teatro para una era científica" (N. 74, agosto 29, 1961, pp. 7-11) de **Lee Baxandall**; "La buena alma de Bertold Brecht" (N. 13, junio 8, 1959) de **Rine Leal**; "Hacia una crítica brechtiana del cine" (N. 94, febrero 6, 1961, pp. 9-11) de **Bernard Dort**.

Se publica de todo con un amplio y positivo criterio estético e ideológico: **Graziella Pogolotti** discute el humorismo en escena en "Máscaras en el teatro contemporáneo" (N. 27, septiembre 21, 1959). **Rine Leal** trata del expresionismo en "El expresionismo: poesía 'del teatro' vs. poesía 'en el teatro'" (N. 100, marzo 27, 1961, pp. 33-34); **Juan Arcocha** se interesa en el absurdo en "Mito y tragedia de Ionesco" (N.45, febrero 1ro. 1961, pp. 14-15) y en el existencialismo en "Sartre o el heroísmo del hombre en situación" (N. 51, marzo 21, 1960, pp. 29-31), donde observa su proximidad al marxismo, "que marca el paso de una filosofía de la libertad a una acción revolucionaria," aunque "sin aceptar la sumisión a la ideología comunista."

No falta, en el heterogéneo panorama, el teatro oriental. La visita de la Ópera de Pekín, a mediados de 1960, me lleva a publicar "Realismo no-objetivo de la Ópera de Pekín" (N. 64, junio 20, 1960, pp. 9-11) que interpreto dentro de la polémica nacional: "todo realismo no-objetivo transforma el escenario en un mundo de sorpresa y creación continuada e incansable," lo cual requiere "una hábil exigencia intelectiva" necesaria a todo teatro popular digno.

Esta aproximación coincide con "El teatro vietnamita antes de la revolución de agosto de 1945" (N. 116, julio 31, pp. 30-31) de **Son Ban**: "el realismo del juego escénico es sacrificado a la representación simbólica de los caracteres. Ello se produce por la adopción deliberada de una técnica y de una concepción teatral que descuidan la realidad aparente por una realidad interna más difícil de expresar". Pero este tipo de análisis técnico no correspondía a la historia concreta del momento cubano. La variedad de criterios de *Lunes* explica que si de un lado nos encontramos con *El deseo atrapado por la cola* (N. 129, noviembre 6, 1961, pp. 43-47) de **Picasso**, del otro aparece *El célebre 702* (N. 127, octubre 16, 1961, pp. 8-12) de **Alexandru Mirodán**, dramaturgo ruso desconocido en Cuba y hoy exiliado en Israel. Esta ausencia de una estética teatral definida constituye una política estética en sí misma, un liberalismo cultural, una utopía del intelecto que no podía llevar a otra cosa que a la eliminación de *Lunes*.

Merecen especial mención dos número especiales. Uno de ellos, muy cuidado, está dedicado a **Antón Chéjov** (N. 91, enero 16, 1961) y aparecen: "Del cuaderno de apuntes de Antón Chéjov" (pp. 4-7), con notas de **Piñera**; un trabajo de **Arrufat** sobre "Las piezas cortas" (pp. 8-9), y otro mío, "La propia voz de Chéjov" (pp. 10-14), que es una exposición crítico-escenificable de los textos, cuya obra aparece en la escena comprometida del teatro cubano como la única posibilidad de un auténtico realismo sin compromiso político obvio. "El misterio de Antón Chéjov" (pp. 16-17) por **Guillermo Cabrera Infante**, incluye una entrevista a la especialista **Maya Turosvskaya** ("La última gran representación de *Las tres hermanas* la dieron en 1940, antes de la guerra. Todavía recuerdo mis lágrimas. ¡Cómo lloré! Usted sabe, fue de las últimas piezas dirigidas por **Danchenko** personalmente") y las propias reacciones del escritor al visitar el Teatro de Arte de Moscú, donde critica el funeral respeto por un **Chéjov**, un **Danchenko** y un **Stanislavski** que ya no están; diciéndonos, en síntesis: "no encontré a **Chéjov** en Moscú". Finalmente, en mi trabajo, "Hiroshima, Chéjov y el tiempo" (N. 97, febrero 27, 1961, p. 26) establezco nexos técnicos un poco forzados entre figuras tan disímiles como **Chéjov** y **Resnais**.

Sobre **Stanislavski**, en un número dedicado a la Unión Soviética, aparece una breve nota titulada "**Stanislavski** es todavía un profeta pero ya se le discute" (N.46, febrero 8, 1960, p. 25), pero al año siguiente se le dedica un número especial (N. 125, octubre 2, 1961), que es importante desde el punto de vista teatral. Contiene cuatro trabajos del propio **Stanislavski**: "La responsabilidad del actor" (p. 25), "Dirección y actuación" (pp. 26-28), "La construcción del personaje" (pp.29-30) y "Ejercicios del método" (p. 31); también otros varios ensayos sobre él: "Sobre Stanislavski, Diderot y algunos otros" (pp.7-9) de **Roger Vailand**, "El actor de cine y el sistema Stanislavski" (p. 20) de **Vsebold Pudovkin**, "Stanislavki: su vida en el arte" (pp. 10-17) de

Rine Leal, varias notas sobre "El método Stanislavski en todos los teatros del mundo" (pp. 21-24) y una carta de **Danchenko** a **Stanislavski** (p. 19). A nivel nacional se publican los textos de una mesa redonda que preside **Rine Leal**, "Los teatristas cubanos conversan sobre Stanislavski" (pp.2-5), que demuestra la importancia adquirida por el "método" en Cuba, y un trabajo mío, de carácter histórico, "Presencia de Stanislavsky en nuestro teatro" (pp. 18-19), de tono satírico y mordaz al referirme al "arte del actor" en la escena cubana, tal y como se había puesto en práctica en *Mundo de cristal* por *Teatro Estudio*. En todo caso, de lo tradicional al teatro épico, pasando por **Stanislavski**, se vivía un momento de búsqueda y experimentación en la escena cubana.

Función doctrinal del teatro: realidad de la revolución

¿Hasta qué punto refleja *Lunes* la realidad todavía remota de un teatro de creación colectiva con función doctrinal-revolucionaria? La generación de dramaturgos que adquiere su mayor impacto durante la década del sesenta, será sometida a un proceso de cambio a consecuencia de los derroteros históricos. Una indagación cuidadosa por las páginas de *Lunes* nos hace ver que ya están los genes del porvenir escénico.

"El gran Tuleque" (N. 75, septiembre 5, 1960, pp. 23-24) de **Fornarina Fornaris**, sobre una pieza de **Mauricio Rosencof**, es un artículo relativamente menor que hoy tiene una importancia histórica que no se percibía muy claramente entonces. Eso significa que sirve para trazar el nexo histórico-político-teatral cubano dentro del contexto general del teatro latinoamericano. Marca el camino de la politización escénica. Lo que explica **Fornaris** se desconocía en los medios escénicos habaneros en1960.

> En la época de carnaval las calles de Montevideo se ven invadidas por "las murgas", grupos de comparsas que desfilan cantando al son de los tamboriles... Queriendo llevar al escenario una de las pocas formas de arte tradicional y auténticamente popular que aún perviven en Montevideo, el grupo teatral *"El Galpón"* se lanzó a realizar una experiencia nunca antes intentada. Por ello encargó al joven escritor y periodista **Mauricio Rosencof** que escribiera una pieza en la cual desarrollara la idea propuesta, una murga que conservara a la vez sus características más conocidas –la crítica mordaz a costumbres e instituciones.

El gran Tuleque, la historia de Tuleque, murguista venido a menos, se convierte en una "comedia musical a manera de murga" con el propósito de "penetrar en un público que no se vuelca en las salas teatrales". En Montevideo tiene lugar una función dedicada a la revolución cubana donde se canta, en la pieza, una canción dedicada a Castro. "La gracia, la agudeza y la malicia de los murguistas, que van improvisando nuevas cuartetas, es francamente premiada por los aplausos, pero la copla de Fidel tiene el poder mágico de poner en pie al público para aplaudir delirantemente a los cantantes". Respaldado por su experiencia escénica, **Hugo Ulive**, su director, iría a Cuba contratado por el *Teatro Nacional*: no aparecía en los círculos teatrales por generación espontánea, sino como parte de una maquinaria destinada a tomar las riendas ideológicas del teatro cubano. Mientras los teatristas cubanos discutían sobre el realismo ibseniano, el existencialismo sartreano, el distanciamiento épico y el método **Stanislavski**, **Ulive** representa el síntoma de la concientización política de la dramaturgia latinoamericana, consecuencia de un fenómeno histórico que algunos dramaturgos cubanos comprometidos compartían en su medida revolucionaria, pero no en la marxista.

En Cuba no se hacía teatro al modo descrito en *El gran Tuleque*. Es cierto que algunas obras (*El corte*, de Ferrer, donde se enfrentaban revolución y contrarrevolución, y *La botija*, una de mis obras en un acto, donde un personaje del público –es decir, del pueblo– subía a escena y le quitaba una botija con dinero a un malversador) manifestaban un claro compromiso político, se ponían en cooperativas obreras, recorrían la isla y apuntaban hacia una relación directa con el público. Pero se está muy lejos de una participación masiva revolucionaria. Inclusive *La botija* se siguió representando cuando ya no estaba en Cuba. **Miguel Ponce** en "El teatro" (N. 77, septiembre 19, 1960, p. 31), que estrena obras cubanas en Camagüey, clama no sólo por "autores, directores, escenógrafos," sino también por un público más numeroso. En "La labor cultural de Bellas Artes" (N. 90, enero 9, 1961, p. 6-7) se indica que durante el año 1960 la cooperativa popular de arte presentó "doce conciertos, trescientas funciones de cine debate, setenta y cuatro funciones de títeres" y obras de **Lorca**, **Ramos**, **Moratín**, **Miller**, **Lope**, **Buero Vallejo**, **Priestley**, **Montes Huidobro**, **Chéjov**, **Agustín Millán**, **María Álvarez Ríos**; pero se trata de un amplio programa de divulgación cultural sin ningún nexo con el tipo de teatro doctrinal que describe **Fornaris** en su artículo.

Inclusive *Cantata de Santiago* (N.70, agosto 2, 1960, pp. 24-25) de **Pablo Armando Fernández**, tiene una naturaleza lírico lorquiana bien diferente. Señala **Oscar Hurtado** en ese mismo número, en "La *Cantata* de Pablo Armando" (N. 70, agosto 2, 1960, p. 24), que fue escrita y estrenada en Nueva York en 1958, pero que ha sido reescrita y ampliada por el autor, ya que además de algunos versos de **Jorge Manrique**, **Martí** y **Quevedo**, pregones callejeros, poemas que se repiten por el campo y versos de algunas canciones populares, incorpora el autor "frases en forma de versos de otro poeta del pueblo, Fidel Castro... Dos cuartetas han sido tomadas del discurso de Fidel a los metalúrgicos". Aunque **Hurtado** cree "que ha comenzado con ella un nuevo estilo", lo cierto es que lo que comienza es la larga "cantata" que va a dedicarle **Pablo Armando Fernández** a Fidel Castro, a quien le cabe el triste privilegio de iniciar una lamentable pendiente de la poesía cubana. Además, está aferrada a lo personal de la escritura, como acto de oportunismo, y dista mucho del anonimato. En "Impresiones de un director" (N. 70, agosto 2, 1960, p. 26), **Humberto Arenal** sitúa la *Cantata* "con las montañas de la Sierra a la espalda y al frente, a izquierda y a derecha"; pero entre un grupo de artistas demasiado conscientes de su yo para poder ser auténticamente revolucionarios.

Tiene otro carácter la puesta en escena de *Realengo 18*, que se presenta en La Habana con motivo del *Festival de Teatro Obrero y Campesino*. Limitándonos a los textos de *Lunes*, dejo constancia de su importancia mediante una carta que me escribe **Cándido Hernández** con motivo de uno de mis artículos en la página de teatro de *Revolución*. La carta (N. 101, abril 3, 1961, p. 16) señala que

> "... en su *"Retablo"* de fecha 20, leí sobre el grupo del *"Realengo 18"* que se presentó en el Payret y que también fui a ver, pues in mis recorridos por Cuba, estuve alrededor de 30 años en aquella región y conocí una joven maestra revolucionaria, que alfabetizó por allá, que escribió y dirigió una obrita antiimperialista contra la Cía. "Corralillo" que quería quitarle la tierra a dichos campesinos. Dicha maestra se llamaba **Vilma Ramírez**... La obrita en cuestión se levantó en el barrio "El Lechero" y era tan revolucionaria y antiimperialista que al día siguiente actuó la autoridad... Ahora usted la menciona y me parece interesante recordar estos hechos, ya que es conmovedor que aquella semilla de teatro haya germinado".

Por lo dicho en esta carta los antecedentes de *Realengo 18* destacan una marcada posición política, que será heredada por este grupo de teatro popular que estrenará en La Habana por primera vez. Más todavía, se trata de los antecedentes de todo el movimiento de teatro político que saldrá de Cuba después. Sin embargo, internamente, ante una revolución que se consideraba triunfante, el teatro cubano del momento no siente el imperativo, a nivel nacional, de una campaña de lucha y adoctrinamiento contra el régimen: después de todo, la revolución estaba en el poder y no la Cía. "Corralillo". Pero al extenderse a nivel continental la función revolucionaria, el arte del autor iba a pedir la eliminación de una concepción previa del escritor y del dramaturgo en particular, una forma de holocausto y eliminación al servicio de la mera trascripción. Es natural que para actores, directores, críticos y, en especial, para aquéllos encargados de la política teatral, el proceso tenía un significado bien diferente. En última instancia, si el dramaturgo había sido siempre la última carta de la baraja, pues poco importaba que lo eliminaran para conseguir los objetivos revolucionarios.

Todo este porvenir lo define claramente **Rine Leal** a través de su propia evolución crítica cuando comenta en "Las Escuelas Populares de Arte" (N. 99, mayo 13, 1961, p. 28) que en las Granjas del Pueblo existían tres secciones de arte, música, danza y teatro, que no se limitarían a llevar espectáculos al campesinado, ya que estos no serán "simples consumidores pasivos, sino actores en activo, productores y creadores. Es una solución totalmente revolucionaria que habrá de reformar por entero la estructura, forma y carácter de nuestro teatro." **Leal** afirma que el teatro cubano dependerá de un conjunto de factores que será "objetivo de un gobierno revolucionario y que no es asunto privado de Cuba, sino a escala mundial." La evolución del crítico desde los tiempos de afirmación burguesa de las salas teatrales es, indiscutiblemente, notoria. Es obvio también que la producción del "teatro de autores" de la década del sesenta no es el resultado del nuevo proceso histórico, sino el producto de una promoción de escritores del período anterior, porque no es posible considerar una doble ecuación de valores. Es difícil captar claramente los mejores momentos del teatro cubano de la década del sesenta dentro del futuro señalado por el crítico. Agrega que "el resultado de esta medida de educación popular artística promete que nuestro teatro, dentro de veinte años, digamos por ejemplo, puede poseer la vitalidad, sinceridad y expresión como ningún otro país de nuestra América…" Pero esta evolución había que verla dentro de otros "objetivos" del gobierno revolucionario y, como tal debe juzgarse políticamente, no artísticamente, y en la medida de los intereses del castrismo. Claro que, no se sabía exactamente, pero un país que genera una diáspora tan brutal no puede cumplir metas de esta índole. No podemos colocar el texto dramático fuera de la historia.

No hay modo de escribir la historia del teatro cubano de este momento clave sin investigar en los textos de *Lunes* y del propio periódico *Revolución*. En particular el N. 101, "*Lunes* va al teatro" debe ser de obligada consulta, por el artículo de **Natividad González Freire** sobre los "Aportes de las instituciones teatrales" (22-24), el de **Calvert Casey**: "l959-1961. El teatro en la Revolución" (25-27), el de **Virgilio Piñera** "¿Por dónde anda lo cubano en el teatro"? (28-30), "La escenografía en Cuba" (31) de **Rubén Vigón** y "57 años en busca del teatro nacional" (18-20) de **Leal**.

Pero quizás sea "*Lunes* conversa con autores, directores y críticos sobre el teatro cubano" (N. 101, abril 3, 1961, pp. 3-7) el más significativo, ya que resume todo el proceso de cambio y sus contradicciones. En una mesa redonda organizada por **Leal**, participamos **Valdés Rodríguez**, **Calvert Casey**, **Virgilio Piñera**, **Rubén Vigón**, **Antón Arrufat**, **Adolfo de Luis**, **Carlos Felipe**, **Gilda Hernández**, **Hugo Ulive**, **Alejo Beltrán**, **Julio Matas**, **Juan Guerra**, **Martínez Aparicio**, **Isabel Monal**, **Clara Ronay**, **Ignacio Gutiérrez**, **José Triana** y yo. Los temas son los mismos, pero en abril de 1961, poco antes de la invasión de Bahía de Cochinos, la presión histórico-política se deja sentir y la definición marxista del proceso está más esclarecida. Nos parece importante transcribir algunas declaraciones que nos definen:

> **Rine Leal**.- Podemos discutir qué cosa es o debe ser el teatro cubano en tres tópicos: Primero, si existe esa cosa que se llama teatro cubano. Segundo…: por qué ustedes creen que existe o por qué ustedes creen que no existe. Y el tercer elemento es muy importante… ¿es correcta la actual posición del teatro en los momentos actuales? Es decir, **¿es correcto el tipo de teatro o el teatro cubano está reflejando correctamente el actual momento de Cuba?**
>
> **Hugo Ulive**.- En estos momentos Cuba tiene la enorme ventaja, la anhelada ventaja, de una Revolución que la coloca en una doble posición: la de una enorme libertad… y de una **enorme responsabilidad frente a todo el conjunto de la cultura latinoamericana**… Los autores cubanos **deben saber**, y me creo en el deber de **advertírselo** como extranjero, que hay un enorme interés por ver **como la Revolución influye en la obra creadora**, como produce un teatro que seguramente se va a manejar dentro de otras coordenadas… El autor cubano **deberá siempre circunscribir su labor creativa… dentro de lo popular nativo…** No puede considerarse teatro nacional un teatro que imite exteriormente solamente la forma de lo nacional.

Antón Arrufat.- Quizás el término de teatro nacional destruya un teatro para destacar entonces otro, es decir, "la obra de este autor es nacional y la obra de este otro no lo es"; o si debemos aceptar que todos los autores que escriben en un país representen a esa nación aunque la parte que ellos representan sea menos reconocida por los críticos... **Yo considero como autor que la palabra nacional es como un principio de coacción a los autores. Lo importante es entonces utilizar la palabra nacional** en el sentido más amplio... que es el otro que yo creo debe utilizarse... **cada persona que escriba en Cuba escribe cubanamente**, porque no se escribe en el aire... La gente refleja su realidad pasada por la imaginación... Yo creo que el concepto de lo nacional debe extenderse y decirse: todos son nacionales, porque todos escriben en Cuba.

Rine Leal.- A mí me gustaría conocer la opinión de dos autores aquí presentes, que son **Matías Montes** y **José Triana**.

José Triana.- **Yo sólo quiero trabajar**.

Matías Montes.- Creo, como autor, que **las bases del teatro cubano descansan, naturalmente, en el autor**. Cuando dentro de un siglo se hable de teatro cubano será referido directamente a la producción dramática a base **de autores nacionales, que ha de ser el eje fundamental de nuestro teatro**.

Rine Leal.- ¿Tú crees que cualquier obra escrita por un cubano, aunque tenga un tema extranjero, es nacional, es cubana?

Matías Montes.- Creo que sí, que cualquier obra de autor cubano es cubana.

Julio Matas.- Yo creo que Cuba, y en general Hispanoamérica, **ha descuidado mucho el cultivo de los clásicos**, y no hay que olvidar que el teatro clásico español es patrimonio de nuestros pueblos. Yo propongo una mayor atención de los teatristas hacia los grandes autores del Siglo de Oro; los jóvenes autores se formarían respirando ese aire refrescante, aunque luzca paradójico, que es la buena y vieja tradición.

Isabel Monal.- Es **responsabilidad** del Gobierno y nuestra dar los medios para que ese fin se adquiera, pero **dados esos medios**, en definitiva la **responsabilidad** de que los autores logren mejores metas, y logren una mejor línea dramática en todos los demás aspectos, será **responsabilidad** de los autores, **responsabilidad** de los directores, y **responsabilidad** de cada uno de los que las enseñan.

Un análisis de estas opiniones siguiendo nuestro subrayado puede servir de síntesis y conclusión a nuestro recorrido por las páginas teatrales de *Lunes*. El cerco se ha ido cerrando. Es obvio que se le pedía al teatrista una clara definición de metas y una búsqueda de procedimientos, pero en particular al autor. La estrecha relación entre éste y la historia tenía que definirse, no sólo aceptando ideológicamente el proceso revolucionario sino limitándose a sus objetivos (evidente temor de **Arrufat**). El cuestionamiento inquisitivo de **Leal**, que se dirige a mí de manera muy explícita, lleva sin duda a la búsqueda de definiciones, afirmación del compromiso, y lo que es más importante, a determinar de forma más exacta los medios para llegar al objetivo. **Ulive** en particular es más papista que el Papa y es el primer teatrista latinoamericano que viene a decirnos lo que tenemos que hacer –después vendrán otros: **Manuel Galich**, dirigirá *Conjunto* a partir de 1972 por un buen número de años. Buena "política" por si los "nativos" no se portaban bien y andaban con dimes y diretes. La función política del teatro está implícita en "la enorme responsabilidad" asumida, que no es técnica, sino ideológica. **Ulive** es coercitivo en su definición de la labor creadora, que expresa a modo de advertencia, con todas las implicaciones del caso: no aceptar una responsabilidad en la medida establecida es un incumplimiento del deber. Su posición, justo es decirlo, está ajustada a la historia, pero muchos teatristas cubanos vivían dentro de su propia utopía intelectual. En realidad, todas estas definiciones sobre el teatro nacional eran engañosas. No se trataba de definir el teatro nacional, sino la función internacional de nuestro teatro. Por eso **Arrufat**, temiéndose atrapado en esta versión de lo "nacional", bien compleja, se rebela contra el punto de vista de **Ulive**, para no verse excluido de lo "nacional". Sin embargo, **Arrufat** establece una restricción del espacio geográfico cuando dice "en" Cuba. Yo defiendo (como siempre) el "teatro de autores", que en la década del setenta la dramaturgia cubana intentará pasar por alto, para finalmente volver a este principio normativo. **Julio Matas**, al dirigir su atención a los clásicos, se escapa hacia un "teatro de autores" por **excelencia** (**Lope**, **Calderón**, **Tirso**) que dista mucho de un teatro de configuración colectiva. En cierto modo, "ya" sabíamos o, cuando menos, teníamos la sombra de una duda. **Triana** es escueto, preciso, pero evasivo. En lo que a mí respecta, **Leal** insiste en la definición, que hago de modo radical, anticipando con ello la existencia de una futura literatura y dramaturgia del exilio: no tengo que esperar para darme cuenta, porque mi interpretación es conceptual y no tiene medias tintas. Quizás mi afirmación hubiera podido parecer una verdad de perogrullo, pero la realidad total del teatro cubano reside en la misma y a ella me voy a ajustar de forma permanente, sin ser partidario de omisiones.

Finalmente, **Isabel Monal**, directora del Teatro Nacional, es tan clara como Beba, la de mi obra *Exilio,* (donde no faltan pinceladas de **Mirta Aguirre**) insistiendo en una "responsabilidad" coercitiva que responde a la lógica de la compra-venta: todo tiene su precio y hay que pagar un precio por todo beneficio que se recibe.

En honor a la verdad, antes que yo estableciera las bases de la identidad del dramaturgo cubano en 1961, y Leal confirmara lo ya confirmado en la década del noventa, **Sánchez Galarraga** lo dejó bien sentado en una conferencia sobre el teatro cubano que dio en 1916, y que confirma **Antonio González Cunquejo** en su *Breve ojeada sobre el teatro cubano a través de un siglo* (1820-1920): "El Sr. Galarraga terminó afirmando que si el autor es cubano la obra debe pertenecer a nuestro teatro. Los hijos en el arte como en el código deben seguir la ciudadanía de sus padres". Esta afirmación bien pudiera contestar a un buen número de preguntas que se vienen haciendo casi un siglo después.

El conjunto de factores que entran en juego en todo esto es muy complejo y lleva a un mejor entendimiento del teatro cubano en particular y de las relaciones entre arte y revolución en general. *Lunes de Revolución* tiene un extraordinario valor como documento de nuestro tiempo, dentro de la literatura cubana en general. Lo cierto es que durante todo el siglo XX no se publicó en Cuba un semanario de mayor relieve cultural. Es posible que se hayan publicado revistas de igual o mayor importancia, pero nunca una publicación en la prensa periódica de esa categoría en la que estuvieran participando un número tan extenso de escritores que han dejado su huella en las letras cubanas, y que pudieran hacerlo sin las cortapisas ideológicas marxistas que vinieron después. También lo tiene, quizás más, dentro de la dramaturgia, ya que allí se publican obras dramáticas inéditas y numerosos textos críticos, que cualitativa y cuantitativamente sólo ha sido superada por algunas revistas especializadas. Refleja, además, pasado, presente y futuro del quehacer teatral cubano. Del pasado están las frustraciones republicanas; del presente (1959-1961) están los entusiasmos, ansiedades, inquietudes, compromisos y confusiones de sus teatristas; del futuro, los lineamientos estéticos y políticos que van a sacudir a la conciencia cubana, incluyendo la de nuestra dramaturgia, por lo que parece será, en el mejor de los casos, medio siglo.

Ensayos en
Lunes de Revolución

LUNES DE REVOLUCION/16//
JUNIO 29/LA HABANA/STOP/
REFORMA AGRARIA EN ISRAEL
LOS KIBUTZ;COLONIAS
AGRICOLAS/3/STOP/LA
NOVELA ESPAÑOLA ACTUAL/
¿UN RETORNO A UNAMUNO?/
POR CLAUDE COUFFON/VERSION
DE SERGIO A.RIGOL/STOP/
GUILLEN EN PERSONA/POR
ROBERTO BRANLY/ FOTOS:
RAUL CORRALES/STOP/
POEMAS DE NICOLAS GUILLEN/
STOP/NECESIDAD DE JOSE
ANTONIO RAMOS/POR MATIAS
MONTES HUIDOBRO/STOP/
SEÑORITA CORAZONES
SOLITARIOS/STOP/ENTREGA
SEGUNDA/STOP/POR NATHANAEL
WEST/STOP/DIBUJOS DE FORNES
STOP//FIN//REANUDAREMOS
LA TRANSMISION EL PROXIMO
LUNES/STOP//LR16/LR/16//

29 de junio de 1959 (N. 16)

Necesidad de
José Antonio Ramos

I. El hombre y su presencia

La presencia de **Ramos** en la escena cubana nos hace pensar en la perdurabilidad de las cosas. Afortunadamente, **Ramos** no ha sido plenamente olvidado; ni plenamente recordado del todo, por desgracia. Porque en este polemizar teatral no hay otro nombre que exija su presencia con más fuerza que el suyo. Pero a veces los jóvenes olvidan las deudas que tienen con los muertos, como si los muertos estuviesen realmente muertos y no tuviesen derecho a la vida, esa vida extraña, diferente, siempre nueva.

Al acercarme al teatro de **Ramos** en una búsqueda ansiosa de un encuentro, me he hallado no sólo con sus virtudes y sus preocupaciones, sino con sus muchos defectos, mucho más cuando me preocupa al estudiarlo la forma creadora como sustentación esencial de sus temas. Yo me pregunto si la deuda con los muertos es la deuda del engaño y la mentira. Tal vez lo sea cuando la vida es sórdida, porque la muerte es cruel a veces y la vida que le sigue es a veces más cruel que la muerte misma. Pero todos esperamos, todos estamos seguros esta vez, que la muerte se sentirá orgullosa de la vida.

Espero que la vida del teatro cubano en el futuro sea orgullo en la muerte de **José Antonio Ramos** y que **Ramos** no tenga que escribir nunca más el prólogo terrible de *FU-3001*. Y como es justo citar a **Martí**, base de todo, en la vida cívica, en nuestra vida teatral hay que citar las propias palabras de **Ramos**:

"Al hablarse del teatro cubano siempre se ha disimulado mal cierto tartajeo, como de duda retórica... o algo peor. A nombre de lo español, que sólo como teoría puede llegar al corazón de América sin envenenárselo, se nos niega toda teoría de lo cubano. Del tabaco, la rumba y el choteo no podemos pasar." "Y de los autores... ¡ni se diga! A falta de voluntad de conocernos, se nos silencia en masa, cuando no se nos niega por limitación de perspectiva, de verdadera cultura. O por lo menos por el mero espíritu de piña, siempre adverso al vecino de enfrente que todavía no ha jugado en nuestro patio." "Diríase, en síntesis, que si no fuera por nosotros, los autores cubanos, todo iría a pedir de boca en esas instituciones de amiguitos y amiguitas amantes del teatro."

Que cada cual ponga su conciencia a juicio y se pregunte cuál es su homenaje a los muertos. Parecería estúpida esta cita de **Ramos** hoy –cuando no estamos en 1944 ni en su medio vital, por fortuna–, pero la negación del esfuerzo del autor teatral cubano nos obliga, mucho más cuando la presencia de su teatro lo afirma históricamente.

¿Por qué hablar de estas cosas en un estudio sobre su teatro? Porque **Ramos** hablaba de ellas y representaba la necesidad de tomar conciencia de nuestros dramaturgos. Y porque la realidad toda, y entre ellas la realidad teatral que lo rodeaba, malograba a no dudar sus más plenas realizaciones. Su teatro muestra, en general y lógicamente, valores relativos, pero hasta el momento todos los valores de nuestro teatro lo son; quizás a partir de este momento no lo sean. Lo que no podemos negar es la existencia de dichos valores. En tal caso, si de negar se tratara, habrá que negarlo todo, desde el tramoyista a la primera actriz, y dejar que el teatro cubano cave su propia fosa.

II. El arte formal de Ramos

Dentro de sus múltiples facetas como escritor, sentía debilidad por la parte de dramaturgo que había en él. La presencia de **Ramos** se acrecienta entre nosotros dentro de la dramaturgia. Lo que es más: el punto de vista social que defiende en sus obras resiste el paso del tiempo cuando está respaldado por el dramaturgo. De ahí que pese a decirse que el teatro de **Ramos** es social, su mejor teatro descansa en elementos formales bien conseguidos. Por muy social que sea, sin el respaldo formal, el teatro no es arte, ni sociología, ni nada. Si hubiera carecido de habilidad dramática, su preocupación por plasmar en escena la problemática nacional, se hubiera tornado inútil e ineficaz.

¿Podemos negar por completo los valores sociales de *Almas rebeldes* y *Una bala perdida*? Creo que no, pero su carencia absoluta de logros dramáticos imposibilita su representación y casi su lectura. Desconoció en esas piezas la imperiosa necesidad de desarrollar el texto con eficacia dramática. La permanencia de *Tembladera* no se debe solamente a sus planteamientos sobre el latifundio. Si careciera de valores formales habría que dejarla descansar en el olvido, pero en ella lo social se encuentra respaldado por un dramaturgo que trabaja tales planteamientos con suficiente habilidad.

Creo que las preocupaciones sociales del autor sólo tienen su realización plena cuando el dramaturgo adquiere conciencia de su labor creadora como tal. Al dramaturgo es hacia quien hay que dirigirse, porque es el que da vigencia a la tesis social. Subestimarlo o desconocerlo implica un análisis erróneo de su labor creadora. Todo su teatro, el bueno y el malo, es social; pero su buen teatro, su verdadero teatro, su teatro en sí, responde a aciertos formales que expresan debidamente el conflicto social.

Un análisis de sus obras nos obliga a quedarnos nada más con cinco de ellas capaces de resistir un estudio detallado: *Tembladera, La leyenda de las estrellas, La recurva, En las manos de Dios*, y en cierto modo *El hombre fuerte*. En las restantes encontramos aciertos parciales, que no debemos desconocer, pero que no compensan en ningún modo el resultado final.

III. Características de su modo de hacer

Mis particulares preferencias no se dirigen en ningún modo hacia *Tembladera*, pero es innegable que en su conjunto representa su mayor logro escénico, y que reúne las características esenciales de su teatro. **Arrom** sintetiza con claridad su proceso creador: "**Ramos**, buscando los verdaderos orígenes del mal, pone bajo su lupa de sagaz observador una familia representativa de la clase directora. Halla en su seno las causas del disolvente fenómeno y las expone a la luz de las candilejas de **una manera que su tesis aparezca como resultado indirecto de una trama emocionante y bien motivada.**" Nuestro subrayado destaca el proceso y el carácter cohesivo de la pieza, y anticipa algunas de sus limitaciones.

Ramos se señala una meta, selecciona un medio y desarrolla la acción, en su mayor parte, con óptimos resultados. Sin embargo, en realidad, los personajes están predeterminados por la tesis, y el dramaturgo coarta su libertad espiritual, les da rigidez y aprisiona la acción dramática. Los personajes no están motivados de adentro hacia afuera, sino más bien a la inversa, como si ellos fueran la consecuencia de situaciones previamente creadas. No hay luchas internas, sino luchas con las situaciones. El resultado es cierta falta de movilidad y caracteres demasiados definidos. Los conocemos desde la primera escena y permanecen demasiado fieles a ellos mismos. Hay "suspense" situacional, pero no "suspense" interno.

No obstante ello, la existencia de momentos dramáticos muy logrados hace que la obra resista el paso del tiempo, porque están bien estructurados. De no ser así sería un cadáver en el panorama teatral. Los valores sociales, moralizadores y analíticos de su teatro sobreviven porque las situaciones están bien tejidas y dispuestas. Maneja muy bien las situaciones más complejas y los momentos de clímax. Por ejemplo, al final del primer acto dos acciones diferentes, pero con el mismo propósito, se entrelazan admirablemente y dejan constancia de que nos encontramos ante un excelente dramaturgo. Hay conflictos paralelos que a veces dejan de serlo para cruzarse unos con otros, complicar la situación y enriquecerla. La adecuada relación entre las anécdotas crea la incertidumbre dramática. El conflicto de Isolina es un peligro permanente cuya crisis se espera. Más que en el juego sicológico de cada personaje –donde la pieza es menos rica–, se destaca *Tembladera* por el juego conflictivo de las situaciones.

IV. La acción que se mueve desde adentro

Lo anterior nos conduce de la mano al estudio de los fundamentos creadores de *La leyenda de las estrellas*, opuestos de raíz al proceso empleado en *Tembladera*. Aquí el movimiento y el interés de la obra, la incertidumbre dramática, reside en el movimiento interior del personaje, rico en calado psicológico y en angustia interior libre de moldes. El joven polizón se mueve, fluye, desarrolla la acción. Sus reacciones íntimas dan movilidad a la pieza, son sorpresivas. **Ramos**, además, resuelve la proyección del pasado en el presente escénico de una manera eminentemente teatral y acertada.

No es la narración en frío, un tanto retórica, que utiliza en *El traidor*. El pasado se hace presente en escena con intensidad y adquiere categoría dramática. **Ramos** se ha hecho un planteamiento técnico, ha encontrado la mejor salida y de paso nos ha dado uno de sus más ricos personajes.

La obra tiene, claro, su enseñanza y moraleja, inevitable en el teatro de **Ramos,** pero en ello reside, precisamente, lo más endeble.

V. Un monocorde martillar

Si **Ramos** logra el interés en *Tembladera* a base de acciones que se cruzan y en *La leyenda de las estrellas* a base del movimiento interno, en *La recurva* la tensión aparece a consecuencia del monocorde martillar de la acción que va creando un clima que conduce a una ruptura emocional inevitable. Esta pieza, de gran unidad, gira (e insiste) alrededor de un mismo motivo, y mediante dicho proceso logra el efecto aplastante sobre el espectador. Los personajes, pese a estar trazados con mano certera, bien pensados y razonados, son más bien rígidos, sin cambios sorpresivos. Pero esta vez responden a la técnica general de la pieza, al ritmo monocorde que se va apoderando del espectador, a la lucha sorda. Con su fuerza, la admirable situación creada —el ciclón, los personajes encerrados, el diálogo martillante— salva toda posible imperfección, que no es otra cosa que una manera de hacer y un procedimiento muy específico. El análisis sicológico es menor; no obstante, los personajes tienen mayor fuerza emocional.

Temáticamente, *La recurva* se aleja del análisis social y se acerca a la situación revolucionaria más directa. Demuestra la presencia en nuestra escena de una obra de raíz y espíritu revolucionario, bien conseguida, con valores permanentes más allá de los límites nacionales. Es un notable esfuerzo en la formación de nuestro teatro. ¿Cómo formar un teatro cubano si nuestros autores representativos se olvidan y si sus proyecciones más logradas se silencian?

En *La recurva* encontramos efectos dramáticos y técnicos que tienen como objetivo la creación de una atmósfera. En *El traidor* ya había utilizado efectos sonoros y lumínicos, pero que se caían de su peso por otros graves defectos de la obra. En *La recurva* este tipo de efecto tiene un sólido respaldo en el desarrollo de la acción. El uso de tales efectos nos conduce, en cierto modo, a una pieza anterior que está entre sus mejores logros: *En las manos de Dios*.

VI. El pensamiento trascendente: "En las manos de Dios"

En las manos de Dios implica una variedad en la forma como respuesta a un pensamiento más universal y profundo, una variación que vivifica su teatro. La crítica a ciertas clases sociales se diluye esta vez en un pensamiento más profundo. El hombre lucha en esta obra por liberarse de dos fuerzas: la libertad de Dios y de sí mismo. Esta segunda fuerza que nos aprisiona, esta suprema debilidad y red, constituye el resorte dramático de la obra y el más profundo pensamiento del autor. El hombre lucha por esa liberación, usa la razón y la lógica, pero por dentro corre un enemigo que lo ataca y que nos sorprende en el momento definitivo. Esta fuerza derrota al doctor Prometeo al final del prólogo y entorpece su obra al final del primer acto, pues María Lafuente, ejecutante parcial del crimen razonado por el doctor, es una víctima de esta fuerza que la domina.

El prólogo y el primer acto expresan sus ideas con claridad, pero el segundo acto se vuelve confuso cuando sus personajes se ven prisioneros, además, de la razón. María Lafuente y Elpido toman conciencia de su propio ser, claman desesperadamente por una vida propia y rechazan con sus hechos el mecanismo artificial de la razón. De todas formas, *En las manos de Dios* rompe con la tradición temática de **Ramos** y su estética, lanzándonos hacia una más compleja reflexión.

En el prólogo de *En las manos de Dios* utiliza **Ramos** la luz y el sonido, participantes fundamentales del diálogo y la acción. Ya en *Satanás* los utilizó de una manera adecuada cuando Esteban, el libre pensador y artista, regresa a la aldea y mediante un oscurecimiento de luces logra una impresionante y satánica aparición. En el referido prólogo hay una utilización más completa del sonido, las voces, las luces, articulados todos estos elementos a la acción. Al final del segundo acto hay un buen ejemplo. A través de la mampara iluminada se perfilan las figuras que dan origen a los sucesos fundamentales que tienen lugar del lado del público, acrecentando las perspectivas de la obra.

VII. Los impactos finales

Entre sus habilidades dramáticas hay que recordar el final de sus actos. Recordemos el final del segundo acto de *Nanda* con el grito grandilocuente de "¡Ladrones! ¡Ladrones! ¡Ladrones!", a mi parecer efectivo. En *La hidra*, Gustavo termina el primer acto con el grito de "¡Dinero! ¡Dinero!", y pese a sustanciales cambios al transformarse en *Tembladera*, **Ramos** mantiene, por eficaz, el mismo grito, que tiene una vibración indiscutiblemente certera.

En *En las manos de Dios*, los finales del prólogo y del primer acto van más allá de la estricta efectividad, para adquirir trascendencia más profunda dentro del tema. Los gestos finales de sus protagonistas sintetizan el mensaje gracias a una mano hábil conocedora de sus recursos. Por ellos señala **Ramos** la sujeción del hombre no sólo a Dios sino a su propia debilidad. Al final del prólogo, el doctor Prometeo, dominado por la emoción y la flaqueza, da un paso inevitable que mueve al drama. La mujer cae, la luz ilumina su bellísimo rostro y su seno desnudo. El hombre a quien debe salvar –la mente positiva a quien debe acercarse– no logra imponerse. El médico vacila, un impulso inescapable lo mueve, camina hacia ella, le aplica la inyección y la salva. Secretos resortes internos mueven y desencadenan los sucesos.

En este final hay algo más que clímax emocional y efectividad; hay síntesis temática. Idéntico recurso utiliza al final del primer acto. Superando dentro de sí mismo toda debilidad, Prometeo decide asesinar un ser inútil y dañino, semejante al otro que en el pasado dio a la vida. Antes, guiado por la emoción, dio vida; ahora, guiado por la razón, dará la muerte. Sin embargo, la ejecución directa del crimen estará parcialmente a cargo de María Lafuente, la cual estará guiada a su vez por fuerzas primitivas de las cuales no podemos separarnos. El hombre no puede liberarse de ellas. **Ramos** utiliza admirablemente el final de sus actos para sintetizarlo.

No podemos eludir *El hombre fuerte* como ejemplo de curva dramática ascendente hacia un final efectivo, especialmente durante el segundo acto, reaparición del hábil dramaturgo que había en **Ramos,** ejemplo de armonía entre la acción, el final de un acto y el desarrollo de un personaje. Durante el resto de la obra Ramiro ha sido la personificación de la impotencia. Pero al final del segundo acto el personaje crece y se transforma en acción. **Ramos** prepara un momento francamente acertado en el que Ramiro, ciego, se enfrentará con su adversario. El escenario queda completamente a oscuras. Los adversarios se encontrarán de igual a igual. El espectador es llevado hacia la situación y espera: puro "suspense". **Ramos** crea así la "incertidumbre dramática" y nos coloca en el extremo de la butaca.

VIII. Ramos y el tratamiento de sus personajes.

El teatro de **Ramos** tiene varios tipos de personajes. Los personajes con una trayectoria dramática ampliamente desarrollada, característicos de una determinada esfera social, bien captados en general, pero inmóviles, sin evolución dramática; y los personajes secundarios, accesorios, a veces sin función fundamental que justifique su existencia. Entre ellos, sus personajes femeninos.

Las características generales de sus mujeres las agrupa y a su vez las subdivide; o se dirigen al concepto moderno de la mujer que quiere ser libre, o pertenecen al grupo de mujeres esclavas de las convenciones. Cuando hoy nos ponemos al día con otras conductas femeninas, estas pobres mujeres de **Ramos** en lucha con el medio asfixiante lucen, por supuesto, pasadas de moda.

Elena en *El hombre fuerte* constituye a mi modo de ver uno de sus personajes más efectivos. Quizás algunos prefieran la Isolina de

Tembladera, con mayor entereza y valores espirituales y morales. Pero Isolina, en primer lugar, centraliza los momentos débiles de *Tembladera*, y en segundo lugar es más rígida, como personaje, que Elena. La Isolina del inicio es la misma que aparece al final, pero Elena, frívola al principio, gana después una intensidad insospechada. Su evolución y su flexibilidad realzan su nivel dramático.

Principalmente encontramos en María Lafuente en *En las manos de Dios* un buen ejemplo de lo que debe ser un buen personaje. Entre otras cosas, esta obra nos presenta el clamor de dos personajes, Elpidio y la propia María, del derecho a la vida plena y a no ser simples marionetas en las manos de Dios o de la idea. María Lafuente es un personaje en lucha –la lucha que es índice de interés– y su alcance temático va más allá de los límites de la simple emancipación de la mujer.

Ramos parece un enamorado de este tipo de mujer anhelante de libertad y valiente. No puede evitar colocar en la orilla opuesta a los caracteres contrarios, que el autor decididamente detesta. Pero su parcialidad determinó que jamás penetrase en esas almas sojuzgadas cuyo mundo es más rico que el mundo que el dramaturgo nos ofrece. Aparecen como ideas sin vida propia –Juana, Emma, Amelia, María del Pozo– que se proyectan a lo largo de su obra. Tenía habilidad para retratar a un personaje como un arquetipo dentro de determinada esfera social, aunque no siempre sabía tratarlos como entidades diferentes con sus conflictos individuales. Son más bien fotografías inmóviles, bien realizadas, sujetas a la crítica del autor. En especial las madres de sus obras, débiles, bondadosas, en cuyas virtudes encontraba **Ramos** sus mayores defectos, bien captadas, pero inmóviles e iguales a lo largo de su obra.

El pobre uso de sus personajes secundarios ya apuntado, defecto gravísimo desde *Almas rebeldes* hasta *FU-3001*, rompe la unidad dramática. En general, son personajes anecdóticos, innecesarios, a veces bien captados, otras no, pero mal situados dentro de la estructura del drama. En ocasiones hay excesivas referencias nominales, como en el caso de *Cuando el amor muere* o *El hombre fuerte*.

Algo semejante ocurre con *En las manos de Dios*. Sin sentido de síntesis, presenta varios personajes con la misma función temática para así caracterizar el vacío y la estupidez del medio. Están logradas como figuras representativas del grupo, pero la eliminación de algunos de ellos es necesaria. Es más, hay en esta obra un personaje dramático original, Cuca, desequilibrada emocionalmente, rica en matices psicológicos, pero que a causa del evidente desajuste que tiene dentro de la acción, cae de raíz y se hace dramáticamente insostenible. Quizás en *Satanás* realice un uso más efectivo del personaje secundario, porque su más señalada característica es la atmósfera en que nos sumerge el texto y son esos personajes los encargados de crear el ambiente opresivo y oscurantista de un rincón de España.

Un ejemplo fundamental e ineludible del mal uso de los personajes secundarios y de como no debe progresar una acción dramática, lo encontramos en *El traidor*, obra que fracasa debido al uso ineficaz de los personajes secundarios, a la inadecuada evocación del pasado y al desarrollo poco eficaz de la acción dramática en general. Dos personajes secundarios sin vida propia, simples narradores del conflicto y que por tanto están anulados dramáticamente, realizan la evocación del pasado. Al carecer de vivencias, el pasado es un hecho muerto y la acción progresa en frío. Como es natural, la situación es puramente literaria y la pieza, que en su mayor parte elude los personajes esenciales, sólo tiene momentos de belleza literaria acompañados a veces de artificiales trucos escénicos, pero no de genuina fuerza dramática.

En sus personajes secundarios buscaba expresiones nacionales, pero su mirada crítica le imposibilitaba la expresión anímica más auténtica. Esto es lo que ocurre con Paco en *El hombre fuerte* y Teófilo en *Tembladera*, jóvenes egoístas, agentes de disolución, bien captados en sus líneas generales pero que no pasan de lo superficial. De ahí que los localismos de su lenguaje no sean más que atributos decorativos y ambientales que, por no venir de adentro como resultados de un análisis más profundo, no hacen más que envejecer la obra.

Por otra parte, Gustavo en *Tembladera* es un buen ejemplo de la utilización efectiva de elementos característicos de la nacionalidad que van más allá de los localismos del lenguaje, para representar del modo más logrado el desajuste nacional. Es la fuerza motriz de la obra. La vivacidad de su lenguaje, el torbellino dentro del cual vive y la movilidad de sus acciones, son logros que corresponden a su sicología. Hay concordancia plena entre la estructura de la situación y la psicología de su personaje. Ilustra además la transformación de su teatro desde *La hidra*, donde Gustavo era un elemento patológico y enfermizo, transformado en *Tembladera* con el propósito de representar un desajuste social y educativo. Otro acierto hay que buscarlo en *La leyenda de las estrellas*, donde la angustia interior rica en reacciones externas da lugar al desarrollo de casi toda la pieza.

IX. El hombre y su presencia

Negar las deficiencias del teatro de **José Antonio Ramos** es tan absurdo como negar sus virtudes. Tiene, eso sí, una pureza plena de hombre; y ahora que tanto se habla de toma de conciencia, es precisamente a **Ramos** a quien debemos seguir. ¿Cómo podríamos sintetizar su toma de conciencia? Yo creo que las palabras que **Benavente** escribió en el prólogo de *Liberta*, ambiguas y dudosas, demasiado sutiles para tener pureza, nos pueden dar la clave: "Si quiere usted ser... usted mismo... Entonces contemporice usted en algo, porque en Arte hay que ser oportunista, como en política, como en todo... No es lo mismo engañar que hacer traición." La obra de **Ramos** demuestra que no siguió el consejo. Y ahí está, precisamente, el secreto. En ese **no hacer lo que Benavente le dijo que hiciera**, está la claridad y pureza de su ejemplo, y por consiguiente en eso está la extraña presencia de su muerte.

Punto y contrapunto.- Este fue mi primer ensayo sobre **Ramos**, publicado con motivo de la puesta en escena de *Tembladera* en el Anfiteatro Municipal de La Habana, punto de partida de un aprendizaje que va a durar más de cuarenta años. En trabajos ulteriores he realizado análisis más extensos sobre su obra, cambiando muchos puntos de vista pero confirmando mi admiración por el dramaturgo, pese a mi poca identificación con el realismo, aunque lo cierto es que su teatro es el de una dramaturgia en movimiento. Quizás por ello me impresionara tanto *En las manos de Dios*, que es un punto de avanzada del expresionismo en Cuba que no ha sido debidamente interpretado. Excluyo de este análisis piezas que como *Satanás* valoro mucho en la actualidad, *Una bala perdida* y *Calibán Rex*, que no supe apreciar en ese momento, así como nuevas consideraciones que he hecho sobre *Almas rebeldes*, *El traidor* y *FU-3001*.

Me parece interesante observar como el paso del tiempo puede llevar a nuevas valoraciones críticas, como van a ocurrir con este y otros textos, porque, como he dicho en alguna parte "a cada momento otro ser se apodera de nosotros para confundirnos y negarnos la explicación". Si como se ha dicho una puesta en escena nunca puede repetirse porque a la siguiente representación ya los intérpretes no son intrínsecamente iguales a los de la noche anterior, lo mismo pasa con el crítico, que no puede ser el mismo veinte años antes o veinte años después, aunque hay que demostrar coherencia ética. Permanece mi ferviente admiración por este dramaturgo, que es sin ninguna duda el fundador del teatro cubano moderno.

Dejo en pie mi principio de que el proceso de continuidad es importante para entendernos mejor, que en el pasado está la explicación del presente. Desde que comencé a participar en la cultura cubana, nunca simpaticé por la lucha tribal entre las generaciones, y si en unos pocos casos la manifesté, se debió a una insistente negación de las generaciones que nos precedían.

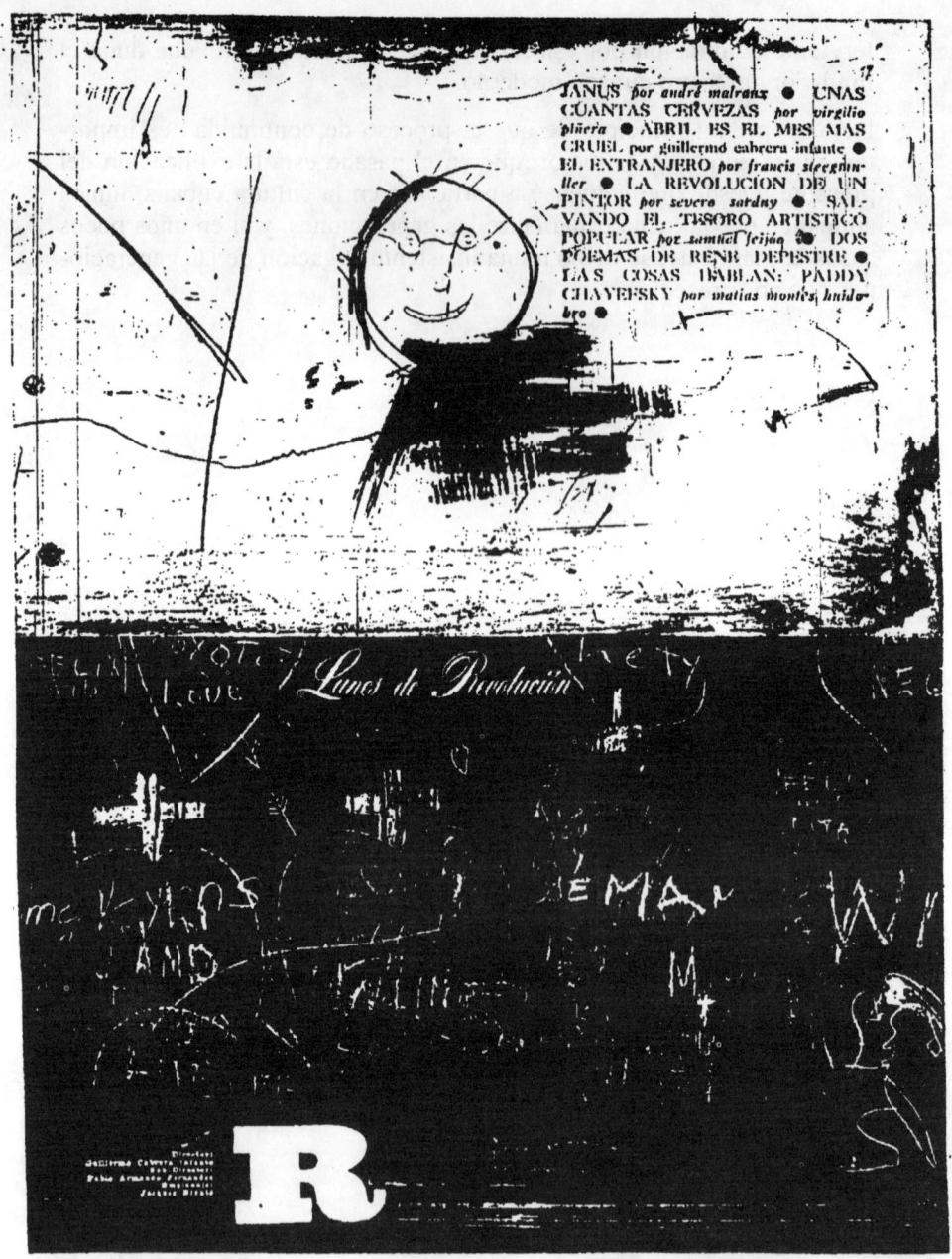

JANUS *por andré malraux* ● UNAS CUANTAS CERVEZAS *por virgilio piñera* ● ABRIL ES EL MES MAS CRUEL *por guillermo cabrera infante* ● EL EXTRANJERO *por francis steegmuller* ● LA REVOLUCION DE UN PINTOR *por severo sarduy* ● SALVANDO EL TESORO ARTISTICO POPULAR *por samuel feijóo* ● DOS POEMAS DE RENE DEPESTRE ● LAS COSAS HABLAN: PADDY CHAYEFSKY *por matias montes huidobro* ●

Lunes de Revolución

OCTUBRE 5 DE 1959   número **29**

5 de octubre de 1959   (N. 29)

Paddy Chayefsky: Las cosas hablan

Recorrido cotidiano hacia la noche

Tal vez *Middle of the Night*, estrenada en 1956 por **Edward G. Robinson** y **Gene Rowlands** –sustituidos ahora en la versión fílmica por **Frederic March** y **Kim Novak**– tenga por sí misma valores moderados; pero un análisis de esta pieza de **Chayefsky,** acompañado de un estudio de varios libretos para la televisión y de sus conceptos creadores, nos lleva más allá de las limitaciones estrechas de una obra para lanzarnos hacia las concepciones generales. Las relaciones de **Chayefsky** con el cine y la televisión dan lugar a lo esencial de su aporte al teatro: una disminución de la teatralidad rebuscada y falsa.

Ciertamente el aporte de **Chayefsky** al arte creador es una complicada paradoja. Tal vez. Sus libretos para la televisión aportan al video, a veces, un contenido teatral demasiado fuerte y una variedad de localizaciones propias del cine. Sus aportes al cine residen demasiado en la eficacia del diálogo y los caracteres, mucho más que la imagen; es decir, se refuerza con elementos impropios del cine. Por último, su aporte al teatro reside en la búsqueda de una naturalidad más cercana al cine y a la televisión distante por lo tanto de la percepción más generalizada de lo que es el teatro. Un modo peculiar y paradójico de realizar aportes a tres diferentes medios de expresión creadora.

Joe: Veré a Harry mañana. Nosotros vamos a jugar a las cartas en su casa mañana por la noche.

Su Mujer: Lo siento, Joe. No oí lo que me estabas diciendo.

Joe: Te dije que yo veré a Harry mañana por la noche. Vamos a jugar a las cartas mañana por la noche en su casa.

Su Mujer: Está bien. Lo vas a ver mañana por la noche.

(Tomado del libreto **The Big Deal**)

La construcción anterior es típica de **Paddy Chayefsky.** Escribe sus libretos para la televisión a base de un diálogo que tiene su raíz en lo cotidiano, un juego constante sobre lo mismo antes de llegar a lo esencial. Un análisis de sus libretos para la televisión

– *Holiday Song*: la historia de un viejito que ha perdido la fe.
– *Printer's Measure*: la historia de un viejito que se siente desplazado en el trabajo.
– *The Big Deal*: la historia de un hombre que ha sido desplazado de la vida.
– *Marty*: la historia de un amor que había sido desplazado de la ficción.
– *The Mother*: la historia de una anciana que se niega a ser desplazada por la vida.
– *Bachelor's Party*: la historia de la insatisfacción colectiva.

nos lleva a encontrar siempre ese estilo preciso que es algo más que alargar un asunto por gusto, como afirman algunos críticos. Hay en todo ello un simple retorno lleno de significado.

La lectura de *Middle of the Night* obliga a un análisis de sus piezas para el video porque hay una íntima conexión entre ambos medios. Muchas cosas que encontramos en esas piezas tienen una realidad escénica positiva en la obra de teatro.

En especial lo cotidiano. Por ejemplo, en el diálogo seleccionado sobre la visita a casa de Harry, la cosa no es tan insignificante como parece serlo. La visita es fundamental a la acción del drama y **Chayefsky** evita todo forzado dramatismo. De esta forma, no nos extrañe encontrar el mismo procedimiento en varias ocasiones en *Middle of the Night*. Bajo un diálogo intrascendente, hay toda una proyección dramática. Tomemos por ejemplo esa a sutil escena entre el Fabricante y la Mujer. La Hermana intenta crear entre ambos una relación amorosa. Se basa tal vez en la madurez existente entre ambos personajes, pero es esa propia madurez el abismo que se alza entre ellos. De forma indirecta, mediante el uso de lo intrascendente y cotidiano, comprendemos que la comunicación es imposible.

El Fabricante: Me temo que no lo conozco.

La Mujer: El murió el mes pasado. Una hemorragia cerebral. Un hombre relativamente joven. Cincuenta y ocho. Bastante joven todavía.

El Fabricante: Mi esposa tenía cuarenta y ocho años cuando murió.

La Mujer: Mi marido también murió hace poco, en julio.

El Fabricante: No sabe cuanto lo siento.

La conversación espontánea y cotidiana establece a las claras la imposibilidad del romance, porque precisamente el fabricante es el hombre que al llegar a los cincuenta años de su vida tiene un loco afán, secreto, por sobrevivir en el amor. Y el amor no es precisamente la muerte –*Middle of the Night* es la historia de un hombre que se niega a ser desplazado del amor; la expresión en las tablas de esa lucha íntima y dolorosa contra el desplazamiento encontrada también en los textos para la televisión previamente mencionados.

Podrían hallarse otros ejemplos. Cuando El Fabricante va a buscar a La Joven a su casa, hay una escena cuya atmósfera se crea a base de la aplicación de lo cotidiano, para ofrecer la justa sensación de una situación embarazosa. Por eso dice: "pasé por aquí porque mi marido llevó a los niños a casa de mi suegra y yo no me llevo muy bien con ella, así que pensé irme al cine. Realmente está nevando, ¿no es así?" Por su parte, comenta La Vecina: "Esto es prácticamente Harlem. No hay otra cosa que gente de color y portorriqueños viviendo aquí ahora." Las aparentes insignificancias no lo son en realidad, porque hay fines ulteriores bajo las palabras: un mensaje o un personaje que se desarrolla o una situación que se aclara; tal vez la creación de un ambiente. Pero también podemos señalar otro objetivo. **Chayefsky** lo utiliza con el fin de crear el "suspense"; es decir, la "incertidumbre" escénica que mantiene la atención en el público.

En *Holiday Song*, en medio de la tensión creada por la pérdida de la fe en el anciano, hay constantes interrupciones con detalles insignificantes, como cuando Zucker dice: "León... León... Si a ti no te importa, por favor, me gustaría tomar una taza de te." Si **Ionesco** acumula el absurdo, **Chayefsky** acumula elementos de la realidad y les da vueltas y vueltas hasta crear la correspondiente tensión. Claro está que hay que considerar la procedencia de **Chayefsky** desde el video, factor que implica un acercamiento forzoso a la realidad. Por eso el análisis de *Middle of the Night* lleva implícito el análisis de las conexiones correspondientes con la realidad inmediata. En el tratamiento del diálogo, **Chayefsky** aplica al teatro el realismo que encontramos en el cine contemporáneo. Ese realismo consiste en martillar sobre lo cotidiano una y otra vez. El novelista utiliza la palabra descriptiva. El hombre de cine utiliza la imagen visual. El dramaturgo utiliza el diálogo. **Chayefsky**, aún en sus libretos de televisión, es un dramaturgo, porque es justamente en el diálogo y no en la imagen visual donde reside la fuerza de su realismo.

Chayefsky: "La estructura de un drama para la televisión en realidad no es muy diferente a la de una obra de teatro."

Al hablar de este escritor, aún cuando enfoquemos la atención desde la perspectiva de *Middle of the Night*, tenemos que hablar necesariamente de la televisión y hacernos la siguiente pregunta: ¿Tiene la televisión algo que aportar a las tablas?

Chayefsky: "Yo procedo del teatro y deseo volver a él. Cuando lo haga, no seré capaz de calcular la deuda que tengo con la televisión por la suma de pura destreza que he aprendido en los años anteriores."

El desprecio intelectual por la televisión está en cierto modo justificado, pero es injustificado que pretendamos afirmar que la televisión no puede aportar nada al creador. Entre ellos al dramaturgo. En primer lugar, la televisión tiene lo que no tiene el teatro y que es precisamente lo que este necesita tener: público. Por consiguiente, ha de ofrecer algo que tenga validez.

El primer aspecto a considerar radica sin duda en su temática y el retorno al hombre común. La televisión, por razones prácticas e intereses comerciales, reconsidera al hombre común, olvidado a veces por el teatro en su afán de acercarse a lo patológico, lo enfermizo, lo que sobresale por debajo o por encima de la normalidad. En *Middle of the Night*, **Paddy Chayefsky** nos ofrece una traslación de esa temática y enriquece la escena con una fragancia perdida que hay en la realidad inmediata; una legítima poesía que no se basa en la evasión. Esta obligada posición de la televisión debe observarse atentamente.

Chayefsky: "El hombre que es infeliz en su trabajo, la esposa que piensa en un amante, la muchacha que quiere entrar en la televisión –padre, madre, hermanos y primos, amigos–, todos ellos son mejores asuntos para el drama que Yago".

No podemos, por supuesto, limitar el teatro a un enfoque semejante. El olvido del hombre común en el teatro, sin embargo, obliga a que este se encuentre reflejado a veces en las pantallas de la televisión y no en la escena. El teatro está en la imperiosa necesidad de acercarse a ese hombre. Mucho más el teatro cubano. Cuando se habla de la ausencia de nuestra dramática nacional, se acusa a nuestros dramaturgos de no reflejar los problemas y necesidades del hombre común. **Paddy Chayefsky** es por eso un ejemplo valioso. Movido en parte por las exigencias de la televisión, ha mirado hacia su medio y ha buscando en él elementos esenciales, surgiendo así con amor inusitado la ciudad querida: New York. *Middle of the Night* traslada New York a las tablas, aunque, bien es cierto, con menos fuerzas que en el cine. Pero de todos modos la ciudad está ahí, en toda su plenitud y su dramatismo a través de sus personajes y su ambiente puramente newyorkinos. New York late detrás de cada palabra. Hay pues un nexo perfecto entre el diálogo, el tema, la localización y los caracteres. En todos estos factores encontramos una mirada comprensiva, a veces dolorosa, hacia el mundo que nos rodea. Para ser más exactos, el mundo que rodea a **Chayefsky.**

Lo anterior podría encerrar una lección para nuestros dramaturgos. En cierto sentido, la televisión cubana, con todo lo mala que es y la carencia absoluta de un **Paddy Chayefsky** o alguien por el estilo, tiene una aproximación más efectiva que nuestro teatro al tratar ciertos problemas del hombre común y la sociedad cubana. En ciertos asuntos: el divorcio, el adulterio, los hijos ilegítimos; en ciertos caracteres: la suegra, la madre, el galán conquistador; hay una aproximación hacia problemáticas generales y cotidianas, que aunque falsas en su tratamiento y ridículas en su dramatismo, representan un enfrentamiento con la realidad que olvida por lo general nuestro teatro. Tenemos algunos equivalentes remotísimos con los puntos de vista que encontramos en **Chayefsky**.

Chayefsky: "Pero yo he descubierto que aún en los casos en que he encontrado un método de construcción, inmediatamente rompo con él en el siguiente libreto... Cada historia demanda sus métodos propios y cada escritor debe construir su historia del modo que le resulte más adecuado."

Por todo lo anterior es natural que la vejez sea uno de sus temas preferidos, ya que nos toca a todos de un modo u otro. Sus ancianos adquieren categoría heroica en la lucha por la subsistencia dentro de un mundo que pretende destrozarlos. "The Big Deal" y "The Mother" son en tal sentido ejemplos admirables. El protagonista de

Middle of the Night también mantiene una lucha contenida e intensa con los años.

Pero no es sólo en los temas y en la amplitud de los mismos, sino en el enfoque, donde encontramos además una autenticidad y una disminución de la teatralidad artificial de la que a veces peca el teatro. Por eso me gusta la actitud de **Chayefsky** y veo en ella una limpieza necesaria.

Chayefsky: "Es mi creencia que la televisión no obtiene sus mejores logros con dramas que tienen su centro alrededor y en la culminación de crisis tremendas. La televisión se adapta mejor a las crisis diarias a través de la cual la misma profunda visión puede ser lograda, pero sin excesiva teatralidad."

Middle of the Night nos presenta a sus personajes en plena crisis. El Fabricante sufre la crisis espiritual, física y sicológica que precede a la vejez; La Joven es víctima de una crisis matrimonial. En su enfoque, hay un aporte directo que procede de la televisión. Hay una disminución de la tensión teatral que hace a veces demasiado falso el clima escénico. Esto quizás pueda considerarse como una falla, pero es en cierto modo una virtud. En *Middle of the Night* no hay el menor artificio al final de cada acto. No hay efectismos espectaculares. El interés se mantiene a base del simple desarrollo del asunto. Es más, en ciertos libretos para la televisión, como *The Big Deal* y *The Mother*, hay personajes y situaciones más fácilmente asociables al usual concepto de la teatralidad.

Chayefsky: "*The Big Deal* se convirtió en una efectiva pieza para la televisión, pero es más apropiada para las tablas".

El dramaturgo elude en el diálogo ese contrapunto dramático tan usual en el teatro, porque

Chayefsky: "... la gente no habla así en la vida real."

En *Middle of the Night* la acción jamás se aleja del conflicto central entre los protagonistas, aunque se esbozan problemas secundarios que se revierten naturalmente en el conflicto central. La simplicidad estructural de la obra tiene su origen fuera del teatro, aunque los aportes se revierten en las tablas.

Chayefsky: "No es la historia múltiple propia para la televisión. La historia múltiple es algo que sólo el cine puede hacer bien."

Lógicamente, los caracteres secundarios, aunque siempre tienen vida propia, son esencialmente funcionales y responden al tratamiento que reciben los caracteres centrales. Por ejemplo, La Madre que no comprende a La Joven, la incomprensión de La Amiga, lanzan a la protagonista precisamente al encuentro, comunicativo primero, desesperado después, con El Fabricante.

Chayefsky: "Por muy delicioso que sea el tratamiento de un personaje, es un fastidio si no sirve a definidos propósitos argumentales."

Es decir, hay en todo su planteamiento una simplificación y un acercamiento a la vida que en más de una ocasión encontramos ausentes en escena. Claro que muchos declamarán contra **Chayefsky** y preferirán las usuales falsedades, pero su tratamiento es un soplo refrescante que procede de otros géneros.

¿Implica todo esto forzosamente que se caiga en banalidades? No necesariamente, y esto es lo importante. Nunca se debe reducir a un nivel indecoroso lo esencial y trascendente. En *The Mother* encontramos tal vez la más profunda madeja. Hay una relación oscura y enfermiza entre la hija, que ocupa un lugar secundario en el corazón de la madre, y el afán desmedido de la primera por destruir y arruinar, tener en su poder, darle un morboso y enfermizo golpe, a la segunda. *The Mother*, por consiguiente, pese a su anécdota única, las superficialidades del diálogo, los detalles de apariencia insignificante, la simplificación de los caracteres secundarios, y la presencia de otros procedimientos propios de **Chayefsky**, no reduce en ningún modo el calibre dramático del texto. Este procedimiento creador elude la nota altisonante, cuyo origen está en el carácter mismo de la televisión.

No por eso **Chayefsky** elimina ciertos temas. La situación favorece en cierto modo a las sutilezas. En *Marty* hay un tratamiento de la homosexualidad, que aunque no es esencial al libreto, lo enriquece. No es el tratamiento fuerte y recalcitrante del tema (a lo **Tennessee Williams**) sino a la homosexualidad sutil, vaga a indefinida de un hombre común.

La expresión en las tablas desde este punto de vista, más realista y cotidiano, de temas trascendentales, aparece captada nuevamente en *Middle of the Night*. Hay en efecto, en los lazos familiares del hombre común una sutil y oscura madeja de sentimientos y relaciones que a veces se nos escapan y que se manifiestan en detalles aparentemente menores. Tómese el caso del complejo de Edipo, que no se evidencia necesariamente en apasionadas y anormales pasiones hacia la madre. Esto no quiere decir que esté ausente en el hombre medio. Estos oscuros resquicios en las relaciones familiares están perfectamente captados por **Chayefsky**. Capta así el odio soterrado y secreto entre La Joven y La Madre; la incestuosidad de La Hermana soltera; el complejo de Electra de La Hija; y sabe Dios si algún otro que se nos escapa. No los trata, por supuesto, como hacía **O'Neill**. Pero no los elude. Hace frente a ese oscuro mundo y nos ofrece buenas escenas, al propio tiempo que muestra vivamente como esa serie de complejos y manifestaciones incestuosas se revelan en el ser humano corriente en situaciones comunes. Electra no tiene que clamar venganza a voz en cuello y tomar un puñal en la mano, o cualquier arma sangrienta, para vengar la muerte de Agamenón y desatar su odio hacia Clitemnestra. Las situaciones dramáticas de **Chayefsky** permiten el tratamiento de tales asuntos desde un punto de vista más real y con una considerable disminución de artificios exagerados. De tal forma, un personaje, a primera vista, puede parecernos aparentemente sin función y sin trascendencia, completamente anodino. Así ocurre en *Middle of the Night* con La Hija. Durante sus primeras apariciones resulta tan equilibrada y tan falta de color, que nos preguntamos su cometido escénico. Después manifiesta de un modo natural y eficaz, como un ser humano corriente, el complejo que la une a su padre. El giro es levemente inesperado, pero en ningún modo forzado y violento. Cae normalmente de su peso y sin alteración notable de la curva dramática de la obra.

De esta forma se completa el ciclo creador de **Chayefsky**. De nimiedades hemos llegado a la trascendencia. Un procedimiento que nos recuerda a **Chéjov**. La vida es exactamente así. Hay todo un mundo secreto, insondable, tras la palabra de cada día, tras las discusiones domésticas. No hay que ir muy lejos. Teniendo esto en cuenta, *Middle of the Night* deja de ser una pieza aislada para representar un concepto dramático en que se sintetizan escénicamente modalidades propias de **Chayefsky** que tienen su origen en el video. La importancia de la obra no radica pues en sí misma, sino en el soplo refrescante, cotidiano, que trae al teatro:

A) Temáticamente: retorno al hombre común dentro de circunstancias y ambientes comunes.

B) Estructuralmente: golpe a las falsedades convencionales, golpe al teatro en lo que tiene de artificial y exagerado.

Afortunadamente, **Chayefsky** existe en el teatro norteamericano de hoy. Hace falta a veces tomarse un descanso, unas vacaciones agradables, y olvidarnos de las anomalías, la prodredumbre y la sordidez que nos rodea. El carnicero, el viejo achacoso, el estúpido vecino de mediana edad; la cocina, las papas peladas y por pelar, el colador, la mesa de comer, los plátanos verdes y maduros, todo, encierra un mundo indefinido que tiene mucho que decirnos, complejo, extrañas palabras, sufrimientos desconocidos.

Punto y contrapunto.- ¿Hasta qué punto tiene que ver este ensayo con el teatro cubano? Yo diría que mucho. Como puede observarse, hago varias referencias a nuestra escena, que siempre tengo presente mientras escribo sobre el dramaturgo norteamericano. **Chayesky** (de quién posiblemente pocos se acuerden) daba una lección de dramaturgia. Hay que tener presente que el teatro cubano desde principios de la República era una víctima del melodrama, que se disfrazaba de las formas más variadas, desde la peor tradición española hasta el peor sicologismo cinematográfico de los cuarenta y los cincuenta. Disertar sobre las virtudes de **Chayefsky** era una mera cuestión sanitaria, como diría Electra.

Yo diría, de paso, que la lección se extiende hasta hoy en día, particularmente con la desaparición del hombre común y corriente de nuestra dramaturgia, particularmente del exilio. Por eso, no estaría de más repasar a **Chayefsky** o conocerlo si no lo hemos conocido.

La importancia adquirida por la televisión en Cuba durante los cincuenta ha sido objeto de incontables panegíricos, especialmente en el exilio. Yo la recuerdo como un vehículo de comercialización y de mal gusto, un corruptor de la estética y la escritura. Justo es decir, que era un medio idóneo para no pasar hambre, y hasta yo intenté buscarme el "pan" en ella para aliviar mi precaria existencia ciudadana en los cincuenta. Pero todos mis proyectos fracasaron: o mis "libretos" no eran todo lo malo que deberían ser o no tuve el adecuado "contacto". De ahí el significado adicional de mi interés en **Chayefsky,** aunque no creo que tuvimos ningún "libretista" de la misma altura.

Es evidente que el teatro norteamericano juega un importante papel en nuestra dramaturgia entre los años cincuenta y los sesenta. Las salas teatrales nos mantienen al día, especialmente *Las Máscaras*, con buenas puestas en escena de las obras de **Arthur Miller, Tennessee Williams** y **William Inge**, aunque otros dramaturgos también aparecen en cartelera, como es el caso de *Viaje de un largo día hacia la noche* de **O'Neill**, llevada a escena por *Teatro Estudio*. Junto con *Las Máscaras*, la *Sala Talía* hace otro tanto, dentro de una cartelera de menor altura.

Mi diversificado interés en los géneros literarios y en los vehículos de comunicación correspondientes, han creado en mí conflictos de espacio y territorio. Al estar la crítica de cine en *Revolución* a cargo, inicialmente, de **Cabrera Infante** y después de **Fausto Canel**, mis incursiones fílmicas tenían que ser muy marginales. El estreno de una película basada en un texto teatral, me permitía muy ocasionalmente una incursión múltiple, que es el caso de este ensayo gracias a **Paddy Chayefsky**.

Desde mi primer ensayo, que apareció en la revista *Nueva Generación*, de la que fui uno de los fundadores, manifesté mi interés en ambos medios, publicando un largo trabajo sobre *Hamlet* con motivo del estreno de la película de **Lawrence Olivier**. Después, en esa misma revista, publiqué un guión de cine sobre un poema de **Rine Leal**, del que hizo también una obrita de teatro. El cine era parte esencial de la vida cubana en las décadas de los cuarenta y los cincuenta. A fines de los cuarenta, la Twentieth Century Fox organizó un concurso de crítica al estrenar *Capitán de Castilla* y el premio era la matrícula gratis para asistir al curso "El cine, industria y arte de nuestro tiempo". Entre los que recibimos tan codiciado galardón (porque de otro modo no teníamos medios para matricularnos en el curso) estábamos, entre otros, **Néstor Almendros, Rine Leal, Natividad González Freire, Germán Puig, Rubén Vigón, Guillermo Cabrera Infante y yo.** El curso era el "territorio" de **José Manuel Valdés Rodríguez**, crítico de cine del periódico *El Mundo*, y **Cabrera Infante** se convirtió en la pesadilla del profesor.

Portada de *Lunes de Revolución* donde aparece el ensayo:
«Cervantes en escena: técnica del entremés».

МОСКОВСКІЙ ХУДОЖЕСТВЕННЫЙ ТЕАТРЪ

8 de febrero de 1960 (N. 46)

Presencia de Stanislavski en el teatro cubano

Nos asombramos. Algo está pasando. Sentados en la última fila, huyendo del "pregonero público" –es decir, el actor gesticulante y mecánico, la voz atronadora, la mano en el pecho y en la frente al llegar al "crescendo" del melodrama–, nos encontramos que no escuchamos una sola palabra. Un actor impasible, de voz apagada y entonación monótona, natural a su modo, temeroso e incapaz de utilizar para nada la mímica, la voz y todo lo demás, encerrado en sí mismo, se perdía para nosotros. ¿Es un actor?, nos preguntábamos. Escépticos, veíamos que no hacía nada. La actriz parecía no quererse quedar atrás. Lánguida, tímida, amoscada, retorcida en una alejada silla, la voz apagada, la modulación ausente, sin querer pronunciar una sílaba más alta que la otra y sin querer mover un brazo más alto que el otro, atemorizada a cada instante ante la posibilidad de "sobreactuar" su papel, preguntándose constantemente y con profundo pánico si había hecho un ademán mecánico, el cuerpo enjuto, se empeñaba en hacernos ver que no era actriz, tan deliberadamente en su actuación por no serlo, que terminó por convencernos que no lo era. Y así el escenario se fue llenando de actores que decididamente no actuaban ni hacían nada por el estilo y de actrices que se parecían tanto las unas a las otras hasta el punto de no parecerse jamás a sus personajes. La altisonante "pantalla panorámica" del viejo actor de la vieja escuela había desaparecido y nos encontramos frente a otra cosa. ¿Qué era la otra cosa? El método, nos susurraron al oído, **Stanislavski**.

Efectivamente, nuestro teatro se había dirigido hacia el polo opuesto de la actuación. En muchos casos, del todo altisonante a la nada incompetente. Por supuesto que entre estos polos opuestos estaba lo fructífero de la corriente, el actor capaz y la actriz que no necesita aferrarse a **Stanislavski** –y a los otras fiebres de la "moda" teatral en turno– con la misma idiotez que lo haría una jovencita burguesa con los vestidos y cigarrillos de ocasión. Además, en términos generales, la palabra **Stanislavski** y su método, mal o bien aplicado, conducía a una evidente ruptura con los viejos moldes mecánicos del actor, a una renovación que a la larga –despojada de extremismos perjudiciales y erróneos– daría sus frutos. De este modo, ya resulta intolerable –aunque por supuesto aún sigue presente– el actor que no siga de un modo aunque sea indirecto e intuitivo algunos preceptos de la actuación stanislavskiana. Es decir, que sobre todo lo malo que pueda resultar un **Stanislavski** erróneamente conseguido en la puesta en escena, queda siempre la necesidad que tenía nuestro teatro de refrescar el ambiente con la presencia de este hombre que hacía que el actor mirara hacia su propia naturaleza.

Hablar pues de los defectos de una actuación mecánica y convencional, resulta ya demasiado simple y evidente. Principios del trabajo físico del actor como estos: "una criatura entorpecida, cuyo cuerpo por entero está sometido a las ansias del espasmo muscular, no puede sentir ninguna libertad en la escena ni tener una vida adecuada"; "he aquí que es necesario corregirnos a nosotros mismos para ver o mirar, oír y escuchar en la escena"; "toda acción en el teatro debe tener una justificación interna y ser lógica, coherente y real"; principios como estos, digo, no pueden escapar ya en la escena cubana a ningún director o institución académica que se respete a sí misma, bajo el influjo directo o no de **Stanislavski**. Y esto no excluye tampoco los males; por ejemplo, que el simple dominio de parte de un actor de la voz, sus movimientos, la expresión facial, diestramente aplicados a un trabajo escénico, sean mal mirados por los actores impasibles y las actrices lánguidas. Sin embargo, con frecuencia se han olvidado algunos de sus principios más elementales: "a fin de expresar una más delicada y completa vida subconsciente, es necesario tener control de un aparato físico y vocal excepcionalmente preparado"; "en cuanto a la pobre gente de las últimas filas, tenemos voces debidamente colocadas y empleamos bien preparados métodos de pronunciar las vocales y las consonantes. Con la debida dicción, Ud. puede hablar tan suavemente como si estuviera en un cuarto reducido, y esa pobre gente lo oiría mejor que si Ud. grita"; "un actor no puede ser ni un imposibilitado ni un tullido, ¡tiene que disponer de todos los órganos!"; estos olvidos, digo, son mucho más importantes en el ambiente teatral de hoy entre nosotros, porque son los que son palpables en los trabajos interpretativos realizados, más o menos, a la sombra de **Stanislavski.**

Es decir, llegó un momento en la historia del movimiento teatral nacional en el cual el nombre de **Constantin Stanislavski** estableció las bases para nuestra renovación escénica. ¿Sobre quiénes recae la mayor responsabilidad respecto a la aplicación del "método" entre nosotros? Para los presentes apuntes debo citar a **José Gelada,**

Irma de la Vega, Andrés Castro, Adolfo de Luis, Adela Escartín y **Vicente Revuelta.** Del trabajo de **José Gelada** en Cuba tomamos la siguiente información del libro *Teatro cubano contemporáneo*, documentado trabajo de **Natividad González Freire:** "Patrocinado por este grupo –"Teatro", funcionando en la Sociedad *Nuestro Tiempo*–", **José Gelada** dio el primer cursillo realizado en La Habana sobre los conceptos generales del sistema **Stanislavski**, en el verano de 1951 y en el propio local de *Nuestro Tiempo*. Los conocimientos de **Gelada** sobre esta materia estaban acreditados por su asistencia a la academia del japonés **Seki-Sano** en Méjico, el que a su vez había sido alumno de **Stanislavski**. Con su esfuerzo "Teatro" realizaba uno de los más caros anhelos de los jóvenes del momento: dar a conocer un método científico eficaz sobre la actuación dramática, que solamente los cubanos que habían estudiado en academias neoyorquinas habían podido aprender".

Por otra parte, desde el año 1951, el grupo *Las Máscaras*, dirigido por **Andrés Castro** y trabajando inicialmente en el Palacio de los Yesistas, también realizó trabajos académicos y escénicos al conjuro de **Stanislavski**. **Andrés Castro** ofreció diferentes cursillos al grupo de actores que formaba ese conjunto, así como a alumnos que no formaban parte de su compañía y tenían su aplicación práctica de lo estudiado en las clases al llevar a escena las obras de su repertorio. Los cursos de **Andrés Castro** condensaban las lecciones del método y eran acompañados también con principios de técnica de actuación tomados de las concepciones escénicas de **Miguel Chéjov.**

Otro aporte al conocimiento de **Stanislavski**, también realizado a partir de los primeros años de la década del 50, estuvo a cargo de **Adolfo de Luis**, que había tomado diferentes cursos sobre **Stanislavski** en los Estados Unidos del año 1947 a 1949. En el Dramatic Workshop de **Piscator**, con **Reiken Ben-Ari** del elenco del Teatro de Moscú, con **Phillip Schrager, Anthony Manino, Paul Mann** y particularmente con **Muriel Bowdin**. Su primer curso de actuación lo ofreció en la Academia de Baile de **Alicia Alonso**, al terminar un curso que había sido iniciado por **Lorna de Sosa. De Luis** inició un trabajo más sistematizado dentro de un conocimiento académico en el cual los conceptos de **Stanislavki** aparecían un tanto dispersos y confusos. Mayores oportunidades de explicar el método las obtuvo en un curso completo ofrecido en la Universidad de Villanueva en el año 1952, que terminó con la presentación de la comedia *Días Felices*, en la cual los alumnos aplicaban sus conocimientos. A partir de este curso empezó a funcionar el *Teatro Universitario de la Universidad de Villanueva.*

Durante esos primeros años de aplicación sistematizada de **Stanislavski,** hay que señalar también el trabajo de **Irma de la Vega**, alumna de **Seki-Sano** en Méjico, que ofreció un Seminario de Arte Dramático, auspiciado por la *Asociación Cubana de las Naciones Unidas.* Los resultados prácticos de las clases se comprobaron, al parecer con éxito, con la presentación de *La fuerza bruta* de **John Steinbeck** en 1953. Posteriormente **Irma de la Vega** ofreció otros cursos, hasta que en años más recientes ha venido trabajando en la Universidad de Las Villas, aplicando la técnica de **Stanislavski** entre los alumnos de dicha universidad, con resultados prácticos al llevar a escena obras como *Esperando al Zurdo* de **Odets.**

La primera etapa del trabajo de **Adela Escartín**, estudiante de la escuela de **Piscator** en Nueva York, en la aplicación del sistema, la realizó por breve tiempo desde el ballet de **Alberto Alonso**, interrumpida por diferentes dificultades de local y trabajo. De ese modo, **Adela Escartín** limitó la enseñanza privada a grupos particulares. También en el caso de **Adolfo de Luis** la enseñanza privada del método resultó otro imperativo, hasta que en el año 1958 volvió a ofrecer un cursillo en *Atelier*, en el que tomaron parte conocidos actores como **Bertha Martínez, Manuel Pereiro, Eugenio Domínguez.**

Adela Escartín, que había disuelto los grupos particulares por no poder hacer actuar a sus alumnos frente a un público, lo cual le parecía indispensable como estímulo, suspendió las clases, hasta que **Adolfo de Luis** dejó su primera sala *Atelier*. Desde allí reinició su enseñanza. **Carlos Piñeiro** se encargaría de la dirección de la sala en cuanto a las obras a representar, mientras que **Adela Escartín** podría abrir una matrícula ofreciéndoles a sus alumnos algo parecido a un escenario, montando cada tres meses obras enteramente actuadas por ellos, con repartos que se alternarían. Esta actividad se prolongó hasta septiembre de 1958, en que la situación del país, la incosteabilidad de la sala y el agotamiento físico de la actriz, llevaron a cerrarla y continuar en su casa una vez más con pequeños grupos.

La actividad, por consiguiente, de dos de las figuras más interesadas en el método, **Adela Escartín** y **Adolfo de Luis**, se había dispersado en los momentos en que inicia Cuba su Gobierno Revolucionario. Mientras tanto, otro interesado en la mejor aplicación del método en Cuba había surgido: **Vicente Revuelta**, trabajando bajo la insignia de *Teatro Estudio*. **Revuelta** tuvo sus primeros conocimientos de **Stanislavski** a través de **Adolfo de Luis** y **Adela Escartín.** Después, en un viaje a Europa en 1953, asistió a un curso de **Tania Balachova**, en París. El curso aplicaba el método en su parte crítica, en la aplicación final del mismo a la escena por alumnos que se suponían ya entrenados. Tras diferentes lecturas en idiomas extranjeros, en el que **Revuelta** nos informa su interés por relacionar el método con el marxismo y la dialéctica, ya de vuelta a Cuba, recibe algunas clases de **Adela Escartín** y **Adolfo de Luis.** Es con este último, en el año 1956, cuando dirige *Mundo de cristal* y tiene oportunidad de aplicar el método en relación con el trabajo de **Adolfo de Luis,** que interpretaba uno de los papeles de la obra de **Williams.** Reunido con un grupo de actores, inicia sus trabajos guiado por el libro *Handbook of Stanislavski's Method* como base para los ejercicios. **Ernestina Linares, Sergio Corrieri, Pedro Álvarez, Antonio Jorge, Raquel Revuelta** y **Rigoberto Águila**, inician el entrenamiento, que culmina con la presentación de *Viaje de un largo día hacia la noche* de **Eugene O'Neill**, aplicación rigurosa del método. Fundado ya *Teatro Estudio* como grupo escénico, surge hacia fines de 1958 como una necesidad académica para el desarrollo y la aplicación de los conocimientos sobre **Stanislavski.**

Teatro Estudio ha continuado sus labores aplicando el sistema durante la presente etapa revolucionaria. Iniciando sus labores durante los primeros cursos con la enseñanza de los ejercicios básicos, han realizado con posterioridad la invención de nuevos ejercicios, como ejercicios de desvirtuamiento de texto. Es decir, ofrece una adaptación del sistema que guarda relación con las circunstancias vitales de los alumnos, tratando de despojarlo un tanto de lo psicológico, procurando más bien la expresión de una sicología social a través de las realizaciones escénicas que ellos ejecutan.

Por su parte, mientras **Irma de la Vega** sigue realizando su labor sobre **Stanislavski** en Las Villas, **Adela Escartín** –tras años de incansables trabajos por lograr los mejores frutos para el teatro cubano con **Stanislavski** y luchando contra la voracidad de una televisión que casi siempre aniquilaba las fuerzas creadoras de los alumnos que preparaba– deja su labor académica a los planes concretos del Gobierno Revolucionario en lo que a la formación teatral se refiere. **Adolfo de Luis**, interesado en la pureza del método, ofrece un cursillo de graduación en el *Teatro Universitario* para su elenco dramático.

En general, **Stanislavski**, más o menos bueno, más o menos puro, resulta una presencia renovadora de la que no escapa, en mayor o menor grado, entre col y col lechuga, ni la televisión. Muestra de ello lo son las presentaciones de **Humberto Arenal** en su trabajo permanente en Escenario 4, donde con altibajos está presente el teatrista ruso en TV Revolución; así como **Adolfo de Luis** en la propia CMQ, ofreciendo un curso para los actores de dicha planta.

Por supuesto que el resultado final en la historia de nuestro teatro puede llevarse a discusión y las objeciones pueden ser muchas, no al método, sino al resultado total. Pero es evidente que **Stanislavski** ha sido una necesidad para el teatro cubano de la cual nuestros actores deberán sacar el mejor fruto.

Punto y contrapunto.- En el primer párrafo de este trabajo tengo en mente a *Teatro Estudio* donde se hicieron algunas desastrosas puestas en escena aplicando el "método", como fue el caso de *Mundo de cristal*. **Adolfo de Luis** sería un gran conocedor de la materia, pero no hizo otra cosa que desacreditarlo: era un pésimo actor y peor director. Venía del extranjero con "patente de corso". **Francisco Morín,** que también estudió con **Ben-Ari,** sin dudas lo aplicaba en muchos trabajos de dirección, ya que "por intuición o por nuestros estudios en Nueva York, ya algunos de nosotros aplicábamos métodos *internos* de origen stanislavskiano", pero no era miembro oficial del "culto", refiriéndose a los proyectos de **Adela Escartín** como "la panacea del arroz con mango en el aprendizaje del actor". De las ambiciones politizadas de **Vicente Revuelta** afirma que era "**Stanislavski** la estrella que los guiaba al Belén indiscutible, o sea, *Teatro Estudio*", según comenta **Morín** en *Por amor al arte*.

16 de mayo de 1960 (N. 60)

Arthur Miller
"La jaula del hombre"

La realidad americana a través de los personajes de Arthur Miller

Voy ahora a pensar en estos personajes. Voy a dejar a un lado la estructura de sus dramas y me voy a concentrar, principalmente, en estos hombres y mujeres encerrados en una jaula.

Estos son los personajes de **Arthur Miller.** Estos son los personajes del drama moderno. Porque la jaula del hombre puede ser, como en los griegos, su persistencia trágica, un dogma religioso, sus propios laberintos internos, o una estructura social con sus no menos laberínticos postulados políticos y económicos. El hombre tiene pues jaulas al gusto. Tendrá siempre alguna que lo explique. **Arthur Miller** no puede deshacerse de esa evidencia enjaulada y endiablada del hombre, de sus personajes, de la realidad social que lo circunda. Un enamorado del hombre, como lo es el dramaturgo, no puede menos que acercarse a él, llorar con él sus sufrimientos en la jaula en que permanece encerrado, y preferiblemente delatar. Y la jaula del hombre para **Miller** –**Miller** es norteamericano y su actividad creadora está dirigida hacia la tragedia de los hombres que lo rodean–; mejor dicho, la jaula de sus hombres –los hombres y mujeres de **Miller** son norteamericanos como él, ciudades industriales, superpobladas, verticales, Nueva York preferiblemente– corresponde a la sociedad norteamericana, capitalista, industrial, seudo democrática, a que ellos y él pertenecen. Como hombre limpio y creador sincero, escudriña en la propia sociedad en que vive, en la esencia de los hombres y mujeres que se mueven a lo largo y lo ancho de los Estados Unidos, y trata de descubrir en ellos sus anhelos, sus frustraciones, sus defectos, y en especial las condiciones culpables de índole social, económica o políticas que originan la derrota humana. Se transforma en un creador que denuncia, en una necesidad. En lugar de asentir con una sociedad defectuosa, presenta y descubre los defectos de esa sociedad, sus consecuencias en el hombre.

En tal sentido, su teatro es duro, radical: sus personajes aparecen aniquilados por la estructura a que pertenecen, descubren un estado vital imperfecto y plantean la urgente necesidad de remedio. Un autor como él invita a la solución, es útil a la sociedad en que vive cuando la estructura social que pone al descubierto es capaz de superar sus propios errores, da la voz de alarma. Le corresponde a la sociedad capitalista, industrial, mecanizada, seudodemocrática, solucionar los problemas que arruinan a Willy Loman, John Proctor y Joe Keller. Mientras esa sociedad no esté dispuesta a subsanar sus propias lacras, no hay garantía posible de subsistencia.

Miller informa. Yo analizo el informe. El tiempo lo dirá todo. Pero me parece que los hechos que presenta piden una solución y si su crítica descarnada no obtiene más respuesta que la que ofrece Eagle en *Recuerdo de dos lunes* −"No debían haberse lavado las ventanas"− con toda su estúpida mentalidad de avestruz, de poco le ha valido a su medio el aviso y servicio que ofrece. **Miller** le hace pues un favor al capitalismo y a la industrialización delatando sus propios males, en el supuesto caso que logren funcionar los conceptos de un escritor dentro de sólidas estructuras económicas y políticas. Pero de eso el escritor no tiene la culpa.

La frustración y el error, sobre el fondo común de una sociedad que aniquila, constituyen dos temas característicos. En *Todos eran mis hijos* insiste en el error individual con repercusión colectiva; en *La muerte de un viajante* se dirige a la frustración y el desplazamiento; en *Las brujas de Salem* nos enfrenta con la persecución política y religiosa; en *Panorama desde el puente* nos habla de la confusión de sentimientos y los imperativos de la sexualidad; en *Recuerdo de dos lunes* insiste en la frustración colectiva. Todo lo cual se desarrolla dentro del marco de una sociedad más fuerte, aniquilante, por encima del hombre. Todo perfectamente integrado. De ahí que además de estas diferenciaciones analíticas, podríamos decir lo contrario y afirmar que su teatro conduce a una síntesis de todo lo expuesto, haciéndonos solidarios con **Bernardo Verbitsky** cuando afirma que hay "unión sin junturas visibles de lo estrictamente individual con lo social. Por eso resulta inútil buscar rótulos a su teatro o establecer qué temática predomina. Es el hombre y su circunstancia. El hombre en una sociedad dada, con sus anhelos, sus angustias espirituales, con sus apremios y limitaciones económicas, con sus recuerdos instintivos y pasionales; el individuo entero y no fragmentado como lo muestran esos autores empeñados en mostrar algo y que para ello enfocan lo que les conviene y dejan en la oscuridad lo que no ayuda a su tesis".

Su teatro comienza, al menos en lo que al éxito público se refiere, con un violento ataque al error individual en *Todos eran mis hijos*. Sin embargo, la formación del carácter de Joe Keller, el equivocado protagonista, capaz de enviar material bélico defectuoso y conducir a los jóvenes soldados a la muerte, responde nuevamente a las condiciones sociales, económicas y políticas en que se desenvuelve. Del mismo modo que ocurrirá más tarde con Willy Loman, Joe Keller no es para **Miller** ni absolutamente culpable ni absolutamente inocente. Sería más fácil colocarlo en cada uno de estos extremos. La coexistencia de elementos contrapuestos asegura la trascendencia de Keller y Loman. La penetración humana que demuestra el dramaturgo en el tratamiento de Keller –pese a que *Todos eran mis hijos* no es más que una convencional pieza de tesis correctamente estructurada– lo aleja de lo panfletario. Un dramaturgo mediocre hubiera pensado solamente en la culpabilidad, olvidando que ésta a veces aparece confundida con la inocencia. Agregamos que pese a la acción criminal de Keller, éste es un hombre común, bueno en su vida privada; podemos decir que legítimamente honorable. **Miller** se empeña en ello, nos lo hace simpático, nos conduce emocionalmente hacia él. Es precisamente aquí donde reside la solidez argumental de la obra, su poder convincente. En la primera parte, el dramaturgo logra la comunión entre el público y el personaje, para luego lanzarnos al descubrimiento y hacernos evidente la culpabilidad de Keller. Es más, Keller es absolutamente sincero consigo mismo. Sólo al final adquiere conciencia del error. Elude **Miller** la presentación de un "monstruo" y enfatiza el error. Los autores de piezas de tesis deberían entender esto.

Keller construye su mundo a base de un individualismo férreo y su dedicación al microcosmos familiar en que vive. Lleno de bondad a nivel familiar, no comprende el daño colectivo que hace. **Miller** lo ve como un individualista dentro de una sociedad individualista. Pero esta formación íntima de Keller, ¿de dónde nace? ¿es acaso culpable de su propia formación? ¿es un delincuente culpable o la consecuencia de una sociedad que lo obliga a delinquir? Keller no se forma de la nada. Es la consecuencia de una lucha férrea, cerrada, práctica, que lo lleva a obtener una posición social desahogada "en las afueras de una ciudad norteamericana". Luchó y procuró no ser vencido frente a hombres individualistas como él, creando una cadena de combate colectivo cotidiano. El dramaturgo entreteje la culpabilidad individual con la colectiva. Porque si bien es cierto que no todos enviaron materiales bélicos defectuosos, no es posible exigirle a Keller conciencia de su crimen cuando todos estuvieron en peligro de haberlo cometido. Claro que no lo hicieron. Pero los errores individuales encuentran una explicación, aunque no necesariamente una justificación, cuando son la consecuencia directa de los errores sociales. Mientras tanto la sociedad no puede ser el juez de sus hombres, no puede condenar, no puede enviar a la silla eléctrica. Como en otras obras, **Miller** no precisa los campos, pero es evidente que no podemos acusar al individuo si no acusamos primero a la sociedad. El propio Keller, cuando la culpabilidad parece recaer sobre su socio, aclara y define la difícil situación entre culpa e inocencia.

KELLER: Escucha, tienes que darte cuenta de lo que pasaba en aquel taller durante la guerra. ¡Los dos! Aquello era una casa de orates. Cada media hora, el mayor llamaba pidiendo culatas de cilindros. Nos estaba azotanto con el teléfono. Los camiones se llevaban las culatas todavía calientes. Quiero que vean las cosas desde un punto de vista humano, meramente humano. De pronto una hornada sale con una raja. Esto sucede a veces; es el negocio. Era una raja fina, como un pelo... Muy bien... Tu padre es un hombre débil, sin carácter, siempre asustado de los gritos. ¿Qué diría el mayor? La producción de medio día totalmente perdida. ¿Qué dirá? ¿Comprenden lo que quiero decir? Es humano... Tomó los útiles... disimuló el defecto de las culatas... Está mal hecho, muy mal, pero eso es lo que hace un hombre sin carácter.

En resumen: la sociedad capitalista e industrial no puede emitir un juicio justo y moral en el caso de Keller, ya que el personaje es su propia consecuencia.

En *La muerte de un viajante* hay puntos de contacto con la misma idea. Willy Loman, ciertamente, es víctima de sus propios errores. Pero sobre sus flaquezas individuales se alza, más culpable aún, la sociedad. En tal hecho radica la grandeza de la obra. Desde que se abre el telón **Miller** destaca el aniquilamiento humano de una forma evidente y gráfica: "Ante nosotros, la casa del Viajante. Se perciben tras ella, cercándola por todos lados, formas altas y singulares. Sólo la luz del cielo llega a ella y al proscenio; la zona circundante muestra un áspero resplandor anaranjado. Cuando se hace la luz, vemos una maciza mole de casas de departamentos alrededor de la casita de frágil aspecto". Queda así, reflejada simbólicamente, una clara imagen del espacio vital de Willy Loman. Loman es eso: una casa aplastada por la ciudad, el resultado de una forma de vida, de leyes económicas, de leyes políticas, de leyes sociales: la ciudad que nace de la industria y el maquinismo, las creaciones infrahumanas. En fin, el hombre que ha construido un mundo para su propio aniquilamiento. Y Willy Loman, basándose en el código de valores de ese mundo de fuerza e intereses, crea su propio engaño.

LOMAN: Iremos los tres y les enseñaré todas las ciudades. Norteamérica está llena de hermosas ciudades y de personas de pro. Y todos me conocen, muchachos; no hay nadie que no me conozca en Nueva Inglaterra. [...] En el mundo de los negocios, quien sale adelante es aquel que causa impresión, que tiene una personalidad interesante.

Ese es Willy Loman y la horrenda mentira de sus conceptos no surge de la nada; surge precisamente de esas grandes ciudades que Loman ama, admira. Loman vive como en "un sueño que surgiera de la realidad". Como un imperativo interno, como una necesidad técnica, surge la combinación de un realismo de primer orden con elementos expresionistas. El procedimiento responde a un imperativo creador, y **Miller** no lo utiliza como un artificio, sino como característica funcional dentro del tema. Por otra parte, como la fantasía es para Loman tan real como la realidad misma, estos elementos intercalados por medio de una técnica no realista, están desarrollados con absoluta conciencia realista. **Laslo Benedek**, al analizar el sentido cinematográfico de la obra, anota: "Con el propósito de crear una desusada mezcla de realidad y fantasía en la escena, **Miller** utiliza el "flashback" y la disolvencia, y las utiliza eficazmente la mayor parte de las veces". El protagonista no inventa los falsos valores. Ellos están en el medio ambiente. No hace más que tomar aquí y allá, formar su personalidad, arruinarse en ese mundo en que el pasado surge tan real como el presente aniquilante.

El hombre es creado por la sociedad a su imagen y semejanza. La tragedia surge cuando es la propia sociedad quien lo rechaza y desplaza como criatura inservible. Al contrario de Joe Keller, Loman no es responsable de haber matado a nadie. Ha sido fiel servidor, devoto y afectísimo. Mientras pudo, rindió una labor eficaz en beneficio del mecanismo al cual se integraba; pero finalmente la sociedad lo niega.

Junto a esto, el pequeño mundo esencial de Loman: "Bien, en primer lugar, dieciséis dólares a cuenta de la heladera". "Se rompió la correa del ventilador. Es uno ochenta..." "¡Bien, hay noventa y seis de la máquina de lavar. Y el quince tendremos que pagar tres y medio por la aspiradora. Luego, está el tejado; quedan por pagar veinte dólares". "Bien, le debes tres y medio y con otros picos, se llega a un total de ciento veinte para el quince." Eterna historia de los objetos que se aferran a nosotros con su absurdo "confort" aniquilante, envenenado, criminal. Pan cotidiano. La pregunta es: ¿cuál es la solución que ofrece la sociedad capitalista al caso Willy Loman? Hasta ahora, Willy Loman sigue siendo Willy Loman.

Del crimen social en esta forma genérica, pasamos con *Las brujas de Salem,* ya directamente, al crimen político con acusados, tribunales, jueces y verdugos. El caso John Proctor. En *Las brujas de Salem* se debate algo más que una persecución religiosa y fanática, presentándonos una persecución ideológica con el fin de fortalecer un estado constituido. De ahí surge el inmediato paralelo entre la "cacería de brujas" que se desarrolla en escena y la persecución a ciudadanos norteamericanos por actividades comunistas o consideradas comunistas, que ponen en peligro la seguridad de la nación. Es de todos conocido que el propio dramaturgo fue sometido a juicio por el gobierno norteamericano por rebeldía y sospecha de atentar contra el sistema social de los Estados Unidos. En realidad, **Miller** no hace otra cosa que una advertencia. Y de acuerdo con su concepto ("es el presente, siempre el presente, lo que la forma dramática debe apresar ante todo, bajo riesgo de convertirse –de lo contrario– en algo muerto y desprovisto de interés...") vitalista y funcional del teatro, el dramaturgo acepta "los grandes retos de la existencia" y no vacila en crear para la propia sociedad que lo persigue, un documento delator. Sin embargo, además de la temática directa que representa el contrapunto entre los Estados Unidos del siglo diecisiete y del veinte, la obra adquiere categoría universal cuando, partiendo de una específica localización y fines concretos, alcanza la fuerza de un documento universal e intemporal enaltecedor de la dignidad humana. En este sentido esta obra representa el canto más vibrante que nos ha ofrecido. Resulta de este modo fascinante observar como el prólogo y las acotaciones que el autor hace a su obra, jugosas, concretas, de valor histórico, directas en su ataque, traspasan sus límites para convertirse en esencia de un canto a la libertad del hombre, al de la dignidad del hombre que la defiende, grito contra la intolerancia y la persecución.

Miller, un enamorado del hombre común, ha buscado precisamente en él, en un campesino, en un hombre capaz del pecado y la claudicación, sujeto a las debilidades, la representación de esa lucha entre la libertad ideológica y la represión. Su presentación de Proctor lo define: "un agricultor de unos treinta y cinco años. No tiene por qué haber sido miembro de ningún bando del pueblo, pero hay indicios que sugieren que era violento y mordaz con los hipócritas. Era la clase de hombre –poderoso de cuerpo, bien dispuesto y difícilmente dominable– que no puede rehusar el apoyo militante a ningún partido, sin provocar el más hondo resentimiento. En presencia de Proctor, todo necio sentía instantáneamente su necedad... y por cosas así un Proctor siempre está expuesto a la calumnia. Sin embargo "–aquí la eficacia del planteamiento, la propia eficacia que hizo más convincente (pero a la inversa) a Joe Keller– "es un pecador no sólo ante la moral imperante de la época, sino ante su propia visión de lo que es una conducta decente." Proctor no es sólo un hombre común, sino que se considera a sí mismo débil y fraudulento. Con estos elementos, surge el héroe de **Miller**. "No puedo subir al patíbulo como un ángel. Es un fraude. Yo no soy tal hombre." "Quiero conservar mi vida." "¡Que Rebeca pase por santa; para mí todo es un fraude!" Pero pese a todo, es incapaz de la claudicación definitiva y, mucho menos, llegar a la delación. Los jueces le piden nombres y Proctor los niega. No se considera un santo, no se considera un héroe; pero una repugnancia mayor a hacerles juego a los jueces, al tribunal tramposo que repele, lo libera y lo conduce a la muerte. Es el gran personaje de la obra: el hombre desnudo, débil pero que no llega a claudicar –ante él la figura sobrehumana de Elizabeth Proctor palidece. Proctor es nada más y nada menos que un hombre.

Teatralmente, *Panorama desde el puente* es la obra de **Miller** que menos me ha interesado, pretenciosa y falsa, gracias en parte a la intervención del abogado Alfiere, que funciona como coro que narra de modo fatal los acontecimientos y la conecta con la tragedia griega. Entre todas sus obras, quizás sea la que se dirige con mayor énfasis al análisis de los reclamos instintivos y pasionales del ser humano, más que a las circunstancias sociales y políticas en que se desenvuelve. Claro que no lo excluye, pero en este caso la jaula voraz en que el hombre se consume nace de las oscuras raíces de su siquis y su instinto. No podemos considerarla como una obra de denuncia sobre la existencia del inmigrante en los Estados Unidos, y en especial del inmigrante clandestino, porque estos aspectos constituyen elementos circunstanciales dentro del drama. La propia intervención de las autoridades de inmigración y su aplicación injusta de la ley –la ley desnuda es para **Miller** un hecho inhumano, como bien lo siente el protagonista para el cual este tipo de ley no implica la solución de su tragedia. Con mayor constancia reaparece la ciudad deshumanizada, destructiva, que responde a una estructura social absurda que va contra las leyes naturales del hombre: "¿A que no sabe qué es lo que no consigue comprender? ¡Que no haya fuentes en Brooklyn! En Italia, dice, todas las ciudades tienen fuentes y la gente se reúne junto a ellas. ¿Y sabes una cosa? Hay naranjos en las calles de la aldea donde vive, y limones. ¿Te imaginas? ¡En los árboles! Siempre me está contando lo hermoso que es allá, con las montañas, y el océano, y todo..." De este modo, **Miller** vuelve a un tema constante: la ciudad moderna, deformante, capitalista, edificada sobre una estructura económica destructiva, aniquilante, negación de las apetencias vitales del ser. Y aunque el dramaturgo es objetivo al afirmar en uno de los textos que el paisaje italiano no puede servir de alimento, expone con claridad que la ciudad no ofrece ninguna solución a las apetencias esenciales del individuo. Sus inmigrantes están así, socialmente, en una jaula. Salen de una red y penetran en otra, imposibilitada la salida. Se mueven así entre los anhelos, las equivocaciones que los llevan a una melancolía enfermiza, y la necesidad de subsistir, el morir cotidiano. Las leyes artificiales inventadas por los hombres, los códigos, son incapaces de satisfacer la ley interna que nace de sus instintos y sentimientos. Porque el drama íntimo de Eddie Carbone, su amor oscuro y sofocante hacia Katherine y la respuesta de esta, también turbia, difusa, extraña; así como las visitas de Eddie al abogado, en busca de una solución legal a un conflicto emocional, centralizan la acción de *Panorama desde el puente,* que ahonda en la vida pasional del ser humano.

Tal vez sea *Recuerdo de dos lunes* la más cruel, delatora, desafiante, de todas sus obras. Precisamente porque en esta pieza se manifiesta el premeditado esfuerzo de no pretender delatar nada, llegando así al máximo del documento delator, al más profundo análisis de la destrucción. Utiliza aquí una técnica distinta, limpia de artificios, sin progresión, sin curvas, sin énfasis, casi chejoviana. Y la vida y la destrucción del hombre dentro de la sociedad en que vive, con todo el mecanismo de doctrinas sociales, económicas y políticas en la que cada hombre no parece otra cosa que una miserable ficha en un tablero, adquieren un sentido de perdurabilidad dolorosa que se hace realmente desgarrante. Comprendemos así que amamos a nuestros semejantes, porque amamos "hasta" la ciudad. Pero no es la ciudad. Amamos al hombre destruido por la ciudad, aniquilado. Sentimos a ese hombre caminando entre las multitudes, entrando en túneles subterráneos, dándoles vida a esos túneles, al hierro. Y el hierro horrible se transforma en carne y grito de ese hombre despedazado. **Miller** logra presentar al hombre aniquilado en una jaula, dentro de un mecanismo social dispuesto a exprimirlo como se exprime una naranja en un exprimidor eléctrico. Lo hace del modo más simple. Sin acción. Sin desarrollo. Ir y venir del hombre en su trabajo. Tejido de vidas que no van a ninguna parte. Acción que no va a ninguna parte. Los personajes, pues, no se imponen individualmente, del mismo modo que no logran imponerse siquiera al pequeño mundo de trabajo en que se desenvuelven. Están, prácticamente, ausentes. Desintegrados.

¿Dónde se realiza la pulverización humana de *Recuerdo de dos lunes*? En el cuarto de expedición de un almacén newyorkino. **Miller** está muy lejos de hacer aquí ninguna referencia política. ¿No resulta más evidente con estos hombres que ama, que despoja, que desnuda en su destrucción? Lo más terrible es que no hay juicio político que pueda ocultar la verdad. Por su ausencia absoluta de teorías y por esa fuerza incontrastable de verdades, *Recuerdo de dos lunes* es la obra que más claramente denuncia las condiciones de vida del hombre medio norteamericano. Hemos hablado del caso Joe Keller, del caso Willy Loman, del caso John Proctor, del caso Eddie Carbone. Aquí va más lejos. Ya no podemos hablar de casos individuales, porque el personaje protagónico desaparece como tal: es el hombre en su sentido neto.

Agreguemos que esa desintegración no anula las facetas más tiernas e imperecederas del ser. Aún en la desintegración, aún en su acoso, en su persecución, existe un amor solidario. Por ese motivo los personajes no han perdido el vínculo que los une. Ni aún Raymond, el jefe, temeroso de decir una palabra que lo despoje de su categoría de jefe, pierde la solidaridad que lo une a los otros. Protesta y pelea, pero llegado el momento se hace solidario.

En medio de todo esto, Kenneth quiere superar la atmósfera deformante de la ciudad y busca la naturaleza. Por eso quiere limpiar las ventanas del almacén. "Larry, ¿crees que lograremos lavar esas ventanas alguna vez? A menudo pienso que si de vez en cuando pudiésemos ver un poquito de cielo, las cosas serían más fáciles... de vez en cuando. Con todos estos vidrios podríamos ver las nubes y los distintos signos que indican la inminencia de una tormenta. Y hasta podría verse un pájaro de vez en cuando..." Paradójicamente, Kenneth limpia las ventanas, pero a través de ellas no encuentra ese pedacito de cielo, sino todo lo contrario: un burdel. La réplica que recibe Kenneth es la siguiente: "No debían haber lavado las ventanas".

Esa es la respuesta que le ha dado Norteamérica a **Miller** y a su obra. Ha descubierto los males. Descubre el burdel. Todo sigue igual y el comentario es el mismo: "No debían haber lavado las ventanas."

Punto y contrapunto.- Este ensayo, publicado con motivo de la puesta en escena de algunas obras de **Miller,** tiene su historia. Aunque *Lunes de Revolución* nunca me impuso de una manera explícita ningún criterio estético e ideológico, asocio este ensayo al único momento en que me sentí bajo cierta presión, lo cual me llevó a recalcar el tono del artículo con ciertos usos adjetivales. Sin embargo, debo admitir después de tantos años, que se me pidió durante una conversación informal que "definiera" mejor mi posición ideológica. El contexto temático de las obras de **Miller** me permitió un recurso idóneo para hacerlo, sin cometer delito de traición contra mi propia percepción del mundo en aquel momento, salvo en el caso de algunas hipérboles, particularmente en el título. Después de todo, yo era el autor de *Los acosados*, y mis personajes en Cuba en los años cincuenta habían pasado tanto trabajo para pagar los plazos del juego de cuarto como Willy Loman para cubrir los gastos mensuales y pagar el refrigerador.

Además, este ensayo tiene significado adicional. Al llegar a los Estados Unidos y ser retenido por un mes (como caso "controversial") por las autoridades norteamericanas, saqué a relucir el artículo como acto de culpabilidad ("por mi culpa, por mi grandísima culpa") al salir de la jaula de donde venía y alzar el vuelo para la nueva "jaula" en que iba a meterme. Si había escrito un artículo marxista-leninista, pensé, debía ser este, pues en ningún otro había llegado tan lejos. Lo cierto es, por otro lado, que al interpretar "el caso de John Proctor" estaba interpretando a su vez lo que estaba pasando en Cuba, lo cual me imposibilitaba una conciliación con mi propio presente histórico. Todo esto no pasaba de una absoluta idiotez. Posiblemente el agente de inmigración que me interrogaba se estaría muriendo de la risa, por no decir otra cosa, y el día que me vino a entrevistar un cubano, seguramente batistiano que, según me dijeron tenía la lista de todos los comunistas que habían salido de Cuba, ese no sabría ni lo que era el teatro. Ya se pueden imaginar la ignorancia, incluyendo la mía pensando que otros no lo eran, sin contar el tiempo que estaban perdiendo conmigo, que por no haber sido comunista no podía aparecer en ninguna lista. **Yara** (mi esposa) se puso a dar carreras para sacarme de allí, pero muchas "amigas" no la recibían porque era una "muchacha de sociedad casada con un comunista". Hasta el día de hoy, no sé exactamente lo que pasó, ni quién me denunció y por qué me denunciaron, ni me interesa. Sí sé que le debo la salida al **Dr. Marcelo Hernández**, que sin conocerme y creyendo lo que **Yara** decía intercedió a mi favor. Pero estoy seguro que **Arthur Miller** no tuvo la culpa de nada. Sirva la experiencia para poder decir también que yo fui preso político, que siempre da prestigio.

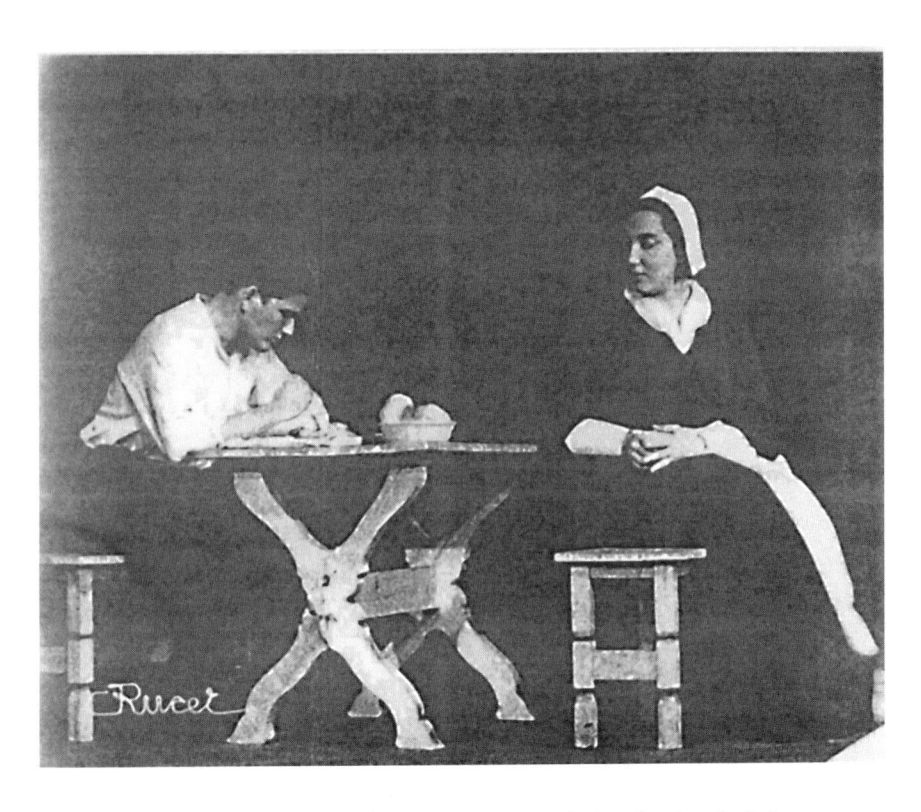

Antonia Rey y René Sánchez en una escena de *Las brujas de Salem*.
Foto cortesía de Antonia Rey.

Carmen Bernal y Pedro Pablo Astorga en una escena de
El dulce pájaro de la juventud.
Foto cortesía de Antonia Rey.

6 de junio de 1960 (N. 62)

Tennessee Williams

"Todos nosotros estamos condenados por toda la vida a un solitario encierro dentro de nuestra propia piel"
Val Xavier en **Orpheus Descending**

Al nombrarlo, inevitablemente tenemos que caer en citas comunes: mundo poético, panorama siquiátrico, morbosidad enfermiza, violencia, inhibiciones, locura y, sobre todo, sexo. Es la tensión de jugar con fuego, el calor de la llama, la llama misma. Todo es tan fuerte que la labor crítica nos resulta en gran manera chocante y nos impulsa a negar el mundo que él ha creado. Sin embargo, cuando penetramos un poco en sus figuras, detenidamente, mucho más cuando nos sentimos movidos por una simpatía previa, y nos vemos en la forzosa necesidad de considerar valores positivos, no nos queda otra opción que considerarlo un auténtico dramaturgo.

El ha tenido la culpa. Le gusta pegar duro y en la cabeza. ¿Por qué no apunta sutilmente al corazón? Ese, en general, no es su modo. Su impacto violento nos lleva a los extremos. Nos sentimos sobrecogidos en "el extremo de la butaca", llevados por la situación violenta –**Bertold Brecht** pensará horrores– y llegamos a preguntarnos si descendemos un poco en la escala zoológica. De pronto reaccionamos y nos damos cuenta de la trampa y abrimos los ojos ante el abismo que ha entorpecido nuestro cerebro. En fin, un juego violento entre la emoción y la razón, como si estuviéramos ante un espectáculo de circo, arrastrados por elementos primitivos, y como si de pronto nos diéramos cuenta que somos seres pensantes, lo más alto de la escala zoológica, que hemos sido impulsados por **Williams** a niveles inferiores.

Esto no es nada bueno para el teatro de **Tennessee**, pero creo que hay mucho de cierto en lo que digo. Lo malo del asunto es que también hay mucho de cierto en lo que él dice. Y por eso –y otras cosas que vendrán después– hay que tomarlo en serio. No vamos a adoptar la posición ridícula de decir que Blanche Du Bois es un caso clínico que debe permanecer en el gabinete siquiátrico. Blanche Du Bois –como cualquier otro demente escénico– tiene derecho a su escenario. ¿Qué haríamos entonces con Hamlet? ¿Dónde meteríamos a la pobre Ofelia? Porque Blanche Du Bois, hay que ser justo, tiene tanta calidad poética como Ofelia. Sería un poco tonto dejarnos poner una venda en sentido contrario y negar a **Williams** porque nos hemos dejado llevar por su morboso dispositivo sexual, lo cual sería irracional como el propio hecho de habernos dejado llevar por él.

De antemano me choca la sobrestimación de lo sexual en el mundo creador, porque me parece que es un recurso barato. Cuando **Tennessee** le agrega anormalidades e inhibiciones, "ya está el pastel": el resto lo deja **TW** en manos de nuestra curiosidad malsana.

El plato fuerte

No obstante –y vuelvo al otro extremo de la cuerda– de tanto escarbar en lo hondo de la sexualidad, llega a crear un angustioso clima sexual y alcanza, a veces, minutos de grandeza, como en el caso de Maggie, la protagonista de *Cat On A Hot Tin Roof*. ¿Qué cosa es Maggie, la gata en el tejado? Maggie es una mujer que está desesperada por acostarse con un hombre –que para colmos es un marido que no le hace caso y que está interpretada en el cine por la notoria **Elizabeth Taylor**– y por tener dinero de su lado. En cierto modo, una prostituta doméstica. Claro está que todo esto destila vulgaridad (de parte de **TW**), pero éste nos ofrece una pasión y una lucha desesperada tan intensa y violenta, que al final ha conseguido, en gran parte, un personaje angustioso y trágico. Quizás los procedimientos no sean puros, pero los resultados son a veces admirables, como en el caso de Blanche Du Bois, no sólo por su conflicto íntimo sino por la tragedia general del hombre que emana de ese conflicto: la soledad, la destrucción del sueño, la pérdida del débil.

Los recursos de **TW** son en muchos casos los malos recursos del mal cine. La peor persecución policíaca por un tejado cualquiera nos puede dar una buena sacudida. La caída parece inevitable, aún cuando el final feliz sea anticipado. **Tennessee** salva su teatro porque además del tejado existe el fondo trágico de la vida humana. Por otra parte, sus personajes pueden caer, se pueden despedazar y posiblemente arrastrar a alguien en su caída.

Dentro de estos moldes –por fortuna para todos no son los únicos–, *Cat On A Hot Tin Roof* es el caso más representativo. Deliberadamente al parecer, se ha eliminado la poesía: el otro lado de la moneda de su teatro. (A veces hay mal gusto en su teatro por vía doble: mal gusto por el camino de la poesía y mal gusto por el camino de la realidad. Aquí se limita al segundo). El mundo tenebroso se desborda. Ya cité la desesperación de Maggie, agregaré la indiferencia de su marido, Brick, a sus encantos, su posible homosexualismo, el cáncer –ya aquí **Williams** se deleita con una morbosidad más peligrosa: el mal físico– que consume a Big Daddy, la avaricia desmedida de Mae; en fin, un repertorio completo –las calderas humeantes del Infierno.

Los contrastes más burdos son aplicados: Maggie no es fecundada y no tiene relación sexual con su marido, pero Mae tiene una colección de seis o siete pequeños monstruos y espera uno más. Big Daddy se está muriendo de cáncer, pero durante el segundo acto hace gala de una aparente vitalidad que resulta chocante. Brick, joven, no posee a su mujer, pero Big Daddy es un viejo potente y lujurioso. Pero al final –hay algo de grandeza enfermiza en ese final, pese a todo–, la avariciosa Maggie –hay más avaricia que amor– va a ser fecundada por Brick, la vida va a venir a la tierra, mientras se escuchan los gritos de Big Daddy aguijoneado por el mal. La depresión que sentimos al final es tan grande que el oscuro mundo que **Tennessee** nos ha recargado desde el primer acto, a nuestro pesar y en contra de la razón, adquiere un supremo instante de abominable fuerza.

Cat On A Hot Tin Roof nos muestra a **TW** dueño, en cierto modo, de sus recursos. Juega hábilmente con tres asuntos que se desarrollan paralelamente –cosa que no es particularmente fácil–, el sexo, la avaricia y el mal físico. Lamentamos que estos tres elementos hayan sido recalcados innecesariamente con substancias muy explosivas. Además, el primer acto está admirablemente realizado. El peso del mismo recae exclusivamente sobre Maggie y es increíble la habilidad con que va progresando la acción y el personaje: un ejemplo de virtuosismo creador que volveremos a encontrar, con mayor pureza tal vez, en otras piezas suyas. Estos tres asuntos permanecen a lo largo de la obra, pero difiere la importancia de los personajes sobre los que recae el peso de la obra a lo largo de la misma. En el primer acto recae sobre Maggie. Durante el segundo aparece y desaparece Big Daddy, personaje importantísimo, que **Williams** elimina audazmente del tercero –Elia Kazan, al dirigir la pieza, sugirió la reaparición de Big Daddy en el tercero, cosa que me parece lamentable. Finalmente, en *Cat On A Hot Tin Roof* rompe con moldes rígidos de construcción o planteamiento general, cosa que hará con mayor acierto en *Orpheus Descending*. No podemos desconocer estos aciertos formales dentro de esta humeante caldera sexual.

Las palabras que no han sido dichas

Es decir, cuando se trata de sexo y cuando lo sitúa en localizaciones sureñas, **TW** no es remiso en violencia y vocabulario. Fórmula de *Suddenly Last Summer*, de la cual se ha dicho que va de la perversión al canibalismo. ¿Por qué decir las cosas a medias tintas?

El propio teatro de **Williams** tiene la respuesta. Su otro teatro. Porque a veces nos encontramos con un mundo sutil, lleno de sugerencias y misterio, que justifica a plenitud el lenguaje de lo que no se dice. La mejor respuesta está en *Something Unspoken*, una de sus creaciones más puras en la que demuestra el valor dramático del silencio. Dos mujeres, una rica solterona y su secretaria, parecen romper el silencio de quince años, aunque el silencio no llega a romperse en realidad. Todo llega a sugerirse: tal vez la desviación de la sexualidad, tal vez el odio secreto. Además, dentro de la estrecha dimensión del teatro en un acto, **Williams** no se conforma con un simple juego dramático; hay un doble juego: la situación íntima entre las dos mujeres; la situación externa entre la rica solterona y su vanidoso mundo exterior – con un estupendo manejo dramático del teléfono.

Este sentido de no ir por el camino fácil, aún tratándose de piezas en un acto, lo encontramos también en *This Property Is Condemned*. Hay en esta pieza una combinación hábil entre la crudeza de la realidad y la poesía; combinación que culminará maravillosamente en *Orpheus Descending*. Además, logra mediante sólo dos personajes proyectarnos hacia el mundo exterior en que esos personajes se mueven y desarrollan, mediante referencias simples, un mundo más amplio de siluetas difusas que no están en escena.

Claro está que el teatro en un acto invita a la sugerencia: he aquí su mayor atractivo. No obstante, *Auto de Fe* nos sobrecoge esencialmente por la violencia y la crudeza. Pero en general, su teatro en un acto implica todo un mundo de cosas no dichas, un llamamiento a nuestra imaginación para decir todo lo que falta pero está sugerido. Ahí están: *Talk To Me Like The Rain*, *The Last Of My Solid Gold Watches*, *The Strangest Kind Of Romance*, *Hello From Bertha* y otros más.

Mrs. Hardwicke-Moore y Blanche Du Bois

EL ESCRITOR: ¿Qué importa si no hay un rey de caucho en su vida? ¡Debe haber reyes de caucho en su vida! ¿Debemos culparla porque ha sido necesario para ella compensar la cruel deficiencia de la realidad con el ejercicio de un poco de –¿cómo podría decir?– imaginación?

¿De quién se trata? Podría referise a Blanche, pero en *The Lady of Larkspur Lotion* nos encontramos brevemente con Mrs. Hardwicke-Moore, una especie de Blanche en el Flamingo Hotel. Su descubrimiento nos señala un motivo preferido en **Tennessee**: la necesidad de la mentira para cubrir la sucia realidad. Mrs. Hardwicke-Moore, poético y agonizante personaje, se une así en cierto modo con Laura en *The Glass Menagerie*, Serafina en *The Rose Tattoo*, Miss Collins en *Portrait of Madonna* y con su supremo personaje: Blanche en *Streetcar Named Desire*.

Arribar a *Un tranvía llamado Deseo* equivale a llegar a una de las piezas más perfectas e íntegras de este dramaturgo, sin aristas que descubran los secretos de su creación; llena de fuerza, admirablemente lograda, con un caudal trágico extraordinario. Hay un empleo admirable de los contrastes. Aquí las cosas chocan unas contra otras como una consecuencia misma de la vida. Stanley no ha sido falsificado ni exagerado para chocar con Blanche. Está tan bien colocado junto a Stella y frente a Blanche, que nos parece lo más corriente que puede suceder, algo que "se cae de su peso." No es en ningún modo una situación forzada, como en el caso de *Cat On A Hot Tin Roof*, donde todas las morbosidades parecen acumularse una detrás de otras. Ni en Stella ni en Stanley encontramos una morbosidad premeditada con el propósito de torturar a Blanche. Stanley es sincero. Como si se tratara de un imperativo biológico: "no pasa a esa mujer".

Se ha dicho que Blanche pertenece al gabinete siquiátrico. Pero el caso es que se perfila ante nosotros con una intensidad dramática y con una trascendencia que la liberan de tan rígidas afirmaciones. Y ya que llegamos a este asunto, recordemos a Alma, la solterona inhibida sexualmente de *Summer and Smoke,* cuyo logro, pese al cuidadoso esfuerzo de **TW** no está conseguido. Ambos son casos clínicos, pero mientras Blanche se acerca a la vida, Alma se acerca al archivo.

Piezas sobrantes

Con frecuencia **Williams** juega con las piezas de un rompecabezas, nos las presenta por separado, estudia y analiza, pero nos enreda tanto que no nos dice nada. Alma fragmentada en multitud de piezas no es otra cosa que una serie de piezas dentro de otra mayor:

Summer and Smoke. Aquí **TW** no acierta por superabundancia de detalles, complicaciones, escenarios. Hace un magnífico estudio, pero son tantos los detalles, tan poca la síntesis, que afecta lamentablemente el desarrollo del drama y el índice de interés. Además, es un falso acercamiento (por inversión de situaciones) a los moldes caracterizadores de **O'Neill**. **Tennessee Williams** es un enamorado del contraste y del símbolo, pero a veces, como en *Summer and Smoke*, el contraste y el símbolo se hacen demasiado evidentes y chocantes.

Un enamorado del símbolo, trata de justificarlo con sus propias palabras. Anotemos opiniones tomadas del prólogo de *Camino Real*, esa locura fuera del tiempo en una atmósfera supuestamente antillana que nos recuerda a Las Antillas vistas a través del mal cine. Dice así **Williams:** "Y un símbolo, en una obra de teatro, tiene un solo propósito: decir una cosa más directa, sencilla y bella de lo que puede decirse con palabras." "Los símbolos, cuando se les emplea con respeto, son el lenguaje más puro del teatro." A veces, en verdad, hay belleza: la rosa de *The Rose Tatoo*; pero otras veces hay ridículo: la carta anatómica que representa a John y el ángel que representa a Alma en *Summer and Smoke*. A veces, como en esta última obra, **TW** parece que no puede controlarse –tampoco lo hace en *Camino Real*– y nosotros preferiríamos sin duda menos símbolos aunque tuviera que usar más palabras.

La voz humana

Agrega **Williams**: "En ocasiones se necesitan páginas tras páginas para expresar una idea que puede expresarse con un objeto o un gesto en un escenario iluminado". Precisamente, el predominio de la palabra sobre el símbolo da lugar a las escenas culminantes de su teatro. Si tuviera que seleccionar algunas escenas preferidas, mi selección recaería sobre algunas largas secuencias de contrapunto verbal.

Entre ellas el encuentro de Serafina de la Rosa y Alvaro Mangiacavallo, así como su cita nocturna al principio del tercer acto en *The Rose Tatoo*. ¿Qué recursos utiliza? ¿Qué simbolismo? Conocimiento previo de la situación emocional de Serafina. Localización espiritual del personaje. Después, desarrollo. Diálogo directo, lleno de comicidad y sugerencias, en que cada palabra va exponiendo la situación anímica de Serafina, cuyo conflicto crece y se desarrolla gradualmente. Después de la comprensión previa por el espectador, viene la voz humana y no nos cansamos de escucharla. La versión fílmica tuvo que ser fiel a estos momentos teatrales que dieron lugar a las mejores escenas de la película, salvando la total mediocridad que, como cine, había en el resto.

Igual técnica utiliza **TW** en otras de mis escenas preferidas en *27 Wagons Full of Cotton*, que veríamos después en el cine como *Baby Doll*. Como la citada pieza en un acto, en *Baby Doll* encontramos un desarrollo más íntegro, en especial antes de llegar a uno de sus instantes culminantes en el teatro y el cine: el encuentro entre Silva y Mr. Meigham en el portal y su largo diálogo. ¿Técnica? Las mismas utilizadas en las escenas referidas de *The Rose Tattoo*. Conocimiento previo: desagradable situación matrimonial, donde **Williams** acierta en la presentación de cierto tipo de muchacha americana; debilidad de Mr. Meigham como marido y hombre de empresa; presentación de Silva como un extranjero esforzado y emprendedor. Planteada la situación de tal modo, el encuentro lleva anticipadamente toda una carga explosiva en franco desarrollo y le permite al dramaturgo estirar el diálogo al máximo, mantenernos alertas para ver cuando cae un personaje en la red del otro, desarrollar la situación mediante un puro juego teatral: el contrapunto de la voz humana. En el cine tuvo que mantenerse la escena en toda su pureza, aunque se agregó la persecución de Baby Doll por el interior de la casa, expresión fílmica de lo que con anterioridad se había realizado con un concepto teatral.

Encuentro final con la poesía

La habilidad con que **Tennessee** desarrolla sus dramas y sus escenas es casi indiscutible; por eso nos parece innecesario el abuso de ciertos temas. Innecesario y lamentable. Hemos puesto quizás a un lado, demasiado a un lado, su mundo poético; pero es que he querido dirigirme hacia él a través de una sola de sus obras, por la que siento especial preferencia y que al propio tiempo es la culminación de su mundo terrenal: *Orpheus Descending*. Una obra realmente hermosa.

Dentro de las manifestaciones poéticas de su teatro encontramos que *The Glass Menagerie* es la que más se aleja de la realidad. Es una pieza de atmósfera donde todo se dice con tersura y belleza. Pero faltan los elementos realistas que le son característicos. En *The Rose Tatoo* hay una mejor conjunción de ambos factores, pero así y todo no resulta convincente. Además, su tratamiento es indiscutiblemente realista.

En concreto, ¿qué particularidad encontramos en *Orpheus Descending*? La poesía tal vez excesiva de *The Glass Menagerie* se amortigua y la realidad de *Cat on a Hot Tin Roof*, sin desaparecer, está matizada en todo momento de una magia poética. Por otro lado, no es el caso de Blanche Du Bois, destruida por Stanley Kowalski, poesía vs. realidad. La poesía subsiste y se proyecta a través de un mundo y de situaciones impregnadas de realidad. La brutal realidad, por otro lado, sin dejar de ser menos brutal que en Stanley Kowalski, modera sus expresiones y se consigue de este modo una genuina manifestación de la belleza. Recupera así **Tennessee Williams** la calidad poética que iba lentamente perdiendo y proyecta, sin utilizar los recursos de *The Glass Menagerie*, un estado poético genuino y puro.

Hay un elemento que no hemos mencionado pero que aparece en muchas de sus obras: una especie de coro fatalista. En *The Rose Tattoo* fueron las vecinas y las malévolas Flora y Bessie que le hablan a Serafina del adulterio de su marido. Pero en ningún momento alcanza la categoría dramática, el soplo trágico y perverso que consigue en *Orpheus Descending* a través de Dolly y Behula, las vecinas que con una maldad alucinante llegan a hablar con el público, con morboso regocijo, del mal incurable de Mr. Torrrance, de cómo este dio lugar a la muerte del padre de su mujer para casarse después con ella. Fantásticamente se satisfacen en el mal y nos acercan a la tragedia y al teatro griego.

Recordemos también que **Tennessee Williams** vuelve aquí a tratar el cáncer como elemento participante dentro del desarrollo de la acción. Mientras su marido se acerca a la muerte, Lady se entrega a Val Xavier; pero hay en ello un acto supremo de purificación del alma, una genuina belleza que no hay en Maggie y Brick, una especie de limpieza del espíritu. ¿Necesidad biológica? Nadie va a negarlo, pero hay algo más. De esa forma el terrible panorama del cáncer pierde la cruel morbosidad que late en *Cat on a Hot Tin Roof*; el mal es el mismo, los actos sexuales son los mismos, pero todo luce distinto: los episodios tienen una proyección mucho más trascendente.

Temáticamente *Orpheus Descending* apunta tal vez hacia lo mismo: la destrucción del espíritu sensible por el insensible. Ese motivo constante pide a gritos su expresión a través de la realidad y la poesía; pero es en esta obra cuando encuentro que hay un tratamiento más eficaz y pleno. Por otro lado, la realidad gana la batalla, pero el espíritu de Orfeo no perece, asciende, y su dominio desde un plano más amplio se hace evidente.

No podríamos terminar sin decir algo más sobre la eficaz estructuración general de esta obra. Ya vimos el irregular tratamiento de *Cat on a Hot Tin Roof*. Durante el tercer acto, sin desaparecer el tono poético, **Williams** ofrece, para algunos inesperadamente y poco persuasivamente, para mí con indiscutible acierto, una dosis de violencia sorpresiva. Lady, movida con frenesí por el amor y la venganza, libera sus fuerzas internas y conduce a un final violento. Creo que es un acierto. En primer lugar porque **TW** se nos muestra una vez más liberándose de moldes y porque, además, conduce al giro trágico final que eleva las proyecciones de la obra. El autor no se cree limitado a moldes que asfixian al teatro. Con un acrecentamiento al parecer desnivelado de la catástrofe en la vida de los personajes, nos produce el choque violento a que nos tiene acostumbrados; pero por esta vez es un choque puro, más íntimo, limpio, el primer triunfo verdadero de Blanche Do Bois sobre Stanley Kowalski.

Punto y contrapunto.- Este ensayo (al que le he hecho unos cuantos cortes, para aligerarlo un poco) coincide aproximadamente con el estreno de la película *Suddenly Last Summer*, que, por cierto, es precursora de toda una estética homosexual que se impondrá treinta años después pero que en la Cuba revolucionaria de aquellos años resultaba remota, estaba por entender y tenía el sello de la decadencia. Es evidente también que frente a **Tennessee Williams, Arthur Miller** representaba un tipo de teatro que me impresionaba mucho más y me resultaba más sólido. Creo que todavía pienso así, pero no de forma tan categórica. Además, ¿cómo pude adoptar una posición tan negativa frente a *Summer and Smoke*? Los cambios de puntos de vista a lo largo del tiempo son inquietantes y hoy día escribiría este ensayo de otro modo. Pero creo que mi perspectiva responde al canon de gran parte de nuestro teatro en que se busca una responsabilidad ética, mucho más en el momento por el que estaba pasando Cuba. De ahí que me reconocía más en **Miller** que en **Williams**. Sin embargo este último, con el destape sexual y el desnudo explícito está más cerca del público de hoy, incluyendo el cubano, aficionado al "realismo chancletero", saturado de la denuncia a la injusticia social, que acaba por no importarle a casi nadie, en un contexto teatral donde siempre hay alguien que se queda con todos sus atributos al descubierto sujetos a la evaluación del vouyerista en la butaca. En todo caso, estos análisis van formando mi estética teatral, que se inclina (cuando menos en teoría) hacia un teatro libre de melodrama, de comercialismos, de golpes de efecto, con escenas sólidas basadas en la caracterización y el diálogo (más que el vouyerismo), en los cuales un efectivo trabajo de actuación (y, por extensión, de dirección) resulta imprescindible. *Lunes de Revolución* representó una oportunidad única no sólo de comunicación e información crítica para los lectores, sino como un vehículo de expresión personal, desarrollo y autoaprendizaje, análisis del proceso creador, que, como vemos, se extiende hasta hoy día.

Todo parece indicar que **Tennessee Williams** fue el dramaturgo norteamericano más frecuentemente llevado a escena desde la primera puesta en escena de *Mundo de cristal*, en 1944, por **Modesto Centeno**, que imitaba los moldes de las newyorkinas, como hace en 1947 cuando dirige *Un tranvía llamado Deseo*, aparentemente con gran éxito y mientras todavía estaba en cartelera en Broadway. Recuerdo en particular un programa de tres obras en un acto en el Palacio de Los Yesistas, por el *Grupo Escénico Libre*, donde tuve oportunidad de ver *Propiedad clausurada*, *El caso de las petunias pisadas* y *El más extraño de los amores*, con dos actuaciones estupendas de **Leonor Borrero** y **Antonia Rey**. Quizás de esa época surja mi preferencia por sus obras en un acto. Dos grandes actrices cubanas fueron intérpretes de **Williams**. **Marisabel Saenz** que hizo las dirigidas por **Centeno**, y **Antonia Rey** que hará *Humo y verano*. También se estrenan antes de 1959, *Un largo adiós*, *Auto de fe*, y alguna otra obra en un acto, y una nueva producción de *Mundo de cristal*, dirigida por Revuelta y que antecede a la desastrosa puesta en escena de 1961. En cuanto a *La gata en el tejado de zinc caliente* (o *El gato*, como insiste **Francisco Morín**, aunque el autor no define en el título original si es un gato hembra o un gato macho) se estrenó posteriormente con Verónica Lynn en el papel protagónico. Esta "popularidad" del dramaturgo explica la extensión de mi ensayo.

Escena de *El lindo ruiseñor*.

El lindo ruiseñor de José Martí. Propuesta dramática de Dumé. Fotos cortesía de Dumé.

20 de junio de 1960 (N. 64)

Realismo no objetivo de La Ópera de Pekín

Estamos hablando todo el año del realismo y la imaginación como si fueran polos opuestos sin convergencia posible y como si se tratara de enemigos irreconciliables. Se habla de una vuelta al realismo, al detalle, a lo minúsculo. (Claro está que el teatro cubano no tiene que volver a "nada", porque carecemos de una sólida tradición teatral que se reafirme sobre "algo"). En fin, la eterna y fluctuante controversia teatral, las tradicionales divisiones en los libros y en los textos. Las clasificaciones inevitables.

De pronto nos llega la Ópera de Pekín, con sus siglos. Nos decimos: estamos perdidos, esto es "chino". Pero la Ópera de Pekín se presenta ante nosotros con una nitidez tan precisa como oscura resulta la circunstancia idiomática que nos separa. Las distancias en el espacio, el tiempo, los caracteres, la posición ante la vida y las cosas, convergen asombrosamente en lo que es en definitiva una comprensión de lo fundamental. Y lo que sirve de algunas enseñanzas para el teatro occidental.

Porque estas puerilidades sobre el realismo y la imaginación, quedan resueltas por la Ópera de Pekín gracias a una comunión absoluta y sin fronteras. Ante la Ópera de Pekín comprendemos lo tonto que somos cuando hablamos de teatro realista o imaginativo, porque la unión definitiva que nos ofrece es para los interesados en el arte dramático todo un aprendizaje esclarecedor.

De ahí que *Chiuchiang, La encrucijada* y *El brazalete de jade*, son ilustraciones en vivo de un teatro en que se mezclan de forma imposible de separar un realismo minucioso que cae casi en el terreno objetivo y detallado del más depurado procedimiento neorrealista –en el supuesto caso que podamos concebir un neorrealismo sin objetos– y una actividad creadora que aprovecha hasta sus últimas consecuencias la imaginación del artista y del espectador. Porque el realismo que encontramos en la Ópera de Pekín, depurado por los siglos, nace de la ausencia absoluta de elementos materiales que le son tradicionalmente indispensables al teatro occidental para lograr tales propósitos. Al actor de la Ópera de Pekín se le pide el máximo con el mínimo de elementos. Los objetos se materializan de la nada. La actuación, y en especial el movimiento –a veces tan dado de lado por nuestro teatro– cobran un relieve sin el cual no es concebible la ficción teatral. Y el actor por su parte, con una precisión matemática, ha de crear intensamente las líneas rectas y curvas que harán vivir los objetos dentro de la imaginación del espectador; las formas que irán llenando el escenario propuestamente desierto. Y lo que es más: los propios objetos en movimiento. Todo este realismo no-objetivo o realismo imaginativo transforma el escenario en un mundo lleno de sorpresas y de creación continuada e incansable. El teatro, que tradicionalmente ha descansado sobre la palabra tal vez con demasiada comodidad, se vuelve hacia el movimiento lleno de significado y hacia el juego mímico del actor. Es fuente de actividad y creación dramática. La primordial importancia del actor lo obliga a cuidar no sólo el detalle sino el todo que representa. Surge así la fuerza unitaria de sus trabajos dramáticos. Además, al no descansar el actor sobre las palabras, la mímica tiene que ser más concentrada e intensa para poder comunicar las características de la situación.

Finalmente, las raíces populares del teatro chino nos llevan hacia otra subdivisión tradicional nuestra entre un teatro popular y otro intelectual. Claro está que los temas que nos ha presentado la Ópera de Pekín son diáfanos y simples, pero dentro de ellos hay un llamamiento a la capacidad intelectiva del pueblo sin el cual no es posible completar el espectáculo. El público tiene que suplir mediante su imaginación los elementos ausentes en la escena, juzgar la tarea del actor y completar su trabajo. No excluye en ningún modo una actitud despierta y una imaginación alerta frente al hecho dramático. En el teatro chino hay pues una hábil exigencia intelectual, exigencia sin la cual no puede existir lo enaltecedor, no precisamente por el contenido de sus piezas sino por su reafirmación del hombre como ser que piensa y crea.

Estamos pues, separados, alejados. El mar, la tierra, la palabra. Pero la Ópera de Pekín ha dejado en nosotros numerosas huellas que han servido de eficaz aprendizaje. Y un vivo recuerdo de líneas y objetos que se acercan y hablan.

22 de agosto de 1960 (N. 73)

Cervantes en escena: técnica del entremés

Unas aceitunas. Se siembran. Se sueña, se pelea, se discute sobre los productos del olivar. Una situación, por decirlo en términos actuales, absurda como el hambre de sus personajes. De ingredientes tan simples nace siempre la comedia, surge la risa. No es necesario nada más.

Cervantes conocía bien la elemental eficacia de tales elementos y por eso admiraba y recordaba a **Lope de Rueda** y sus pasos, nacidos a veces de situaciones inverosímiles, como éste de *Las aceitunas*, movido "por el tal **Lope** con la mayor excelencia". Sabía bien que el éxito y su perdurabilidad estaban en una buena selección de motivos de raíz popular al servicio del buen teatro, porque si los pasos de **Lope de Rueda** surgen de una especie de nada popular que todo lo llena, no necesitan mucho más los entremeses de **Cervantes** que surgen de una serie inesperada de situaciones que no necesitan fondo artificial que las sustenten. Estas breves piezas que amablemente nos ha dejado **Cervantes** como producto de su inmortalidad, no necesitan tampoco de "tramoyistas, ni de desafíos entre moros y cristianos a pie o a caballo, ni de figuras que salgan o parezcan salir del centro de la tierra por el hueco del teatro, ni siquiera de cuatro bancos en cuadro o cuatro o seis tablas encima..."; como diría el autor al describir los pasos de **Lope de Rueda**. De nuevo el actor, en la técnica del entremés cervantino, recobra la importancia de otros tiempos, porque el énfasis en ello es en nuestros días un aprendizaje y una novedad.

Un entremés de **Cervantes,** como los pasos de **Lope de Rueda,** no necesitan de nada: "una manta vieja, tirada con cordeles de una parte a otra", sería más que suficiente. Y ya. Por supuesto que todo esto aparece sustentado por algo más, que es la base de todo, y que podríamos llamar el "libreto". Porque sin el "libreto" popular de **Cervantes**, sin el ingenio y el talento que le corresponde y que tiene el valor de ofrecerse desnudo en escena, la tramoya ausente o presente hubiera rodado por el suelo. Escenario desnudo no implica en ningún modo ausencia de espectáculo. Todo lo contrario. Una plena conciencia de que el espectáculo está en el diálogo que se ofrece y en el talento creador que mueve esos diálogos y las situaciones a las cuales esos diálogos responden, mueven al autor a no necesitar más nada para ofrecer a su público un espectáculo entretenido sin recibir "pepinos u otros proyectiles". Eso sí, un entremés de **Cervantes** necesita la espontánea y hábil ayuda del actor, elemento con el cual sí ha contado y que constituye uno de los integrantes sustanciales que mantiene en alto la madeja del entremés. El actor se convierte en centro indomable de la escena que le da vida a lo que está escrito. Toda escena desnuda es precisamente un foco sobre el actor donde se concentra la atención del espectador, a la que este tiene que responder con la tradicional bizarría española, llevando su pueblo a escena. Además, una oportunidad para mostrar su dominio y su destreza.

No necesita **Cervantes** una acumulación de elementos, sino una eliminación de los mismos, para provocar en el espectador algo tan difícil, tan ajeno, tan inaccesible: la risa. Porque si se procede a juego limpio, es la risa el integrante más difícil de hacer surgir en el espíritu y la expresión anímica de un espectador. Conseguir la risa es casi una batalla campal. Conmovernos parece ser mucho más fácil. Por ese motivo son poco frecuentes los autores que nos hacen reír.

De ahí que al sentido del humor tiene que unir el creador su talento, su habilidad y su destreza para manejar el diálogo, las situaciones y los personajes, sin los cuales no hay sentido del humor ni talento que vaya a ninguna parte, especialmente en el teatro. La risa, que surge de lo más simple, sólo progresa si hay suficiente dominio del oficio para mantenerla en alto. De lo contrario, muere. Los mejores entremeses de **Cervantes** se basan en mantener en alto una situación que sólo cae cuando el telón le pone feliz término.

Planteadas las cosas sobre el juego limpio –su limpieza y valentía, su ausencia de efectos y tramoya, la importancia dada al actor y las palabras ante el escenario desnudo, su sentido de espectáculo para entretener– surge un imperativo sin el cual no existe un buen entremés: el motivo. Un simple motivo de efecto popular y directo sirve para crear la comedia. Ni complicado Edipo ni rebuscada Electra. La construcción se basa en la noción de su propio alcance y sus posibles limitaciones. Es decir, ajuste a los medios. No necesita el autor la creación de motivos internos contrapuestos. La multitud de motivaciones que en otras circunstancias dramáticas no son sólo necesarias sino esenciales, no tienen por qué hacer acto de presencia en un entremés. A ello se ajusta el autor, que busca un motivo único que tenga el suficiente brío, la suficiente gracia, para mantener el pabellón de la risa en alto.

Desechadas las luchas internas, es el motivo-eje la base de todo el entremés. Hombres y mujeres mutuamente molestos por su continuada convivencia matrimonial en *El juez de los divorcios.* Hablador y habladora colocados frente a frente en *Los habladores.* Tramposos y trampeados en *El vizcaíno fingido.* Farsa de las apariencias en *El retablo de las maravillas.* Celoso que con cuernos paga en *El viejo celoso.* Pretendientes en simple competencia en *La guarda cuidadosa.* Alcaldes en competencia en *La elección de los alcaldes de Duganzo.* En la generalidad de los entremeses, **Cervantes** hace girar la acción sobre el fuerte ingenio de un motivo central, lo que hace que tenga ganada la mitad de la batalla.

Esta selección de motivos adquiere después dos tipos de desarrollo, en términos generales. En algunas ocasiones ofrece el autor una sucesión de circunstancias similares alrededor de un eje, como ocurre en *El juez de los divorcios, La elección de los alcaldes de Duganzo* y *La guarda cuidadosa*, sistema que no siempre emplea con absoluto acierto, como en otro de sus posibles entremeses, *El hospital de los podridos.* Bajo este sistema desarrolla un eje cómico mediante una suma de incidentes similares que se desarrollan uno tras otros, como ocurre en *El juez de los divorcios.* Superior técnicamente, mejor hilvanados, son aquellos en que no utiliza este sistema de suma, sino que crea una intriga central que anuda el entremés. Por ejemplo, en *El viejo celoso,* que gira alrededor de un viejo que será engañado por su mujer, una vecina intrigante trata de crear, mediante hábiles situaciones, las circunstancias propicias al engaño. En *El vizcaíno fingido* todos los incidentes giran en torno a una cadena de oro y todas las situaciones convergen hacia el engaño que la cadena encierra.

Pero sea cual sea el modo que prefiera **Cervantes**, el mayor acierto está en que el autor procura sacar el mayor provecho a su idea y a las situaciones que le dan vida. Los incidentes alrededor del eje de la pieza no cesan, como ocurre con tanta eficacia en *Los habladores.* Las situaciones ingeniosas se suceden unas tras otras de modo que el espectador no puede descansar ante lo que viene sucediendo. Todo lo contrario, tiene que mantenerse alerta ya que los incidentes se van uniendo y al menor descuido el nexo se nos escapa. Toda buena ficción, no sólo teatral, que pretenda lograr un efecto de comicidad notable y que quiera que el espectador reaccione, tiene que basarse en el hábil entretejer de las situaciones que la integran. El autor, aunque no crea una multipicidad de conflictos internos dada esta simplicidad de trazado, tiene que ser un hábil tejedor. La gracia de una buena idea no puede en ningún modo perderse a lo largo de su desarrollo.

Los motivos de los entremeses cervantinos están llenos además de aguda intención y a veces de su moraleja; otras, de una bien dispuesta burla a los personajes, las situaciones y los caracteres. Es decir, tienen un mínimo de solidez que los hacen temáticamente perdurables. En este sentido, ninguno tal vez como *El retablo de las maravillas,* esa universal burla a los prejuicios humanos y a la cobardía que nos hace fingir ante los demás, en réplica mutua, que vemos lo que no vemos. De la nada de su acción surge el más maravilloso de los retablos. En todas las circunstancias que viven sus personajes hay, de un modo u otro, una mirada penetrante hacia la falsedad de las relaciones humanas, hasta una breve crítica, con su poco de ironía, a las costumbres, o lo que es más importante, a la naturaleza humana que se descubre bajo el manto de las costumbres. Todo esto aparece dado con una intención que se descubre sutilmente, nunca bajo una evidencia que rompa el ritmo de la acción.

Los finales de la mayor parte de los entremeses se toman la libertad de ser arbitrarios, descuidados, sin razones de mucho peso que determinen la solución. El final es un simple cierre, una salida convencional. Lo importante es la acción que ha subido a escena rápidamente, con absoluta ligereza, dándonos una visión del mundo en que vive su pueblo. El final se toma la licencia de una absoluta liberalidad argumental. No importa y, en conjunto, nos sentimos más que satisfechos.

Estas breves piezas de Cervantes, con su simple ejecución y su carácter popular y directo, constituyen una evidente enseñanza para los interesados en el teatro. Su simplicidad y su eficacia ejemplifican lo que un teatro con raíces populares necesita.

Punto y contrapunto.- La puesta en escena de *Los habladores* me sirvió de excusa para el autoaprendizaje de los entremeses cervantinos, por lo cual este trabajo refleja algunos puntos de vista que para mí son esenciales en el buen hacer teatral.

27 de noviembre de 1960 (N.84)

Nueva mirada hacia el pasado

De pronto nos encontramos con el reverso de la medalla, porque una serie de conceptos procedentes del pasado piden una revisión y un nuevo análisis, de lo cual esto no es más de un esbozo para una penetración ulterior –que alguien debe hacer– mucho más detenida del asunto. Esta rápida mirada sobre el teatro cubano en el siglo XIX, su integración a la atmósfera vital de la época, arroja apenas penetramos un inmediato descubrimiento de la confusión que ha imperado, el injusto descenso de nombres y el injusto ascenso de otros. Nuestro teatro del siglo XIX, de acuerdo con la formación didáctica que se adquiere, por ejemplo, a través de la escuela secundaria y universitaria, aparece limitado casi a un nombre, **la Avellaneda**. Si tenemos suerte se agrega a **José Jacinto Milanés** y, tal vez, a **Joaquín Lorenzo Luaces**.

Sin embargo, la atmósfera del teatro cubano en el siglo XIX no se limita al nombre de la **Avellaneda** –a menos que se vea en la **Avellaneda** la necesidad de irse como una consecuencia del clima adverso al desarrollo intelectual y profesional. La estructura política que padecimos, el carácter nacional y la conciencia cubana tuvieron en el teatro del siglo pasado manifestaciones más vivas.

Surge, en primer lugar, con un nombre hasta ahora desconocido más que olvidado; un nombre que ha necesitado toda una revolución social para recordarse e integrarse a la cultura nacional. Se trata de **Francisco Covarrubias**. Pero, ¿quién era **Francisco Covarrubias**? Su limitadísima bibliografía demuestra la injusta valoración. Su nombre hay que buscarlo con lupa. El aporte más interesante lo brinda la biografía breve escrita por **José Agustín Millán** –otro nombre olvidado–, un folleto anónimo publicado a raíz de su muerte, así como otro folleto de **Enrique Larrondo Maza**, publicado en 1928, al parecer el único cubano que recordó a **Covarrubias** durante un cuarto de siglo de vida republicana. En dicho folleto, y creo de interés anotarlo, **Larrondo Maza** pedía para **Covarrubias** un busto que lo recordara. Posiblemente, para 1928, pedía demasiado.

Covarrubias inició sus actividades dramáticas como galán en tertulias familiares de la época y al principio se negó a interpretar papeles cómicos. De forma casual interpretó un papel jocoso en el sainete "Más sabe el loco en su casa que el cuerdo en la ajena", determinándose con ello su vocación y su decisión de no volver a papeles serios.

Sus actividades iniciales de carácter profesional se inician dentro del más popular de nuestros marcos: el Teatro del Circo, situado en el antiguo Campo Marte. La descripción que hace **Buenaventura Pascual Ferrer**, cronista de la época, en "El Regañón", es francamente admirable y objetiva: "Las paredes son de tablas podridas e indecentes. La figura de su área es la de tres cuartas partes de un círculo, la galería de tablones que cargando un poco de gente amenaza ruina, las salidas no son más que dos, y tan estrechas, que en caso de tropel de fuego perecerán todos primero que ganar la calle, la disposición de los asientos es de tal modo por no desperdiciar el terreno que no puede usted menearse del sitio que ocupa sin incomodar a todo el género humano..." Inaugurado en 1800 y con la presencia de **Covarrubias**, que no buscó en escenarios madrileños mejor marco a sus condiciones, se abre el siglo XIX.

Covarrubias pretendía integrar a todas las clases sociales dentro del marco de sus dotes histriónicas. Sus décimas lo reflejan claramente:

"Para tan bella función
al pueblo no me limito,
pues para mi función cito
toda la jurisdicción:
Venga pues, sin excepción,
tan cabal y tan entera
que nadie excusarse quiera;
y en potrero y cafetal
sólo quede en día tal
el negro de talanquera."

En beneficios que se organizaron en los últimos años de su vida, ricos, clase media y pobres se dieron cita. Esto no excluye tener que señalar que después de sus triunfos y del reconocimiento de actores y compañías extranjeras que nos visitaban, muriese en la indigencia, mientras que en el Teatro Tacón, muy celebrado por los cronistas nacionales y extranjeros, la ópera italiana servía de fondo musical a su abandono. Durante los últimos años de su vida, sufrió quebrantos y penas, lo que constituye también una imagen exacta de como las condiciones sociales se reflejaban en el teatro.

Por referencias indirectas tenemos que agregar algo más sobre su obra dramática, por cierto fundamental. **Covarrubias** "nacionalizó los pasos, sainetes y entremeses españoles, iniciando el género chico cubano": "cuadritos sin trama, fragmentos arrancados a la vida de las clases bajas y traídos a escena sin depurarlos siempre del humorismo picante"; "sátiras a las costumbres y a la política"; "de chulos y toreros a monteros, carreteros y peones" (**Juan José Arrom**). Inicia así **Covarrubias** las notas que perdurarían como dominantes en el transcurso del siglo hasta los sainetes de **Sarachaga** a inicios de la República.

Frente a este panorama popular hay que señalar otros aspectos de vivo interés por sus implicaciones sociales. En primer lugar tenemos los teatros, que constituyen en sí mismos algo más que una simple expresión de la cultura para convertirse en una manifestación de la estructura política. La construcción del Teatro Tacón es un buen ejemplo. Don Miguel Tacón, gobernante de triste recordación, manifiesta a su modo, en un periódico de la época, las razones de ser del teatro: "a fin de que pudiesen disfrutar a moderados precios las clases menos pudientes." Dada las condiciones de vida de la época y el absolutismo imperante, se trata sólo de una frase. Las descripciones fabulosas que los cronistas hacen del teatro –bien en contraste con las del Teatro del Circo– ponen a las claras su objetivo. El teatro estaba construído para que "las hermosas hagan alarde de sus ricos trajes y adornos, desde el peinado hasta el breve zapato de raso." Las características representativas del coloniaje se reflejarían después en el teatro en manifestaciones más profundas, como la censura, que hizo exclamar a un visitante español que "bajo el reinado de la Inquisición había para los teatros de La Habana más tolerancia", ya que "hasta los carteles de las funciones de teatro y de toro que se fijan en las esquinas" eran censurados. En el año 1841 el general Anglona publica en el *Diario de La Habana* una orden prohibiendo "aplaudir con palos y bastones" y obligando a los actores a ejecutar lo anunciado en los carteles. El cronista **José María Andueza** señalaba que si "poco faltaba ya para que el Teatro Tacón se convirtiera en una iglesia"; "con la orden del general Anglona se habrá convertido en un cementerio". De este modo, más allá de la pompa externa, el Teatro Tacón reflejaba el absolutismo imperante.

En un medio ambiente políticamente negativo no podían florecer el drama, la tragedia, la alta comedia. Sin embargo, hay algunos hechos que merecen anotarse porque reflejan una época no sólo del teatro cubano sino de nuestra historia. La producción dramática parece ser de muy dudosos valores, pero hay algunas piezas que presentan, al menos, un anecdotario interesante. En 1839 **Francisco Javier Foxa** estrena *Don Pedro de Castilla* en medio de un tumultuoso escándalo con la correspondiente persecución policíaca. La obra no pudo alcanzar la tercera representación. "La causa inmediata de estos acaloramientos parece haber sido la quisquillosa belicosidad de algunos peninsulares quienes pretendieron ver en el carácter de don Pedro no sólo un sacrílego atentado a sus gustos monárquicos, sino un insulto a toda la nación española", ya que "el objeto de la comedia era inducir al odio y al menosprecio del rey y de la grandeza de España" (**Carlos Manuel Trelles y Govín**). En 1867 **Joaquín Lorenzo Luaces** estrena *Aristodemo*, en la que bajo el disfraz griego trató indirectamente el tema de la libertad de Cuba. Más adelante, en 1891, **Francisco Sellén** escribe *Hatuey,* poema dramático que refleja indirectamente a un patriota cubano de su tiempo.

Frente a este panorama, procedente de la tradición que inicia **Covarrubias**, tiñendo con mayor permanencia la vida del país y tal vez del propio teatro, manifestando también la situación política y la estructura social, y ofreciéndose como un tercer frente teatral, aparece el llamado "género chico". Las mismas dificultades que enfrentó **Luaces** con *Aristodemo,* impulsan a **Bartolomé Crespo y Borbón**, "Creto Gangá", a utilizar la jerga africana, comprensible para muchos, como medio para burlar la censura. El teatro bufo lleva un impulso popular más fuerte que el "teatro serio", y un aporte posiblemente mayor al teatro cubano en sí mismo, por lo que constituye además una crónica de la época más viva, y en definitiva, más perdurable en todo sentido. Pese a su carácter circunstancial, cuando lo miramos desde este siglo, resulta más atractivo y ameno que la restante producción dramática del siglo XIX. La producción dramática de **José Agustín Millán** es, desde sus títulos, una invitación. El sainete no es sólo sátira a las costumbres, sino sátira política. En *De el Parque a la Luna,* **Raimundo Cabrera** ofrece un desfile de diferentes capas sociales, que sirven de pretexto para hacer agudos comentarios a las condiciones existentes. Desde un propietario que dice:

> "Pagando contribuciones
> me ha arruinado sin remedio
> y de mi antigua fortuna
> sólo me resta el aliento.
> A librarme de tributos
> me voy a la luna luego";

hasta los mendigos que agregan:

> "La turba de los mendigos
> es en La Habana el mejor
> corolario que demuestra
> de Cuba la situación.
> Pues muy pronto en esta Antilla
> no habrá debajo del sol
> uno solo que no pida
> una limosna por Dios."

Sin escaparse, el empleado español que se daba buena vida:

> "Cuando a la corte me vuelva
> tendré quinta en Escorial;
> mientras sigo aquí engordando
> aunque el clima es infernal.
> Bendito por siempre sea
> el Ministro de Ultra... mal"

En *Intrigas de un secretario*, del propio **Raimundo Cabrera**, se lee este gráfico comentario: "Yo soy demócrata rancio" que "¡gobierna a palo seco!"

De este modo no nos extrañemos que fuera al conjuro del sainete criollo donde ocurrieran los sangrientos sucesos del Teatro Villanueva, antes el Circo, en enero de 1869 y durante la representación de **Perro huevero aunque le quemen el hocico** de **Juan Francisco Valerio**. Al conjuro del sainete criollo, cubanas con pelo suelto, cintas blancas y azules, expresaban su inconformidad con el despotismo español. Y fue bajo el pretexto de un "¡Viva Cuba!", dicho tras "¡Que vivan los ruiseñores que se alimentan con caña!", que los voluntarios españoles hicieron su intervención armada con pérdida de vidas cubanas.

El sainete se convierte en crónica viva del siglo XIX y en la máxima expresión de nuestro teatro, hasta que llega la República e **Ignacio Sarachaga** grita en uno de sus sainetes, ya en nuestro siglo, y tal vez con un choteo un poco escéptico, "¡Viva la tierra que produce el aguacate!" Procedentes del inicio del siglo, con **Covarrubias** a la cabeza, no muere el sainete con él. No lo hicieron morir las condiciones adversas auguradas por **José Agustín Millán** cuando escribió: "El teatro cubano debe llorar la pérdida de **Covarrubias** porque su muerte augura la total ruina de un espectáculo que cuenta con tantos aficionados y los habaneros no debemos olvidar nunca que

Covarrubias era una de nuestras glorias artísticas más dignas de alabanza". No fue ni siquiera la colonia, sino una República con valores a la inversa, deformante, la que dio sus golpes de muerte al panorama teatral. Pero las transformaciones sociales y un nuevo punto de vista ante las cosas aclararán el siglo XIX y el XX.

Punto y contrapunto.- Este es el primer ensayo que se publica en *Lunes de Revolución*, y en realidad en la Cuba revolucionaria, encaminado a la revalorización del teatro bufo, al que se unirán poco después ensayos de **José Escarpanter, Alejo Carpentier** y otro mío, "Un actor se prepara". Responde a todo un movimiento de revalorización cultural, donde **Francisco Covarrubias** se le va por encima a **la Avellaneda**. Aunque el teatro bufo era merecedor de una reubicación más justa, visto en la distancia no dejo de reconocer que esto se hacía en detrimento de nuestra mejor dramaturga, a quien no siempre le ha tocado la mejor parte. Posiblemente exagerábamos, y tratando de enmendar la plana le restábamos valor al trabajo de **la Avellaneda**, que se verá desterrada de los anaqueles tanto en Cuba como en España. Como si las rencillas personales del mundo teatral no fueran suficientes, la política tiende a oscurecer la perspectiva crítica y nos volvemos incapaces de emitir un juicio de valor que no se vea sometido a la politización interpretativa, especialmente durante los últimos cuarenta años del siglo XX.

6 de enero de 1961 (N. 91)

Antón Chéjov

Fondo y forma se confunden. Los hombres que hablan largamente, que se desconsuelan y agonizan, que se refieren al presente y al futuro, son interrumpidos, inesperadamente, para tomar el te, referirse al "samovar" que se enfría, quejarse del tiempo, saludar o despedirse. Esto se llama técnica, porque en su teatro nada es dejado al azar. Todo está perfectamente elaborado, construido; pero no se ve a simple vista: se esconde bajo las aristas. Y aún cuando nos demos cuenta en algún momento, esto jamás choca, porque es el procedimiento más legítimo y fiel de presentar la realidad. Nadie toma su taza de te por gusto. La tensión dramática que llega al clímax es interrumpida por una tontería. De ahí nace su interés escénico, porque el autor parece dejar la situación, las vidas mismas, a medias... Manifiesta una especie de negligencia respecto a las grandes escenas muy desarrolladas, "o una notable falta de ganas de escribirlas" (**Nemiorióvich-Danchenko**). Así escribía **Chéjov** sus obras dramáticas. (Nota sobre una anunciada puesta en escena de *Las tres hermanas*, que publiqué en *Retablo*)

En la propia voz de Chéjov

Justamente es él quien tiene la palabra. **Antón Chéjov** hablará a través de sí mismo. Es decir, a través de sus personajes, la esencia de sí mismo. Algo más diré sobre su teatro, algo más de lo que ya se ha dicho. Pero es más importante dejar que sus voces se escuchen y dejar que mis sus conceptos se comuniquen por medio de sus voces, porque ellas han sido el origen de mis conceptos. El teatro de **Chéjov** tiene dentro de mí sonoridades específicas, porque dentro de cada cual cada cosa tiene su propio sonido, inexplicable tal vez y diferente. Mucho más un teatro como el de **Chéjov,** donde las artificialidades usuales y las estructuras complejas se rompen para dar paso a un mundo distinto lleno de sutilezas y silencios.

Cuando se lee una obra suya podemos encontrarnos al final desconcertados y sorprendidos, y puede parecernos a primera vista que la acción no se ha proyectado hacia adelante y que los caracteres han permanecido estáticos y sin desarrollarse. Sin darnos cuenta, presenciamos un proceso destructivo. Sus obras son difusas y su carencia de una trayectoria anecdótica con significado externo las hacen en cierto modo olvidadizas. No hay un asunto exterior que nos "agarre", sino que tenemos que descubrir lo que pasa a través de las insignificancias, las charlas, los encuentros y las despedidas. Carece su teatro de todo efecto fácil o artificial, pugnando en todo sentido con los conceptos convencionales de la teatralidad –de la falsa teatralidad, quiero decir. De ahí que su teatro sea esencialmente difícil.

El teatro de **Chéjov** por otra parte sólo puede adquirir fuerza en el escenario, como tiene que ser, y no en su lectura. La extraordinaria movilidad de lo intrascendente necesita la presencia de los actores, lo que demuestra la vitalidad que tiene su teatro. La lectura de *El casamiento*, para citar un ejemplo, es casi intolerable y aburrida. Se hace difícil descubrir el sentido de tanta palabra insignificante. Pero en escena esa complejidad del movimiento cotidiano adquiere riqueza y atractivo sin que sea necesario caer en la burda caricatura. Porque la representación de una obra de **Chéjov** puede llevar, sin dudas, cuando no se hace bien, de lo incoloro a lo grotesco.

Chéjov reduce sus argumentos a su más simple expresión y apenas les da color. El foco argumental de *El jardín de los cerezos*, la pérdida de la propiedad, no se subraya con tonos violentos. La atmósfera melancólica que se extiende a lo largo de la obra, la tristeza infinita que no está precisamente en los parlamentos sino en el lento devenir de la acción, dan lo substancial del texto. En muchos momentos la acción se aleja de su motivo central y sin darnos cuenta nos perdemos en un mundo de palabras cotidianas.

En las obras en un acto, la acción cotidiana es más movida y concreta, los temas se dispersan menos, las situaciones son más específicas. Además, están llenas de color. En fin, la captación del problema es más rápida y exige menos esfuerzo de parte de nosotros. Sus obras en cuatro actos, por el contrario, exigen un profundo esfuerzo intelectivo para poder descubrir exactamente el secreto de las relaciones humanas. Al no darnos elementos externos destinados a mantener el interés, tenemos que estar alertas para no perder el significado más profundo. De lo contrario, y en el caso de una mala puesta en escena, caeremos nosotros también en el tedio y el fastidio.

Dejemos ahora el camino abierto a sus voces. A las voces que me han hablado a mí. Me parece que ellas son lo suficientemente expresivas por sí mismas para necesitar muchas explicaciones. Y el lector será lo suficientemente inteligente para comprender el punto de vista de acuerdo con la selección. La simple acotación de las localizaciones rurales de seis de sus obras, lleva en sí misma a la determinación de las preferencias ambientales del autor y enfatizan claramente que las localizaciones rurales son las mejores porque el análisis del tedio hecho por el dramaturgo tiene su mayor expresión en la vida rural.

Hablarán las voces y ellas nos conducirán hacia los puntos esenciales dentro de su teatro: el tedio y el anhelo de ser, lo que se es y lo que consume a ese estado de existir, la esperanza final como único remedio. De este modo no seré yo sino las voces, agrupadas de acuerdo con su significado, las que nos lleven hacia el mundo de **Chéjov** y las que expliquen claramente lo que esas voces y esos ámbitos han logrado decirme.

Las voces

En *Las tres hermanas*:
    Olga, Irina, Natasha, Tusencach, Chebutikia,

En *El jardín de los cerezos*:
    Luibov Andréivna, Lopajín, Varia.

En *Ivanov*:
    Ivanov, Borkin, Anna Petrovna, Shebelski, Masha Egorovna, Sasha, Zenaida Savishna, Avdolia Nazarovna, Lébedev, Kosyj, Lobv.

En *El tío Vaña*
    Vonistosky, Astrov, Elena Andréivna, Serebriakov

En *El camino real*
    Brotzov

En *Un trágico a pesar suyo*
    Tolkachov

En *El casamiento*
    Aplomov, Natasia, Andriushenka

En *El aniversario*
    Sra. Merchútkina

En *El oso*
    Smirov

La acción se desarrolla

En la finca de Sorin.

En la finca de Serebrikov.

En la finca rural de la Sra. Popova.

En una capital de provincia.

En la propiedad rural de Chubukov.

En uno de los distritos de la Rusia central.

La acción se desarrolla en lugares diferentes pero todas en un mismo lugar.

Prólogo a cargo de

Trepelev: ... y para mí el teatro contemporáneo es una mera rutina... Cuando en mil variaciones me ofrecen siempre lo mismo, me escapo corriendo y huyo...

Ahora todos los personajes, a la vez, hablan en escena, gesticulan, recuerdan, olvidan...

Análisis del tedio

La rutina viene sobre ellos, día a día, y los consume.

Astrov: Estamos frente a una degeneración, producto de una lucha por la existencia, que es superior a nuestras fuerzas: una degeneración causada por la rutina, la ignorancia, una falta total de comprensión.

Elena: ¡Me muero de aburrimiento! ¡No sé qué hacer!

Astrov: Y además, la vida por sí misma es aburrida, estúpida, sucia... Esta vida se lo traga a uno...

Medvedenko: ¡Masha, vamos! ¡La criatura seguramente tendrá hambre!

Masha: ¡Qué aburrido te has vuelto! Antes, por lo menos, filosofabas algunas veces, pero ahora nada más que la criatura y la casa, la criatura y la casa, y no se te puede sacar de ahí.

Sorin: ¿Por qué está de mal humor mi hermana?

Trepelev: ¿Por qué? Porque se aburre... Hay que elogiarla solamente a ella, entusiasmarse, gritar... Pero como aquí en el campo no hay ese incienso, se aburre, se irrita y todos nosotros nos convertimos en sus enemigos, todos tenemos la culpa...

Elena: Probablemente, Iván Petróvich, usted y yo somos tan amigos porque ambos somos gente aburrida, cansadora.

Arkadina: ¡Ah, qué puede haber más aburrido que este simpático tedio aldeano! Calor, silencio, nadie hace nada, todos filosofan...

Nina: (Entusiasmada). ¡Qué bien! ¡Cómo la comprendo!

Masha: Sí. ¡Estoy aburrida del invierno! Ya he olvidado como es el verano.

Tolkachov: Mi adorable esposa ya está en guardia. Ni bien ha alcanzado a tragar apenas unas cucharadas de sopa, se apodera de mí, pobrecito de Dios... "¿No te gustaría concurrir a una representación de aficionados o a una pista de baile?" Y cuando después de medianoche, te vuelves del teatro o del baile a la casa, ya no eres un hombre sino una piltrafa que no sirve para otra cosa que para ser tirada.

Invitado: ¡Uno es tan aburrido que sería capaz de echarse a correr y darse cabezazos contra la pared!

Masha: Todos caminan y se sientan como si se hubieran tragado un palo. Del aburrimiento se congelan los huesitos.

Ivanov: Cargué sobre mis espaldas esa carga y mis espaldas se quebraron. A los veinte años todos nosotros ya somos héroes, nos encargamos de cualquier cosa, lo podemos todo, y a los treinta ya estamos fatigados, no servimos para nada. ¿Cómo, cómo vas a explicarte tú esa fatiga?

Invitado: Uno se pondría a aullar como un lobo, de aburrimiento y de hambre, y a morder a la gente.

Ivanov: (Que aparece en la avenida con Luibov). No se case ni con una judía, ni con una psicópata, ni con una intelectual. Elija para usted algo común, gris, sin colores fuertes, sin demasiado sonido...

El invitado bosteza.

Trigorin. Sí. Cuando escribo es agradable. Corregir las pruebas, también es agradable, pero... apenas sale publicado, ya no lo soporto, ya veo que fue un error, que no es lo que quería escribir... Y siento fastidio y un humor pésimo... Y el público lee: "Sí, no esta mal, es talentoso..."Y así hasta la tumba todo será nada más que "agradable y talentoso", "agradable y talentoso".Y nada más.

Shabelsky: Al fin y al cabo, Nicolás, es inhumano. Tú sales todas las noches y nosotros nos quedamos solos. De puro aburrido nos acostamos a las ocho. Esto no es vida. Es una porquería.

Zinaida: Organiza algo, que ya está todo el mundo aburrido.

Sasha: Escúchenme, háganme un favor: si no quieren bailar, reír, cantar; si todo eso les aburre, entonces les ruego, les suplico que por lo menos una vez en la vida, para nuestra satisfacción, unan las fuerzas y todos juntos, para asombro o para diversión, inventen algo ingenioso, brillante, digan algo audaz, atrevido, o una trivialidad, pero que sea divertido y nuevo, y todos juntos hagan algo pequeño, apenas perceptible, pero que parezca un poquito una hazaña, para que las muchachas siquiera una vez en su vida, al mirarlos, puedan exclamar: ¡Ah!

Borkin: Pero, ¡de veras, señores! ¿Por qué están todos con las caras largas? Están sentados como a la fuerza... Vamos a hacer algo... ¿Qué quieren? ¿Las prendas, el gran bonete, las escondidas, fuegos artificiales?

Abrumados, aniquilados, luchan y se desesperan por escapar, anhelan, quieren, sin apenas hacer un movimiento, dejando consumir su llama.

Sorin: Quiero dar a Kostia un argumento para una novela. Tiene que llamarse así: "El Hombre Que Quería". Hubo un tiempo, en mi juventud, en que quería hacerme literato, pero no me hice; quería hablar bellamente, y hablaba repulsivamente; quería casarme y no me casé; siempre quise vivir en la ciudad y, miren, termino mi vida en el campo...

Irina: Ir a Moscú... Vender la casa, liquidar todo aquí, y a Moscú...

Olga: Sí, cuanto antes a Moscú...

Serebriakov: ¡Quiero vivir, me gusta el éxito, la popularidad, el bullicio, pero aquí como en un desierto...!

Vionistky: Si Ud. supiera cómo sufro ante la idea de que al lado mío, en la misma casa, esté pereciendo otra vida: ¡la suya!

Irina: Va a salir el solitario, ya lo veo, ¡vamos a Moscú!

Polvnia: Eugenio, querido, adorado, lléveme con usted. Nuestro tiempo pasa, ya no somos jóvenes y siquiera en el fin de nuestra vida podremos vivir sin ocultarnos, sin mentir.

Andrei: ¡En qué forma tan extraordinaria cambia la vida! Hoy, de puro aburrido, de no tener nada que hacer, tomé este libro, apuntes de la Universidad de cuando yo estudiaba, y me dio ganas de reír... ¡Dios mío, empleado del Consejo Provincial! Empleado... ¡Todo lo que puedo pretender es llegar a ser vocal de ese Consejo Provincial! ¡Yo, vocal del Consejo Provincial de aquí; yo, que todas las noches sueño que soy Profesor de la Universidad de Moscú, un famoso hombre de ciencia del cual se enorgullece la tierra rusa!

Shabelsky: Ante todo me iría a Moscú a escuchar a los gitanos. Después... volando a París. Allí tomaría un departamento, frecuentaría la iglesia rusa...

Masha: Me parece que si ahora estuviera en Moscú el tiempo no me importaría.

Andrei: ¡Oh! ¿Dónde está?, ¿dónde se ha ido mi pasado? Yo era joven, alegre, inteligente, soñaba y pensaba con elegancia, mi presente y mi futuro estaban iluminados por la esperanza... ¿Por qué apenas comenzamos a vivir nos volvemos aburridos, grises, opacos, perezosos, indiferentes, inútiles, desgraciados?

Voinitsky: Durante veinticinco años yo he estado metido entre estas cuatro paredes como un topo. ¡Tú has arruinado mi vida, yo no he vivido!

Irina: ¿Dónde se ha ido a parar todo? ¿Donde está? ¡Oh, Dios mío! ¡Dios mío!

Olga: Sí, cuanto antes a Moscú.

Irina: ¡A Moscú! ¡A Moscú! ¡A Moscú!

Masha: ¡Estoy harta, estoy harta, estoy harta!

Irina: Lo he olvidado todo, todo... Jamás, jamás iremos a Moscú... Ya veo que no iremos...

El tedio. Los anhelos. La terrible asfixia de una vida realizada en pequeño. La realidad del hombre es su empleo, su buró, su silla. Nuestros personajes se consumen en su trabajo. En lo que son.

Sorín: (Se ríe). A Ud. le es fácil razonar. Ha vivido una vida intensa. En cambio yo... Trabajé veintiocho años en una Secretaría de Justicia, pero aún no he vivido. No he experimentado nada y, al fin y al cabo, es lógico, también quiero vivir... Y por eso en la comida bebo jerez y fumo cigarro, eso es... Y eso es todo...

Olga: De estar todos los días en el Liceo y después de dar lecciones hasta la noche, tengo un continuo dolor de cabeza e ideas de vieja. Y, efectivamente, siento que cada día se me van, gota a gota, las fuerzas y la juventud.

Irina: Estoy cansada. No me gusta el telégrafo. Hay que buscar otro empleo, este no es para mí. Lo que tanto deseaba, lo que tanto soñaba, justamente es lo que no tiene.

Dorn: Pero usted, en primer lugar, no es creyente, y en segundo, ¿qué pecado tiene Ud.? Trabajó veinte años en el Departamento de Justicia y nada más.

Sorin; (Riendo) Veintiocho.

Irina: ¡Basta... Basta...! He sido telegrafista... Ahora trabajo en la municipalidad y detesto y desprecio todos los trabajos que me dan. Adelgacé, envejecí, me afeé, y nada, nada, ninguna satisfacción: el tiempo pasa y siempre me alejo de la vida verdadera.

Rublos, kopeks, rublos, kopeks

Y los oscuros intereses creados, el dinero, el dinero, gravitan sobre ellos junto al tedio, el trabajo y las otras frustraciones, para frustrarlos aún más, cada vez más, para empequeñecerlos.

Sra. Merchutkina.- Tenga la bondad de tomar nota, Su Excelencia. Mi marido, el auxiliar de Administración Provincial, Merchutkina, ha estado enfermo cinco meses y mientras se encontraba en casa bajo tratamiento lo despidieron sin ninguna razón, Su Excelencia. Y cuando fui a cobrar su sueldo, ellos, ¡fíjese, por favor!, descontaron de su sueldo 25 rublos y 63 kopeks.

Aplomov.- Por ejemplo, aparte de los objetos de utilidad doméstica, usted había prometido entregarme, como parte de la dote de su hija, dos títulos de capacitación.

Nastasia.- Aparte de mil rublos contantes y sonantes, le hemos dado a ella tres abrigos, una cama y todo el mobiliario. ¡Encuéntreme en alguna parte dote igual!

Borkin.- ¿Tenemos que pagarles a los peones o no?¿Tenemos que pagarles?

Ivanov.- No sé, hoy no tengo nada. Espere hasta el primero, cuando reciba el sueldo.

Borkin.- Además, no olvide que dentro de dos días tenemos que pagar los intereses de Lédevev.

Ivanov.- Verá usted... El asunto es que... pasado mañana vence mi pagaré. Me sentiría muy obligado si me concediera usted una postergación de los intereses o añadiera los intereses a la deuda. Actualmente carezco por completo de dinero.

Lebedeb.- Te asignan 15 de dote, pero teniendo en cuenta que Nikolai Alexéivich debe a tu madre 9, de tu dote se resta.

Sasha.- ¡Déjenme en paz! ¡No necesito su dote! ¡No la pedí ni la pido!

Lebedeb.- Aquella todo el día llorando a gritos, machacando, calculando los céntimos...

Masha.- Ha hipotecado esta casa en el banco y su mujer se apoderó de todo el dinero; pero la casa no le pertenece a él solo, sino a nosotros cuatro.

Smirov.- Su difunto esposo me quedó debiendo dos pagarés de mil doscientos rublos. Como mañana tengo que pagar los intereses al Banco Agrario, agradecería a usted se sirva devolverme ese dinero hoy mismo.

Bortzov.- ¡Dios mío, pero ya te he dicho, me lo he bebido todo! ¿De dónde quieres que saque para ti? ¿Acaso te vas a arruinar porque me fíes unas gotitas de vodka? ¡Una copa de vodka te cuesta un cobre, pero a mí me libera del sufrimiento!

La vida en el círculo no implica en ningún modo la comprensión del círculo. Algunos entienden los kopeks y los rublos. Otros no saben contarlos. Es la única diferencia entre los hombres.

Borkin: Si fuera un hombre normal, dentro de un año tendría un millón. Por ejemplo: si yo ahora tuviera dos mil trescientos rublos, dentro de dos semanas tendría veinte mil. A la otra orilla del río, Orsianov, vende por dos mil trescientos rublos una franja de tierra, justo frente a nosotros. Si compramos esa franja, ambas riberas son nuestras y tendremos el derecho de cerrar las compuertas. ¿Entiende? Y apenas anunciamos que vamos a cerrar las compuertas, todo el mundo que vive río abajo va a pegar el grito en el cielo. ¿Entiende? La fábrica de Sarevo dará 5,000; Korlolkov, 3,000; el monasterio, 5,000.

Ivanov: Todo eso, Mischa, son castillos en el aire...

Lopajin: Todos los días le repito lo mismo. Que es necesario arrendar el cerezal y las tierras para casas de veraneo, hay que hacerlo ahora mismo, lo más pronto posible; tenemos el remate pisándonos los talones. ¡Compréndalo! Tan pronto se decidan definitivamente a arrendar la tierra para las casas de veraneo, recibirán todo el dinero que quieran y están salvados.

Luibob Andreijevna: ¡Las casas de veraneo, los veraneantes! ¡Perdónenme, pero...! ¡Es tan vulgar!

Trayectoria final hacia la esperanza

Estas vidas. Este oscuro camino sin luz. Es necesario una fuerza que sostenga. Dios tal vez.

Ania: El cerezal está vendido, ya no existe, es verdad; pero no llores, mamá, te queda toda la vida por delante, te queda tu alma buena, pura.

Sonia: Nosotros, tío Vaña, vamos a vivir. Viviremos una larga cadena de días, de largas tardes. Y cuando llegue nuestra hora, moriremos mansamente... Y allá, en el otro mundo, diremos que hemos sufrido, que hemos llorado, que la vida nos fue amarga, y Dios se apiadará de nosotros.

Nina: Como un cautivo arrojado a un pozo vacío y profundo, yo no sé dónde estoy ni qué me espera.

Astrov: Después de nosotros la gente volará en globo, cambiará las formas de las chaquetas, tal vez descubra un sexto sentido y lo desarrolle, pero la vida seguirá siendo la misma, una vida difícil, llena de misterios y de felicidad. Y dentro de mil años el hombre suspirará como suspira ahora... "¡Ah, qué duro es vivir!"

Trofimov: Pero mi alma, pese a eso, en cada minuto, noche y día, estaba siempre llena de inexpresables sentimientos. Yo presiento la dicha, Ania, yo la veo.

Irina: ¡Oh, Dios mío! ¡Pasará el tiempo y nos marcharemos para siempre y nos olvidarán, olvidarán nuestros rostros y nuestras voces y cuánto éramos!

Olga: La música toca con tanta, tanta alegría, que parece que pronto sabremos para qué estamos viviendo, ¡para qué sufrimos! ¡Oh, saberlo, saberlo!

Irina: Llegará el día en que todos sabrán para qué es todo esto, para qué estos sufrimientos. No habrá ya misterio alguno; pero, mientras tanto, hay que vivir... hay que trabajar... nada más que trabajar.

Punto y contrapunto.- Quizás sea este mi ensayo favorito entre todos los que publiqué en el semanario. En parte, por la pasión chejoviana que desarrollo durante estos tres años, que es para mí la única forma de realismo posible. Mi admiración por **Ibsen** será más tardía y más limitada. Pero **Chéjov**... ¡**Chéjov** es otra cosa! Además, la concepción "teatral" del ensayo es de mi preferencia y el análisis emerge de la composición de las voces del propio dramaturgo. Quizás... quizás anticipaba mis años de enseñanza... La escritura... las palabras. .. los textos... siempre los textos... como si todo...

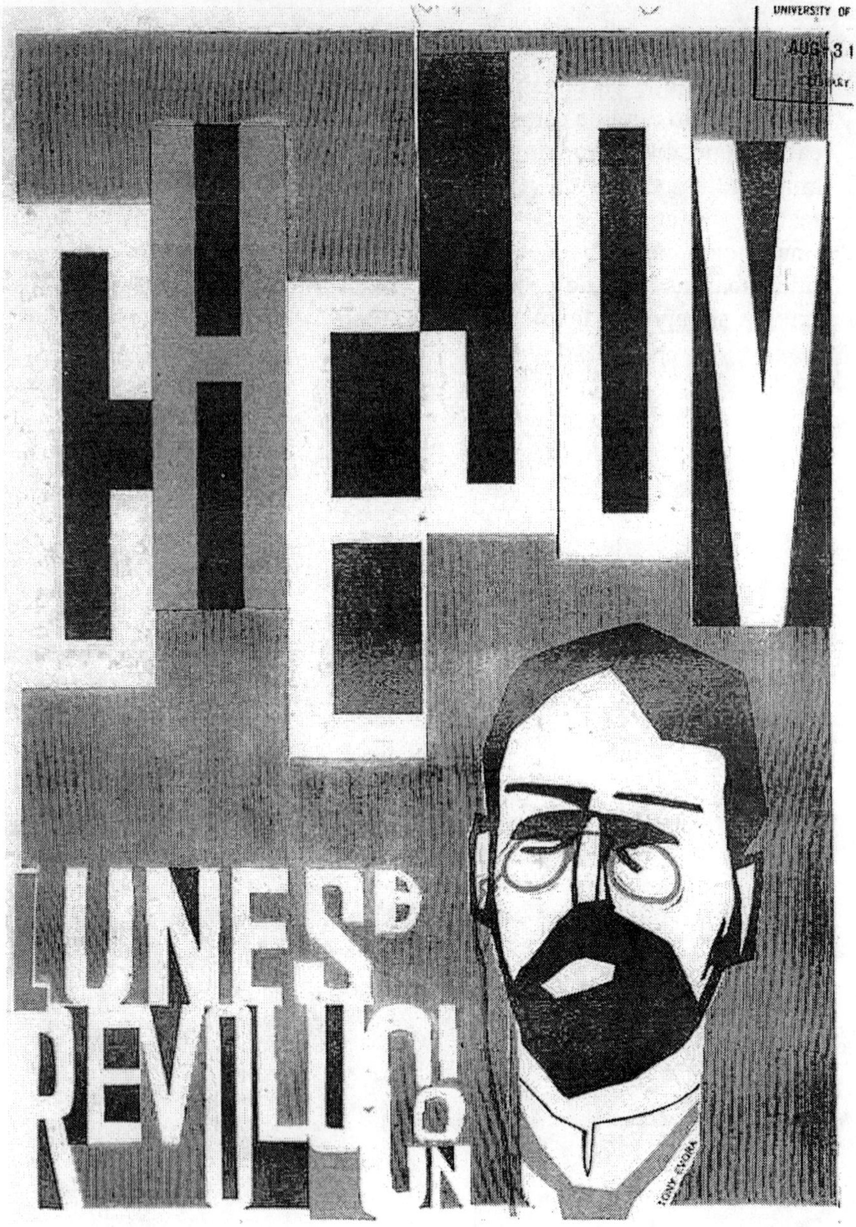
LUNES
TONY EVORA

3 de abril de 1961 (N. 101)

Un actor se prepara

"Se vende una negra lavandera en doscientos pesos y un negro para servir de casa en ciento ochenta pesos, todo libre de alcabala y escritura para vendedor; sin enfermedades ni tacha."

"Se vende una volanta nueva, que no ha rodado, de todo rumbo y gusto, precio de cuatrocientos pesos."

El escenario estaba desierto. Las tertulias familiares y las comedias caseras no encontraban al actor. Y mientras el esclavo encontraba su látigo y la volanta en venta llevaba su personaje, el escenario estaba en espera del suyo.

Pero hay algo en el ambiente. Algo en gestación. Nombres que alguien apuntó en imperfectas crónicas: **Pedro de Castilla, Juan Pérez de Vargas, Francisco de Mojica, Juan Bautista Silíceo**. Más tarde lejanas contradanzas, invenciones y comedias: todo vago y difuso. Y van surgiendo: **Suri**, Santa Clara, 1735, ingenio de la villa y de su tiempo; **Sotomayor** recibiendo aplausos con su entremés "El Poeta"; **Manuel Pérez Ramírez**: el drama unipersonal de Marco Curcio; y aquí y allá el "Papel Periódico de La Habana" anota: **Buenaventura Pascual Ferrer**: "El cortejo subteniente, el marido más paciente y la dama impertinente", 1790; **Miguel González**: "Elegir con discreción y amante privilegiado", 1972; un autor que no legó su nombre: "El jugador en La Habana o el vicioso arrepentido", 1804.

1800, 1801, 1802, 1803, 1804… El ambiente se concreta. Muy vagamente, por supuesto. El teatro nacional en embrión. Nombres. Pero no corresponde a los anteriores, en verdad, a menos en lo que podemos alcanzar a interpretar, su legítimo nacimiento. Tendrá que haber algo más que crónicas.

Penetremos un tanto en la atmósfera de la época y dejémonos llevar un poco más lejos de las crónicas. El ambiente, en parte, es este: nos lo dice El Viajero en El Papel Periódico: "¿Qué juicio quería Ud. que me formase de nuestro Teatro actual la primera noche de mi arribo que me tocó ver representar la famosa Comedia *El Príncipe Jardinero y Fingido Clorodano*? Es el caso que había ido yo a la Comedia con un amigo que siempre me acompañó a iguales actos antes de mi partida.

Notó la indisposición de mi semblante y cuando íbamos saliendo del Coliseo me dijo: "A Ud. parece que no le ha gustado la Comedia." "Ni la Comedia ni los Comediantes", le contesté; "aquella por disparatada e insolente, y éstos porque carecen de todos o los más mínimos requisitos que constituyen un buen Comediante, y me ha dolido a la verdad gastar tres reales por estar incómodo". Mal recibimiento, por cierto, a los albores del siglo.

¿Entonces? ¿Nada? ¿Y esa nota en el ambiente, de dónde viene, hacia dónde va? ¿Quién, exactamente? ¿Algo? ¿Alguien? Sí, alguien. No precisamente un autor, sino un actor. Más exactamente, un hombre que busca su vocación y finalmente la encuentra. Un hombre a escena.

Ventas: "Dos sayas de terciopelo y de buen uso y muy decentes para cualesquiera Señora fina y de gusto".

Ventas. Las leyó sin duda. Y leyó también, con toda seguridad: "Medicina. Excelentes y experimentadas recetas para blanquear la dentadura sucia, sin riesgo de los dientes, y componer los que están desgastados." En el camino definitivo hacia su vocación, **Francisco Covarrubias**, legítimo fundador del teatro nacional, tuvo un largo e indeciso comienzo. Fue así:

Nace el 5 de octubre de 1775. Latín en el colegio San Isidro. Así eran los tiempos. En la Universidad: filosofía aristotélica. Sus padres se esfuerzan y el joven se prepara. Cirugía: lecciones en el Hospital de San Ambrosio. Anatomía práctica y descriptiva. Y poesía: escribe un catálogo en verso de los músculos. Mientras tanto, el joven se divierte. Con sus propios compañeros de hospital aparece en comedias caseras y se convierte en entretenimiento y delicia de los vecinos de la villa. El teatro se le va gestando adentro. El actor casi a escena. Pero aún la medicina y la simple diversión. Actor es una palabra. La villa se entretiene y los aficionados se divierten. Es el juego. Y "es de advertir que cuando **Covarrubias** llegó a la edad adulta, no había ya actores en esta capital, pues los que existieron en época remota habían salido para otros puntos; se reunían con frecuencia muchos jóvenes aficionados en distintas compañías; y sin más director ni maestros que su afición, representaban varias comedias caseras" (Anónimo. **Biografía de Francisco Covarrubias**).

Al fin, justamente en el año 1800, se prepara la escena para el actor. Un marco popular y modesto: Teatro del Circo, Antiguo Campo Marte. El Regañón nos cuenta: "En la época de lluvia, si caía un fuerte aguacero, para salir del teatro era indispensable una canoa o echarse a nado" y "en los intermedios bien podía uno llevar la almohada para echar un sueño."

En medio de ese teatro, en un paisaje sin actores, el empresario los busca y llama a **Covarrubias** y a los jóvenes aficionados habaneros. Los acuerdos. Todos estarán de acuerdo en interpretar cualquier papel; menos **Covarrubias**: jamás interpretará un gracioso: única condición. El gracioso, sin embargo, no aparece; y don **Eustaquio de la Fuente**, el empresario, se desespera. No hay nadie que le sirva para *Más sabe el loco en su casa que el cuerdo en la ajena* y no queda otro recurso que suplicarle a **Covarrubias**. Acepta el actor y como gracioso sube al fin al escenario del Teatro del Circo y del nuevo siglo del teatro cubano.

De ese modo, el casi único intérprete del primer espectáculo dado en el Circo –*Guzmán, Guzmana y Aníbal*, monólogo dividido en tres partes en el que **Covarrubias** interpretó la primera y la tercera, y que al parecer no fue del agrado de El Regañón: "El que hizo de Guzmán desempeñaría medianamente su papel si no se atropellara tanto y no diese los gritos ni hiciese las contorsiones y las manotadas que hace, más propias de un furioso que de un héroe" – se acerca a su obra, su teatro y su escena.

El actor y su público. Se anuncia la función y el actor se prepara. Pero, ¿dónde está el modelo? ¿A qué gracioso de veras ha visto **Covarrubias**? Ya El Regañón lo venía repitiendo: "No hay actores, pues aunque a muchos no les falta disposición, no han tenido reglas que los dirijan, ni modelos donde poder imitar y juzgar el verdadero buen gusto de la declamación". ¿Qué diría, en fin, el crítico ante su nuevo riesgo? ¿Y el público habanero que tanto beneficio le había dispensado, qué pensaría? "Sin modelos que imitar, abrazó la cuerda del gracioso, de suyo dificilísima, y en la que no ha tenido competidor" (**Millán, José Agustín**. *Biografía de Francisco Covarrubias, primer actor de carácter jocoso de los Teatros de La Habana*. Imprenta del Faro, 1851). Pero había que hacerle frente a la situación. Ahí estaba la escena. Ya es demasiado tarde para retroceder. El telón se levanta.

El actor tiene que dejar sus incertidumbres. Es la escena. De pronto, allí, en un teatro maltrecho y con un abandono absoluto a su suerte, surge el milagro definitivo del actor. El público aplaude. El actor llega a pensar que tal vez se trate de una burla, pero el público insiste. El hombre descubre dentro de sí mismo al actor y el actor se descubre a sí mismo. Público y actor realizan una comunión y de esa comunión surge el teatro nacional. Y así, entre tablas indecentes, bajo la amenaza de aguaceros tropicales, en el modesto tablado, nace, una vez más, el teatro.

Covarrubias se apodera del público habanero. Hasta conquista el corazón del sermoneante e inconforme don **Buenaventura Pascual Ferrer**, regañón inconforme de nuestras imperfecciones, que llega a decir, gran elogio en él, que **Covarrubias** interpretaba "con bastante acierto algunos papeles de los que llamaban de bajo cómico".

El actor no volvió a los papeles serios e inició su recorrido, que es el de nuestro teatro. Llega el 1802 y concluye el permiso para hacer representaciones extramuros. Los jóvenes actores quieren irse a México, pero **Covarrubias** los disuade y reúne una compañía, constituyéndose en empresario. Trabajan en un teatro provisional de la Alameda de Paula. El público sigue dispensándole sus favores y sufriendo las incomodidades, pero no le importa porque **Covarrubias** "ha obtenido constantemente el aplauso general y la protección más decidida del público que ha sabido apreciar en él el doble mérito de haber hecho su estudio aquí mismo" (**Bachiller y Morales, Antonio.** *Historia de las Letras y de la Instrucción Pública en la Isla de Cuba.* Colección Libros Cubanos. Cultural, S.A., 1936).

El actor permanece hasta ahora unido estrechamente a la Isla y a su pueblo. No hay ninguna influencia externa en su formación como actor. En 1810 llega a La Habana una compañía de actores españoles. **Covarrubias** es el único actor nacional que es integrado a ella. Es también el gracioso. Paradójicamente, no sólo **Covarrubias** aprende de ellos, sino que ellos parecen aprender de **Covarrubias**, tal vez porque nuestro actor procuraba "huir de las exageraciones ridículas y acercarse a todos los lances con naturalidad" (Anónimo, *Biografía*...). Por esta razón, o por cualquier otra, las bambalinas se transformaron para **Covarrubias** en centro de observación y para sus compañeros actores de la península en punto de observación del arte de **Covarrubias**. Es indiscutible que su talento dramático tendría alguna seducción específica. **Antonio Prieto**, actor peninsular que hacía de Aristóteles vestido con sotana, no dejaba de admirarlo, y hasta a España hizo llegar su fama. Nuestro actor parece ya estar formado. La prosperidad económica parece acompañarlo con buenos sueldos y dos beneficios anuales provechosos. Las restantes referencias biográficas sobre el actor son las que siguen:

1841   Hasta esta fecha trabaja en el Teatro Tacón.

1842   Trinidad. Regresa a La Habana para reaparecer en una compañía que se inicia en el Tacón.

1843 Temporada en Regla.
1844 Vuelve a la escena del Tacón.
1845 Primeras complicaciones. No contaron con él para la nueva temporada en el Tacón.
1846 A fines de temporada puede dar una función en el Teatro Tacón donde se demostró que el público desaprobaba la ausencia de **Covarrubias.** Se cierra el teatro y los actores van al interior, pero **Covarrubias,** por cuestiones de salud, no puede seguirlos.
1847 Cerrado el Tacón. Funciones en Matanzas.
1848 No es llamado al Tacón y pasa al Teatro del Circo nuevamente; ahora Villanueva.

Esta trayectoria irregular que lo conduce nuevamente hacia el inicio, al Teatro del Circo, lo conecta también con otro escenario significativo en la historia del teatro cubano, el del Villanueva, asociado con sucesos patrióticos y sangrientos. Su asociación con las raíces del teatro cubano son muy profundas. Sus propias décimas descubren proyecciones nacionales.

> Si del teatro nacional
> Soy fundador en La Habana,
> En Matanzas es cosa llana
> Que merezco nombre igual;
> Pues si la fecha y local
> Del primer drama o sainete
> Alguno decir promete
> Publicará sin remedio
> Que fue en la calle del Medio
> Año de ochocientos siete.

Este recorrido por toda la Isla se hace inquieto. Lleva sus dotes histriónicas hacia el interior, con germen de afán descentralizador, tanto en lo geográfico como en su deseo de atraer, en un corte transversal, a todas las clases sociales. De esa forma, cuando en el Teatro Villanueva se le hace una función benéfica, todos acuden, a despecho del desplazamiento injusto y de la presencia de la Ópera italiana en la escena del Tacón.

Hay algo más en este panorama del actor. Está tan interesado en su propio espectáculo que decide convertirse también en autor dramático. Pero, ¿se impone el actor? "Nada más justo que así como la Inglaterra se honra con **Garrick**, la Francia con **Lekain** y **Talma**, y la España con **Maíquez**, Cuba se vanaglorie con ser la cuna de **Covarrubias**". José Agustín Millán, su biógrafo, nos dice eso del actor; pero es más parco en lo que al autor se refiere. Refiriéndose concretamente a una de sus obras, *El forro del catre,* afirma que si bien no fastidia no encanta. No obstante ello, el Diario de La Habana del 30 de mayo de 1841, lo considera autor de piezas "alusivas a las circunstancias de la época o a nuestras costumbres más notables."

De esas obras nada ha llegado a nosotros, que sepamos. Sin embargo, es importante su aporte a nuestra dramaturgia, ya que según sus biógrafos, al nacionalizar pasos y sainetes españoles inicia el género chico cubano. Sus sainetes parecen estar conectados con los de **Ramón de la Cruz** y en él hay que buscar los gérmenes de nuestra dramaturgia.

> Compuso: *El peón de tierra adentro, La valla de gallos, Las tertulias de La Habana, La feria de Carraguá, Esto si es chasco, Los velorios de La Habana, El tío Bartolo y la tía Catana, El montero en el teatro, El gracioso sofocado, ¿Quién reirá el último? o Cuál más enredador, No hay amor si no hay dinero, El forro del catre.*

De un modo u otro, nuestro actor supo darle a la producción nacional, con desconocido acierto, en mayor o menor grado, los atisbos iniciales de lo criollo, estructurando desde una edad temprana nuestra formación teatral, desde Cuba y no desde España. El carácter directo de las décimas que nos ha legado, parece demostrarlo.

> En tumulto muy deshecho
> Tal concurso entra en Tacón,
> Que en inmenso pelotón
> Llegue la gente hasta el techo.
> Mas porque sea de provecho
> Esta entrada que se fragua
> Y no quede yo con magua
> Encargo una sola cosa
> Y es que en función tan hermosa
> Nadie venga aquí de **guagua.**

Nos resta despedir al actor y ver caer el telón por última vez. No era posible, dada las condiciones políticas de la colonia, esperar un feliz destino para sus últimos años. Miseria al lado de su mujer, tristeza en mayor o menor grado, abandono. Las condiciones sociales no permitirían otra cosa. El Teatro Tacón deglutía ópera italiana. **Covarrubias**, cubano, moriría en la pobreza y, como siempre, en su patria. Era la ancestral muerte del artista. Ya el actor lo sabía y supo despedirse en escena componiendo sus propias décimas:

> Otra vez pueblo habanero
> Al anunciar mi función
> He creído y con razón
> Fuese mi anuncio postrero.
> Mas yo que soy agorero
> Claro te confesaré
> Que jamás con tanta fe
> Como ahora lo he creído
> Y la razón que he tenido
> Atiende y te la diré:
> "En un Circo que de Marte
> En el Campo se formó,
> Mi carrera principió
> En el dramático arte.
> Ya en ella en la última parte
> A otro nuevo circo paso
> Y este que parece acaso
> Será el Destino que intente
> Que en un Circo sea mi oriente
> Y en otro Circo mi ocaso".

El actor en escena. Compuso y actuó para el público. Ya él lo presiente. El actor cubano despide al autor. El escenario gira y El Regañón y las volantas y las negras que se venden y las sayas y el Papel Periódico y la antigua y lejana medicina y el hospital y la colonia y la lluvia y las tablas del teatro y el censor y el aplauso y Matanzas y Regla y Trinidad y el olvido y el recuerdo, inician su desfile. El actor inclina la cabeza. El telón cae. 1850. Aplausos a las raíces del teatro nacional. El final y el comienzo.

MUNICIPIO DE LA HABANA
DEPARTAMENTO DE BELLAS ARTES

La Habana, Febrero 29 de 1960.
"AÑO DE LA REFORMA AGRARIA"

Sr. Matías Montes Huidobro:

Por el presente documento hago constar que su obra titulada "Las Vacas" mereció el Primer Premio de doscientos pesos moneda oficial otorgado por el Jurado integrado por los señores Mirta Aguirre Carrera, Fausto Masó Fernández, Modesto Centeno de la Torre, Rafael Ugarte Marrero y Adolfo de Luis Rodríguez, en el Concurso de Obras Teatrales "José Antonio Ramos", convocado por el Departamento de Bellas Artes del Municipio de La Habana.

Y para constancia de lo manifestado expedimos el presente documento en La Habana, a los veintiseis días del mes de febrero de mil novecientos sesenta.

Dr. Angel del Cerro
DIRECTOR GRAL. JEFE DEL DEPARTAMENTO DE BELLAS ARTES

DEPARTAMENTO DE BELLAS ARTES
REGISTRO DE SALIDA No. 1134
HABANA DE 1 MAR 1960 19___

Documento en que se me otorga el Premio José Antonio Ramos en 1960 por *Las vacas*, confiscada ulteriormente por el Gobierno Revolucionario.

Reseñas

Una escena de *Las vacas*, con Zenaida Aranguren, Carlos de León y Octavio Álvarez. Dirección de René Ariza.

Teatro cubano

Antes del momento en que yo empezara mi trabajo de crítica en el periódico, en 1959, se llevan a escena *Sara en el traspatio* de **Reguera Saumell,** *El hombre inmaculado* de **Ferreira** y *Cañaveral* de **Paco Alfonso,** que recorre la isla pero que en aquel momento se consideraba obsoleta. De **Fermín Borges** se estrena *El punto de partida*. De los "clásicos" sube a escena *Tembladera* de **Ramos**. Ya, para cuando me inicié en la crítica, se ponen obras de **Santiago de Pita, José Agustín Millán, Felipe Pichardo Moya.** *Prometeo* vuelve a llevar a escena *Electra Garrigó*. Respecto a esta obra acuño mi definición de "la *raíz y razón de ser de nuestra tragedia* [...] el matriarcado de nuestras mujeres y el machismo de nuestros hombres", que tantas veces me ha pedido prestada la crítica subsiguiente. Se estrenan, además, obras de **José Triana, Rolando Ferrer, González de Cascorro, Raúl Eguren, Marcos Behemaras, Antón Arrufat, Gloria Parrado, Dora Alonso, David Camps, Ignacio Gutiérrez,** etc. De mí, en tan compacto período de tiempo, cinco obras: *Las vacas* en el Teatro de Bellas Artes, *La botija* y *Los acosados* en *Arlequín, Gas en los poros* en *Prometeo* y *El tiro por la culata* en *El Festival de Teatro Obrero y Campesino,* en el que también participan **Leopoldo Hernández, José Corrales, Virgilio Piñera,** entre otros. El *Teatro Nacional,* finalmente, también se cubaniza, con una pésima puesta en escena de *El filántropo* de **Piñera**, malamente dirigida por **Humberto Arenal**. *El Sótano* lleva a escena *El general Antonio estuvo aquí* de **Reguera Saumell** y se anticipa el estreno de *Recuerdos de Tulipa*. También allí vuelve a subir a escena *La botija,* que es mi texto más comprometido. *Arlequín* prosigue con sus *Lunes de Teatro Cubano,* estrenando *Josefina atiende a los señores* de **Cabrera Infante**, y principalmente, *La palangana* de **Raúl de Cárdenas** y *Las Pericas* de **Nicolás Dorr**, que dan lugar a que el absurdo y la realidad hagan pininos de guerra de guerrillas. De esa fecha es la aparición de **Raúl de Cárdenas** en nuestra escena, en la doble dirección del compromiso documental que tiene el teatro (aunque cambie el contexto de la documentación) y la vertiente de lo popular y costumbrista.

133

Ya en 1961 *Electra Garrigó* volverá a escena en una representación bastante mediocre con motivo del primer *Festival de Teatro Latinoamericano*, que incluye la representación, no menos mediocre, de *El pescado indigesto* de **Manuel Galich**, dramaturgo que dará así los primeros pasos para "robarse" la escena cubana. Si durante el año 1959 el teatro latinoamericano estuvo pobremente representado, el concurso Casa de las Américas empieza su esfera de politización teatral, cuyo significado en la dramaturgia latinoamericana está por estudiarse.

A esto habría que agregar un énfasis en el teatro infantil, con excelentes puestas en escena de **Dumé**, que dirige *El lindo ruiseñor*, y que también inicia una corriente importante en nuestra dramaturgia. Como en otros casos, **Dumé** señala pautas importantes en el teatro cubano, como lo indicará también su producción ulterior: dirigirá *El robo del cochino* de **Estorino**, en Cuba, y mi obra *Exilio,* en el exilio. En 1961 dirige una espectacular puesta en escena de *El mago de Oz,* en adaptación teatral de **Estorino**. En *Retablo* dejo constancia parcial de algunas de estas actividades, limitándome a seleccionar algunas notas significativas.

Las críticas que aquí aparecen dejan constancia de la labor realizada por directores, intérpretes y escenógrafos. Limitarlas al análisis del texto dramático, que es en última instancia lo menos perecedero, no podría darnos una visión completa del momento teatral cubano. En casos que me han parecido de menor monta, he realizado cortes, particularmente en cuanto a actuaciones poco certeras, salvo aquellos fracasos realmente significativos. Pero no es posible desconocer la tarea de directores como **Francisco Morín, Andrés Castro, Dumé, Rubén Vigón, Vicente Revuelta, Julio Matas** y muchos otros, que fueron parte intrínseca del desenvolvimiento de la escena cubana, que se habían ido formando desde las dos décadas anteriores. También deben recordarse actrices y actores, que aunque no puedan significar mucho para el investigador, realizaron memorables trabajos de actuación, particularmente entre las primeras: **Antonia Rey, Miriam Acevedo, Ofelia González, Liliam Llerena, Verónica Lynn, Ernestina Linares, Helena Huerta, Herminia Sánchez, Asenneh Rodríguez, Adela Escartín, María Ofelia Díaz, Julia Astoviza,** etc. La nómina masculina es algo más reducida, e incluye a **Vicente Revuelta, Felipe Santos** y **Roberto Blanco** entre algunos otros. Si se quedaron en Cuba o se fueron de allí, es accidente político y no forma parte de la verdad histórica de la dramaturgia nacional. No voy a hacer lo mismo que aquellos que se han dedicado sistemáticamente a excluirme a mí.

Allá ellos. De ahí que incluyo entrevistas que funcionan como contrapunto y notas de otro carácter que intentan dar una impresión en vivo del momento teatral cubano. Algunas de ellas corresponden a una columna, *Retablo,* que apareció en el periódico *Revolución* en el mes de febrero de 1961 y que estuvo a mi cargo hasta la fecha en que salí de Cuba el 27 de noviembre de ese año.

En cuanto a mi trabajo, *Las vacas* recibió el primer *Premio José Antonio Ramos* en la historia del teatro cubano, que siempre se me ha regateado, y que representó el máximo reconocimiento a un dramaturgo cubano dado al principio de la revolución en un concurso teatral, y subió a escena en Bellas Artes dirigida por **René Ariza**, (que también dirigió *Los acosados* y *La botija* en los *Lunes de Teatro Cubano* en la *Sala Arlequín* y se inició como director con estos textos). Desde las páginas del periódico *Revolución* insisto en la importancia de los concursos y compito. En realidad *Las vacas* fue premiada en tres concursos. En el ya mencionado, por un jurado formado por **Mirta Aguirre, Adolfo de Luis, Modesto Centeno, Rafael Ugarte** y **Fausto Masó.** La mandé también a otro concurso del Ministerio de Educación con un jurado formado por **Nora Badía, Eduardo Héctor Alonso** y **Vicente Revuelta,** que invalidó el premio porque ya me habían dado el *José Antonio Ramos*. Además de estos dos premios, me dan mención honorífica en el *Luis de Soto*, donde eran miembros del jurado, **Mercedes Dora Mestre, Liliam Mederos de Baralt, Maricusa Gorostiza** y **José A. Escarpanter.** No deja de darme cierta satisfacción el hecho de que esta obra fuera merecedora de tres reconocimientos diferentes por jurados tan disímiles. *Las vacas,* por cierto, la perdí, porque estaba en proceso de publicación cuando salí de Cuba y cuando mi madre fue a buscar la edición se la confiscaron. Nadie habla de esto, naturalmente, ni siquiera en el exilio.

En medio de esa efervescencia teatral, *El tiro por la culata* se estrenó en el Festival de Teatro Obrero y Campesino, dirección de **Tomás González**, y también la puso *Teatro Estudio*. En el momento de mi salida de Cuba, **Morín** dirigió *Gas en los poros* en *Prometeo*, con **Verónica Lynn** y **Parmenia Silva,** en un programa doble del teatro de la crueldad con *Falsa Alarma* de **Piñera**, que me ponía en muy buena compañía pero que no pude ver. Estas obras fueron reseñadas por **Ramón Gainza, Natividad González Freire, Antón Arrufat, José A. Escarpanter, Calvert Casey, Sara Pascual Ferrer** y algunos otros. No las incluyo, naturalmente, pero el saldo fue en general positivo, y **Antón Arrufat**, que me pidió *La botija* para publicarla en la revista *Casa de las Américas*, llegó a decir que, "si alguien me pidiera una antología de las mejores piezas en un acto que han escrito los cubanos, incluiría *La botija* entre ellas; *El Flaco y el Gordo* de **Virgilio Piñera**; *El Mayor General hablará de Teogonía* de **José Triana**, y *Pan Viejo* de **Fermín Borges**", opinión que decididamente no comparto con respecto a *La botija*.

Se inicia así, me atrevería a decir, la década más diversificada, rica e innovadora del teatro cubano del siglo XX, en la cual participo activamente por tres años y de la que formo parte por razones generacionales y estéticas; para irme, no en el momento que me pisaron los talones, como han hecho muchos, sino cuando me resultaba imposible aceptar las condiciones del pacto de compra venta y me daba cuenta que no iba a funcionar en ese contexto a menos que pusiera cortapisas a mi escritura. Ni batistiano ni marxista, sencillamente no sabía lo que nos había caído encima, pero me di cuenta bastante pronto. Otros muchos escritores, más tarde o más temprano, siguieron mis pasos y soy incapaz de juzgar a nadie, inclusive aquellos que han realizado su obra en Cuba, pero cada cosa debe decirse y darle el lugar que le corresponde. Luchábamos (me atrevo a decir en primer persona del plural) en contra de la frivolidad y de la chusmería, pero a favor de la justicia social. Hay que reconocer que los cuarenta años que siguen van a dejar constancia de nuestro fracaso: la frivolidad burguesa sigue vivita y coleando y el castrismo ha sabido permear nuestra cultura de las más desfachatadas normas de conducta—dentro y fuera de Cuba.

Prácticamente, me iba a los treinta años y en el momento en que me acompañaba el éxito. Pero la decisión sartreana estaba tomada más allá de las consecuencias. Además, me iba con las manos vacías aunque con el cerebro en perfectas condiciones. Personalmente y a nivel de mi carrera como escritor, y particularmente como dramaturgo, lo hacía en el momento que menos me convenía y caía en una lista negra de la política cultural cubana que no me va a abandonar *nunca*, inclusive en el exilio, con no menos saña y mala intención, y cuyas consecuencias han seguido en pie hasta el momento que escribo estas líneas ya en un nuevo milenio. Esto va a dificultar la puesta en escena de mis textos, que a partir de *Gas en los poros* no se estrenarán en Cuba, lo cual no deja de ser una herida, aunque no necesariamente mortal.

De más está decir las consecuencias a nivel internacional. En mi caso específico, ¿quién iba a interesarse en un dramaturgo que por años fue un caso aislado? ¿Quién iba a arriesgar las posibilidades que le ofrecía todo un mecanismo estatal frente a un individuo que seguía escribiendo teatro fuera de Cuba? Mi labor como profesor universitario y crítico me ha llevado a participar activamente en infinidad de congresos universitarios desde Finlandia al Cono Sur, y como me valoro por haber hecho un trabajo responsable, no quedó más remedio que respetarme, aunque algunos lo hicieran a regañadientes.

Como dramaturgo, la cosa ha sido más difícil, porque, ¿cómo competir con una maquinaria estatal tan compleja y planificada? Sólo (acompañado por Yara, naturalmente) he tenido que enfrentarme a un contexto adverso, dando a conocer en muchos de ellos la labor que la cultura cubana, incluyendo la dramaturgia, ha venido realizando. Labor que también se me ha escatimado por los que menos deberían escatimarla. Naturalmente, muchos de mis homólogos habían recibido el Premio Casa de las Américas y habían sido jurados en concursos cubanos, mientras que yo mantenía una posición que nunca ha claudicado con respecto al castrismo. ¿Cómo iban a señalarse? ¿Qué iban a decir en Cuba? ¿Cómo iban a arriesgar un premio y un viajecito a La Habana? Como el mundo (y nadie se llame a engaño) ha sido siempre una comunidad global de intereses creados, ¿qué partido podrían sacarme? ¿Quién se iba a interesar en poner una obra mía donde estuviera una "cubana"?

Justo es decir que a nivel antológico mis obras han sido incluidas en numerosas antologías (incluyendo alemanas, gracias a **Heidrun Adler**) y se han escrito sólidos trabajos sobre mis textos, no sólo entre cubanos, y cuento con una extensa bibliografía pasiva; pero mi salida de Cuba determinó la marginación de mi dramaturgia a nivel internacional. He compartido mesas con figuras tan reconocidas como **Emilio Carballido** y **Egon Wolf,** trato personal en alguna medida con **Griselda Gambaro**, **Luis Rafael Sánchez**, y algunos más, todo muy superficial, saludos en congresos, algún apretón de manos; pero amistad tan solo con **Francisco Arriví** y **Guillermo Schmidhuber**. Porque, ¿qué partido podían sacarme? ¿Qué les iba a dar yo más allá de algún ensayo académico, que escribí por el gusto de hacerlo, como los dedicados a **Carlos Gorostiza, Eduardo Pavloswski**, hasta **Tato Laviera**, sin contar toda la dramaturgia puertorriqueña empeñándome en una investigación de unas cuatrocientas páginas en un proyecto de hermandad quijotesca? Me duele, pero quiero dejar constancia de la injusticia y la desventaja, porque además sabía que nada de esto tenía que ver con la calidad de mis textos (que bien podían ser obras maestras, que este caso no cuenta) de los que afortunadamente siempre me he sentido seguro. De izquierda o de derecha, yo siempre he puesto por encima el teatro, y nunca he escatimado elogios a quien creo merecedor de recibirlos, cosa que frecuentemente no se ha hecho conmigo, incluyendo mis homólogos cubanos, y valga mi insistencia en repetir lo que ya he dicho, porque a veces no basta con decirlo una vez.

Estos años (quiero decir, de 1959 a 1961) representaron para mí un intenso momento de formación como dramaturgo y como crítico. Fueron años decisivos que van del entusiasmo inicial y esperanzador que representó el triunfo revolucionario para muchos, después de grandes frustraciones republicanas, al enfrentamiento con la verdad que nos tenía deparada la historia. En particular mi desprecio por la política, que tanto mal nos había hecho, no me permitió darme cuenta del mal que estaba por hacernos. Estas críticas representan (aunque esto tiene valor relativo) la formación de muchos de mis puntos de vista sobre lo que es para mí el teatro, que se ha de reflejar en mi dramaturgia.

De todo lo expuesto, la importancia y características de este período, 1959-1961, con sus ilusiones, confusiones y engaños, éxitos y fracasos, vistos aquí desde una perspectiva diferente a como nos lo presenta "la historia oficial". Unidos por el interés común, nombres que la historia y la geografía se disponen a separar, a veces para reunirse de nuevo en un movimiento histórico pendular, se encuentran presentes en estas páginas. Autores, directores e intérpretes, que por muchos años han seguido contribuyendo a la historia del teatro cubano, dentro y fuera de Cuba, trabajaban en un esfuerzo auténticamente comunal que no volverá a repetirse desde el momento que la cultura se dogmatiza y subdivide. Desde la perspectiva del teatro, a pesar de que ya se iniciaba el éxodo y dejando a un lado el acontecer político, el "proyecto" parecía hermoso. Pero en el fondo no podía serlo. Quizás estas notas sirvan para que algún día unos pocos cubanos (y algunos que no lo sean) libres de prejuicios, se molesten en reconstruir la historia del teatro cubano en el siglo XX, más allá de todas las mezquindades. Búsquese en el índice onomástico el número de "víctimas" del castrismo que participaron al unísono en un esfuerzo común por la cultura cubana y que después, más tarde o más temprano, se vieron precisados a salir de Cuba. Con eso queda dicho todo.

Pasado teatral cubano

Santiago de Pita

El príncipe jardinero y fingido Cloridano

Ha correspondido a una figura legítimamente interesada en el teatro cubano la tarea de llevar a escena esta pieza dramática de **Santiago de Pita**, la primera de nuestro pasado teatral. **Natividad González Freire** ha presentado en el *Teatro Universitario* esta obra, que si bien no resulta fundamental por su estructura dramática, lo es por razones históricas. Anotemos también la transformación de la ampulosa Aula Magna de la Universidad de La Habana en un recinto vivo y funcional. En cuanto a *El príncipe jardinero*, como señala **Juan José Arrom** en el prólogo a su edición más reciente, está estructurada bajo principios calderonianos y no constituye otra cosa que una eficaz y agradable aplicación de moldes extranjeros en la escena cubana, aunque no faltos de cierto carácter nacional. Salvo esta modesta eficacia, no presenta mayores valores para nosotros, y en cuanto a una relación más sólida con nuestra formación dramática, sería injusto pedirle demasiado. Pero es evidente que se puede ver hoy con agrado y encanto, y resiste un ligero análisis. Está realizada con habilidad y hay un interesante juego en las situaciones y los personajes, como al inicio de la segunda jornada, con las tres bellas doncellas enamoradas de un mismo galán. Hay eficacia en la intriga. Claro está que todo marcha por la superficie y al final se reparten doncellas y galanes a la usanza de sus antepasados dramáticos; pero en este caso tampoco vamos a pedirle a **Pita** lo que otros más notorios no hicieron, ya que **Lope** y **Calderón** también los repartían con liberalidad semejante.

Punto y contrapunto.- Desde hace tiempo, mis puntos de vista sobre la obra de **Santiago de Pita** han tenido un cambio radical y discrepan por completo de los que en aquel momento compartía con **Arrom**. Ver mi ensayo "Prehistoria del erotismo" que publiqué en *Cubanacán*, Revista del Centro Cultural Cubano de Nueva York, Verano 1974, 20-31.

José Agustín Millán

Un californiano

Corresponde a otra institución académica, la Academia de Bellas Artes del Municipio, otra restauración necesaria; aún más necesaria: *Un californiano* de **José Agustín Millán**. De este modo, sin alardes, se hace una legítima tarea en bien de nuestro teatro y se nos demuestra que, bien o mal, el teatro cubano tiene un pasado que debe considerarse seriamente. La pieza de **Millán** tiene mayor trascendencia –pese a su inferioridad técnica– porque en ella reconocemos un pasado nacional. Aunque es hábil y movida, deja de ser perfecta y se prolonga demasiado antes de entrar en el tema central de la misma. Eso no implica que una dirección eficaz hubiera podido realizar algo mejor con ella, para poner de manifiesto la agradable impresión que obtenemos con su lectura, ya que tiene gracia evidente.

Millán expone con irregularidad varios asuntos que complican la situación, pero que descubren la presencia de un autor cubano con gracia criolla. Según **Arrom**, las obras de **Millán**, aplaudidas en los escenarios de La Habana y del interior, tuvieron bastante mercado al imprimirse sueltas primero y reunidas después. En ellas abundan acertadas y agradables sátiras contra ciertas costumbres, adecuadas pinturas de personajes y felices ocurrencias en animado diálogo. "Presenta a estudiantes, guajiros, caballeros de industria, galanes decrépitos, catalanes, andaluces y criollos; en fin, toda la gama de tipos y ocupaciones que formaban el ambiente cubano." **Millán** es un autor hábil y con gracia. En *Un californiano*, pieza de ambiente cubano sobre "la fiebre del oro", maneja con eficacia dos situaciones y entrelaza con destreza una con la otra, aunque al final precipita la acción. Un mínimo de eficacia técnica y un máximo de gracia y colorido permiten el retorno de **Un californiano**, y nos hace esperar otras piezas que nos lleven a otros ámbitos de nuestro pasado escénico.

Felipe Pichardo Moya

La oración

Presentada también en El Corral por la Academia de Artes Dramáticas del Municipio, *La oración* de **Pichardo Moya**, de un pasado más reciente, "utiliza el costumbrismo para fijarlo en los tonos opacos de la estampa y se vuelve contra nuestra sociedad provinciana que arruina la vida de sus mujeres, ahogándolas en tradiciones y conceptos falsos sobre la religión y el amor" (**Arrom**). En *La oración*, por consiguiente, lo que permanece en nosotros es un ambiente, una atmósfera opresiva que se extiende sobre el espectador y lo abruma. Pero nada más. Eso es todo. Cuando más, algunos contrastes en los caracteres. A la atmósfera opresiva, opone **Pichardo Moya** el espíritu libre de la hermana menor y el simbolismo de la ventana abierta. *La oración* es, en síntesis, una pequeña obra cubana que esboza una atmósfera y unos personajes nuestros con irritante lirismo, y que, algo pretenciosa, no culmina sin embargo en nada.

Rolando Ferrer

La taza de café: café amargo

El rencor expresado

El amargo gusto del café queda en la boca. Creo que ese es el acierto de **Rolando Ferrer**, aunque uno pueda estar inconforme con otras cosas. En definitiva, eso es lo que importa. Sentimos nuestro paladar tenso y amargo, sin azúcar. **Rolando Ferrer**, de una forma teatral sin artificio, ha logrado dejar en nuestra boca el sabor de este café que mancha.

Un simple detalle, la taza de café, hace girar la pieza y expresa, mediante él, un rencor, un odio prolongado de clases que se oculta y descubre, controla y desborda. Demuestra que un detalle cualquiera puede servir de eje a una idea, correspondiendo a la habilidad del autor un desarrollo más amplio de la situación. La centralización que hace **Ferrer** en la taza de café es concreta y expresiva.

Ciertas deficiencias no anulan el efecto general, que es en definitiva lo que ha de quedar dentro de nosotros. El resto es análisis. *La taza de café* es amarga. Sus personajes se odian y lo expresan con violencia. Contenido social. Lucha de clases. Pero lo que salva a la pieza de lo transitorio es la fuerza que lleva en la expresión del rencor. Su énfasis en el rencor la liberan de la estampa, lo pintoresco, lo anecdótico, lo didáctico y la mera crítica social, para darle valor de permanencia, al menos por su contenido. Se trata del rencor del hombre por el hombre dentro de un círculo humano que funciona como callejón sin salida.

El defecto de *La taza de café* radica en una dispersión innecesaria en el tratamiento de sus personajes, que perjudica la unidad temática. Creo que una obra en un acto exige una mayor síntesis en tal sentido y que todo personaje debe sugerir algo profundo para así dejar de ser una mera estampa. De ahí que Quindelán, Anuncia y Yiyi, claman por su eliminación o un mayor desarrollo. Además, no son funcionales dentro de la acción o el tema. Han sido limitados a una existencia demasiado estrecha. A veces, en alguna expresión coloquial encontramos un mundo íntimo lleno de sugerencias, como cuando Perucho dice: "Hay que aprovechar. El que no tiene educación tiene su cuerpo". Sin embargo, el desarrollo ulterior nos deja insatisfechos. No basta, ni aún en el teatro en un acto, la simple "chispa" de un mundo interior que se nos escatima.

Dumé mueve la pieza adecuadamente y logra en conjunto una decorosa unidad interpretativa. En especial al final, el momento culminante y difícil de *La taza de café*, la acción contenida, expresiva, trascendente, plena de significado, que realiza Irma, cae sobre nosotros con una tensión francamente difícil de lograr y peligrosa. Gracias al ritmo marcado por **Dumé**, a la colaboración eficaz y armónica –tarea de una actriz– realizada por **Ingrid González**, el final de *La taza de café* desborda concentrada amargura y desprecio. Los tres, el autor, el director y la actriz, mantienen con lentitud, ritmo y armonía, la tensión que trasciende al público.

Por el contrario, **Rebeca Morales** busca el camino fácil de la exageración como recurso desleal para ganar al público. Pero la exageración sólo es permisible cuando sobre ella trasciende –**Antonia Rey** en *La oscuridad al final de la escalera*– la fibra humana. Porque sería ridículo y absurdo pensar que la Marquesa, por falsa e hipócrita, carece de elementos que la hagan humana. En especial, cuando la Marquesa descubre la acción de Zoila, hay detrás de ello una tragedia que la actriz prefiere ocultar mediante la exageración barata. Y es lamentable, por ser el mejor personaje de **Ferrer** y porque el conjunto, salvo este caso y la descuidada labor de **Leonor Borrero**, se dirige hacia un concepto de la actuación como algo natural, modesto, sincero. Parte de la acertada postura de **Eric Romay**, las formas escandalosas pero contenidas de **Zoe Fernández**, el descaro bien logrado de **Cecilio Noble**, el esfuerzo de **René Ariza** por sacarle partido a un personaje pobre, y culmina en **Ingrid González**, que se acerca con decoro y respeto a su Irma. **Ingrid González** ha sabido unir un tipo de actuación sencilla y natural al hecho cierto, evidente, de estar en un escenario.

La taza de café *

Por medio de *La taza de café* realiza **Rolando Ferrer** un aporte muy eficaz en el camino de la integración de nuestro teatro. Lleva a escena elementos populares y nos presenta un sainete criollo con planteamientos que van más allá de lo meramente circunstancial. No se trata de una simple estampa. Tiene todo el colorido de la estampa cubana, pero penetra profundamente en el conflicto, en la raíz. Si no fuera así, no podríamos tomar en serio esta criolla taza de café y no resultaría amarga y dolorosa, como es.

Por consiguiente, la puesta en escena de una obra de esta índole trae ciertos peligros. Si nos quedamos en la estampa, no hacemos nada. Ocurre algo así como con el teatro de **Chéjov** y las equívocas y caricaturescas representaciones de su obra que nos hace pensar, a menos que leamos a **Chéjov**, en la absurda perdurabilidad del autor ruso. Porque a veces nos parece que el autor está interpretado por sus enemigos.

Consideramos pues que la obra, con su forma estridente de escandaloso sainete entre gallegas y mulatas, marquesas y vividores, es mucho más de lo que aparenta ser en su aspecto más externo y que aún las más leves líneas, como las dichas por Pedro y Zoila, esconden un mundo. No es justo desvirtuar el sentido de todo esto, porque haríamos sucumbir en la nada el esfuerzo de **Rolando Ferrer**.

Su planteamiento tiene sus raíces en un conflicto socio-económico. No es fundamentalmente de raíces raciales. El final anula lo racial. Pero lo racial, precisamente a consecuencia de lo económico, queda entretejido en una lucha que fomenta el rencor. **Ferrer** nos transporta a un clima de violenta lucha, de oscuros intereses que hacen germinar la semilla del rencor entre los hombres. No es posible otra cosa cuando existe una funesta relación de esclavo y verdugo.

Existe algo más que desprecio. El gesto final de Irma que escupe en la taza de café, es ciertamente una profunda manifestación de desprecio. Pero la existencia futura de Irma, si no se libera de la cadena en que pretende encerrarla la Marquesa, tendrá que trastocar, forzosamente, el desprecio en rencor. Desprecio y rencor sólo alcanzan su libración cuando esta llega al esclavo sometido al verdugo. Ese mundo es el único en que la vida se hace posible y la tierra habitable. Mientras tanto, la pugna tenaz en torno a la taza de café sigue y la vida se hace insostenible.

Ferrer nos hace conscientes de esa lucha que esconde un afán de liberación. No es una pura caricatura para hacernos reír o para escandalizarnos. Si nos limitamos a ello, si el actor logra evadir el enfrentamiento con la verdad, se nos ha escatimado el significado de este café amargo.

Técnicamente, la obra no es perfecta. El dramaturgo nos abruma con personajes secundarios que no llegan a adquirir forma. En tal sentido, *La taza de café* carece de economía, aunque su autor muestra en muchos otros momentos gran poder de síntesis –el final, concentración y resumen de una idea, plasmación definitiva y clara, es fundamentalmente económico.

Ferrer desarrolla un personaje externo, la Marquesa, y uno interno, Irma. El segundo se manifiesta fundamentalmente a través de lo que no dice y concentra todo su estado anímico hacia el final, cuando escupe en la taza de café. El personaje se expresa con absoluta claridad y ha dicho con esta acción, dentro del espacio asignado, todo lo que tenía que decir. La Marquesa, por el contrario, es un personaje básicamente externo. Pero **Ferrer** tampoco lo descuida y lo contrapone con habilidad a Irma. Un trabajo técnico eficaz que responde a los fines temáticos que el autor se ha trazado. La verbosidad de la Marquesa, al jugar dramáticamente con el desarrollo interno, emotivo, de Irma, acaba por resultar plenamente justificada. Al decir externo, sin embargo, no debemos entender por ello que carece de conflictos interiores. Quiero decir que se manifiesta fundamentalmente por medio de la palabra, mientras que Irma se expresa por medio del silencio y el gesto. Lo esencial de la Marquesa, que no es el ridículo, radica en su lucha por la subsistencia, en la defensa de su mundo y de sus intereses. La Marquesa no es otra cosa que una fiera que agoniza.

* Artículo publicado en la *Nueva Revista Cubana*

Función homenaje

Lunes de Teatro Cubano completa su programa con otra pieza de un autor joven: *Función homenaje* de **Rolando Ferrer.** Desde que la leí en *Lunes de Revolución*, me sentí muy atraído por esta pieza, que tiene un evidente encanto y un indiscutible interés.

Rolando Ferrer utiliza en esta farsa breve una técnica cortada. Todo parece desajustado a propósito, respondiendo a la concepción profundamente humana del personaje protagónico –en tal sentido hay un absoluto ajuste dramático. La acción progresa por medio de inexplicables cortes aquí y allá, un poco a golpes inciertos, a ciegas, de acuerdo con el estado mental de la protagonista. De ese modo, al parecer incomprensible, va construyendo la pieza y haciendo la irregular caracterización del personaje. Surge así una vida en ruinas sometida a un proceso de destrucción. Mediante acciones truncas y diálogos inconexos, el espectador va formando la imagen de Estelvina y el autor va lentamente bordeando su desgracia con ritmo acorde con su estado metal.

Sin embargo, *Función homenaje* produce en el espectador la sensación insatisfactoria de un experimento inconcluso. La farsa breve es un esbozo de algo que ha quedado a medias: a medias por la técnica empleada y a medias por el personaje creado. El problema es el siguiente: ¿cómo utilizando esa misma técnica de cortes podría dejar el autor una impresión más profunda, plena, íntegra, completa, en el ánimo del espectador? El principio creador del cual ha partido **Ferrer** para construir su *Función homenaje* me parece de mucho interés, pero el autor no ha llegado a decir la última palabra. De ahí nacen estos momentos en que la obra parece caer en un abismo.

Además de los inconveniente que de por sí presentan los monólogos de Estelvina, **David Camps** no logró con ellos la suficiente intensidad dramática, ni creo que los desarrollara hasta sus últimas posibilidades. El procedimiento de frases inconexas, apenas oraciones, tiene sus desventajas y la comunicación entre el público y el personaje se vuelve difícil. El esforzado trabajo de **Zoe Fernández** no estuvo plenamente conseguido tampoco. El ritmo resultó demasiado moroso y pedía, tal vez, el uso de efectos externos que llenara la acción. **Gerardo Montesinos** tuvo una oportunidad mínima de lucimiento, aunque su trabajo fue muy breve. Resultó acertadamente enfático en ciertos momentos, como cuando su grito de "Orbe", trabajo coordinado del director y el actor. **Rubén Vigón** creó una escueta pero expresiva escenografía que sirvió de marco a esta farsa.

Función homenaje es un interesantísimo experimento teatral en todos sentidos, que aunque no estuvo plenamente logrado, deja las puertas abiertas a una mayor experimentación.

Punto y contrapunto.- A pesar del papel tan importante que juega **Ferrer** en este momento, que compite con los éxitos que obtienen en el

1959 **Ferreira** con *El hombre inmaculado* y **Reguera Saumell** con *Sara en el traspatio*, lo cierto es que ha llegado al punto más alto de su carrera (que a la larga ha sido *Lila la Mariposa*, de la década anterior). En el 61 estrenará *El corte*, obra de compromiso, como hacía yo con *La botija* y **Piñera** con *La sorpresa*. No llegó a recorrer el camino que parecía tener por delante.

Virgilio Piñera

Electra Garrigó

Virgilio Piñera nos ofrece con *Electra Garrigó* un hermoso, fascinante y colorido espectáculo. (El autor ha dado los elementos para que **Morín** moviese este colorido con su vigor acostumbrado y para que **Andrés** dibujara con sus trajes –Electra en negro, Electra sangrienta en rojo, Clitemnestra regia y vital en verde, guayaberas blancas y negras y drill tradicional– un auténtico paraje cubano de gallos emplumados). Pero *Electra Garrigó* esconde y descubre algo más que un corral lleno de gallinas y gallos, zapatos de dos tonos y senos. De lo contrario, nos quedaríamos a medias: el gusto tropical y sorpresivo en la boca, raíces ausentes. No es sólo el marco. Justamente nuestro marco. El cuadro respirado. Pero el cuadro reúne un conjunto de elementos que laten en nuestro paisaje vital. Muchas cosas. En especial al centro, en medio de la vorágine, la raíz y razón de ser de toda nuestra tragedia: el matriarcado de nuestras mujeres y el machismo de nuestros hombres. Alrededor de estas palabras claves gira el conjunto dramático que inevitablemente desencadena la tragedia. En eso se esconde, simplemente, todo. Porque Clitemnestra encierra en sí misma, como expresión viva en escena, todo ese mundo. Clitemnestra Pla no es, por fortuna, un tratado sociológico de la cubanidad ni una excusa poética –Electra es esa excusa a veces–, ni mucho menos un elemento filosófico: Clitemnestra Pla es un genuino personaje dramático. No hay que olvidar que es el personaje fundamental de Piñera, el juguete humano de Electra, la gran agonista de la obra. Tiene toda la furia de la maternidad absorbente, de los senos ardientes que buscan al macho con furia semejante, la vida que quiere gozar y quiere librarse de esa Electra que a veces nos resulta pegajosa y mortificante. Clitemnestra es esencia de matriarcado y razón de machismo a consecuencia de su sexualidad. Básicamente: teatro. (De ahí la brillante oportunidad que tiene **Elena Huerta**, que nos ofrece una actuación rica y variada. Hay escenas, como aquella en que come la frutabomba envenenada, en que **Elena Huerta** puede trasmitirnos su delicia –ella que quiere gozar– y su agonía– Electra que no la deja y la persigue). Elabora así **Piñera**, sin que nos demos cuenta, porque somos juguetes de su propio espectáculo, un mundo con elementos de nuestra nacionalidad encabezado por el matriarcado y el machismo: la ciudad que quiere ser engañada, el anhelo de goce, la alegría de vivir, la lujuria de los pezones hambrientos, los gallos viejos, el incesto paterno y materno de nuestras familias, el adulterio, y, por consiguiente, la angustia evasiva: el querer partir de Orestes. (Esto nos lleva a **Eduardo Moure**: la peor actuación de la noche, realizada con tal desgano que nos hace imposible entrever las ganas de partir de Orestes. Arruina espantosamente su monólogo, que es fundamental para la interpretación total del texto). Todo el mundo cubano que nos da **Piñera** se acerca a nosotros sin que nos demos cuenta. No quiere esto decir que el contenido de *Electra Garrigó* sea exhaustivo, pero **Piñera** nos sumerge lo suficiente en una medular cubanía, que por no ser sociología teatralizada coloca su obra por encima de otras piezas de nuestro repertorio. El pecado de **Piñera** está en cierta densidad poética de ciertos momentos, pero la atmósfera dramática es tal que se vuelve un componente marginal. Es justamente un lujo que el autor puede tomarse. Tomemos, por ejemplo, el caso del monólogo. El monólogo es el procedimiento utilizado por el autor para decirnos que Electra ha tomado posesión de sí misma. Pero dicho monólogo, largo, que conduce al espectador medio a ponerse a pensar que las cosas son más complicadas de lo que parecen, cuando en realidad son más simples –*Electra Garrigó* contiene, en definitiva, una variedad de temas que se dirigen con firmeza a aspectos comunes y vitales que nos atañen–, constituye el momento más débil de la obra, el instante en que ocurre una ligera caída, el pie forzado. Se puede alegar que se trata de Electra y que como Electra es un fluido –Clitemnestra tiene un monólogo muy bueno, pero afortunadamente no es un fluido– usa el lenguaje propio de un fluido. Razón que no convence del todo. Claro está que no debemos rebuscar en el monólogo más de la cuenta. El monólogo tal vez no es otra cosa que parte del espectáculo, ahora de palabras. Es más, si estuviese escrito con palabras sin relación o en chino, el monólogo de Electra, aunque en menor grado que otras fantasías, ejercería igualmente sobre nosotros su absurda fascinación. (No hay que desconocer, sin embargo, la evidente intervención de **Morín**, y su eficaz aprovechamiento de cada palabra, y el talento interpretativo de **Liliam Llerena**. La actriz nos ofrece en todo momento la personalidad cortante, afilada como un puñal, de Electra –tiene una transparencia absoluta que es un verdadero milagro en un teatro donde los actores mastican sus propias palabras). El conjunto es tan fascinante que ni el diálogo más rebuscadamente poético puede conducir al tedio. **Virgilio Piñera** se encarga de ofrecernos durante cada acto sorpresas que nos mantienen despiertos y alertas: el juego de máscaras, el "desfile" de la frutabomba, la pelea de gallos, el juego escénico de los dobles. (Todas estas cosas resultan una invitación al talento creador de **Morín**. Porque **Morín** es sencillamente un creador escénico que no se conforma con el texto y pone de su cosecha. *Electra Garrigó* le ofrece a **Morín**, como a sus actores –en tal sentido es una obra codiciable– oportunidad para expresar en escena su exhaustiva tensión creadora, como en el estupendo final del primer acto). De este modo **Piñera** crea una pieza viva y sorprendente, única en el teatro cubano, cuajada a su vez de interrogantes.

Punto y contrapunto.- En este período se llevaron a la televisión en "Lunes en Televisión", dos obras de Piñera, una de ellas fue *Electra Garrigó*, reubicada en La Habana en 1923, dirección de **Julio Matas**, con **Miriam Gómez, Miriam Acevedo, René Sánchez, Alejandro Lugo** y **Miguel Navarro,** bajo la dirección técnica de **Rogelio Paris,** que fue excelente. Hay que tener en cuenta que en aquella época se hacía "en vivo", y que el guión, que yo escribí, exigía cortes a primeros planos muy difíciles. **Luis Orticón** (es decir, **Luis Agüero**) dijo de mi trabajo que aproveché "cada uno de los recursos que ofrece la televisión y consiguió convertir en televisión (si esto fuera posible) un texto teatral".

Jesús se llevó a la televisión en el mismo programa, en dos ocasiones. Yo también me encargué de hacer el guión, afirmando **Orticón** que "debe decirse, también, que muchos de sus aciertos se debieron a la excelente adaptación de **Matías Montes Huidobro. Montes Huidobro** fraccionó cada una de las escenas en pequeñas viñetas (no sé si será este el término exacto) que le dieron un ritmo muy agradable a la representación".

Estas adaptaciones formaban parte esencial del trabajo que estuve haciendo durante estos tres años, interesado en darle un corte visual al texto dramático, que nunca vi como representación escénica filmada. Lo mismo hice con *Gas en los poros*, que también recibió favorables comentarios de **Orticón**. Mi versión para la TV de *El tiro por la culata* se televisó la noche que se puso *P.M.*

José Triana

El chisme: mito trágico

Prometeo está presentando *Medea en el espejo* de **José Triana**. **Triana** ha tomado los elementos anecdóticos de la tragedia griega y se ha movido libremente dentro de ella para captar las raíces de lo trágico dentro de matices puramente nacionales. La obra tiene un primer acto que nos entusiasma, y aunque los dos actos posteriores están muy logrados, la impresión positiva que produce el primero nunca es superada por los siguientes. El primer acto constituye la génesis trágica de nuestra Medea de solar. El segundo, el desarrollo de un carácter: Perico Piedra Fina. Este segundo acto es breve, pero está bien anudado, salvo en el aniquilamiento final de Perico Piedra Fina, que bordea casi el melodrama. Además, el estilo, tal vez propuestamente diferente, cambia demasiado y rompe un tanto la coherencia estilística de la obra. Pero de todas formas el carácter del personaje aparece bien desarrollado y constituye un acierto del autor. Durante el tercer acto, el gran espectáculo dramático que es *Medea en el espejo* recobra su magnitud, aunque nunca llega a superar el impacto del primer acto.

En conjunto, y pasando por alto estas consideraciones, *Medea en el espejo* constituye una de las más afortunadas realizaciones del teatro cubano que compensan las penitencias a que se ve sometido el crítico y que unida a *Electra Garrigó –Medea en el espejo* tiene afortunadas relaciones de estilo con *Electra Garrigó*, aunque en *Medea en el espejo* el absurdo se simplifica, lo que demuestra sencillamente que **Piñera** creó una de las pocas obras dramáticas fundamentales del teatro cubano contemporáneo, y que todo el teatro cubano que se busque a sí mismo por caminos legítimos que bordeen formas más o menos alejadas del realismo, o específicamente con elementos del absurdo, tendrá que contar con la búsqueda que realizó **Piñera** en *Electra Garrigó–* y *Sara en el traspatio*, de **Reguera Saumell**, de realismo legítimo, constituye uno de los tres acontecimientos más afortunados del panorama teatral durante el presente año.

Concretando el caso de esta obra, **José Triana** nos lleva directamente a una comunión entre las fuerzas cósmicas que conducen a Medea al cumplimiento de su destino, y la corriente humana, de esta tierra, que la impulsan de modo ineludible también, al cumplimiento del mismo. Ambos elementos son los factores que juegan de modo esencial en la obra y conducen a nuestra Medea de solar hacia su fin. Sin embargo, las voces determinantes y fatales no son griegas, sino nuestras. Erundina grita: "A María le han echado un bilongo". Y María se pregunta: "¿O será cierto que verdaderamente tengo un chino encima? Oh, no me persigas, chino de Cantón..." No obstante eso, de las fuerzas que giran en torno a la tragedia de Medea, son las terrenales las determinantes más fuertes del fatalismo y las que constituyen el mayor acierto dramático de **Triana**, al propio tiempo que temático. Entramos así en un universo criollo típico, negro y blanco, que va más allá del mundo griego y que constituye no sólo un acierto de contenido sino también formal. Un aporte muy legítimo de **Triana** porque alcanza una especial dimensión: el "chisme" como elemento dramático en función escénica. A **Triana** no le basta con llevarlo a escena, sino que lo utiliza con plena eficacia técnica. Desde su primera aparición, María nos dice: "Los demás intentan hacerme saltar. Lo leo en sus rostros". Y toda la obra avanza gracias al chisme, que adquiere toda la trascendencia de un elemento nacional con categoría universal. El chisme se enrosca por todas partes y envuelve a María hasta hacerla saltar, acompañada por leves toques de lo imponderable. El chisme funciona como agente conductor de la tragedia, es su precursor, hasta finalizar el primer acto con un clímax escénico que constituye la tragedia misma en su plenitud, abiertamente planteada. María se siente arrastrada por el delirio del chisme: "La madre, la hija, la madre de su hija; la hija, la madre, la hija de su madre. ¡Qué cachumbambé! Ni el médico chino le pone fin a esto." La construcción de los diálogos de **Triana,** con el propósito evidente de hacer de la intriga un clímax agónico, obligaría a un análisis incisivo de algunas escenas del primer acto, posiblemente de las mejores que tiene el teatro cubano por su construcción y su funcionalidad. El uso del coro tiene idéntica eficacia y **Triana** lo maneja con extraordinaria habilidad verbal hasta transformarlo en un juego rítmico cargado de sonoridades musicales cubanas, lo cual le da características propias. No, precisamente, porque la masa coral esté formada por un bongosero, un vendedor y la mujer de Antonio. La máxima cubanía del coro no está en la cubanía externa, sino en el sentido rítmico de los diálogos, en la agudeza con la que el final de una palabra se conecta con el inicio de la oración siguiente, hasta hacer del coro una especie de chismografía colectiva que se prolonga y hace avanzar la tragedia nacional. Estos elementos, la especial ubicación de la trama en el mundo negro –históricamente sometido a fuerzas adversas que han agudizado su mundo interior y lo ha llevado a la concepción de fuerzas imponderables más cercanas a lo trágico que las del mundo blanco–, la trasmutación final de la tragedia, que se convierte en canto, y en especial la conversión del chisme en una especie de mito trágico con características propias y universales, hacen de *Medea en el espejo*, por encima de cualquier objeción parcial que se le pueda hacer, una legítima fortuna para nuestro teatro.

Medea en el espejo tuvo uno de los pocos beneficios que se le otorgan a un autor cubano: el decoro y en muchos momentos la brillantez de la puesta en escena. Respaldada por una certera escenografía de **Andrés**, la dirección estuvo a cargo de **Francisco Morín**. Si siempre acierta **Morín** en el movimiento que le da a sus obras, aquí no se conforma tan solo con ello y se compromete con la concepción clara y penetrante, directa, de cada uno de los personajes. Para decirlo en pocas palabras, **Morín** demuestra que él no es un mito en la escena cubana, sino un hecho. Resultó particularmente brillante el montaje de la señorita Amparo. **Clara Luz Noriega**, aunque levemente insegura a veces, mostró docilidad en su trabajo y logró mantenerlo a buen nivel. De **Isaura Mendoza** en Erundina, sólo nos resta agregar que reafirmó el talento dramático que el cronista admiró en *La hora de estar ciegos*. Una completa formación teatral hará posible que se convierta en un valor definitivo del teatro cubano. La tercera muestra de gran talento dramático la encontramos en **Asenneh Rodríguez**, que interpreta con pasión, casi con violencia, su Medea criolla. **Asenneh** es una actriz muy directa y un gran temperamento, que tal vez necesite un poco de sutileza para limar sus propias condiciones. **René Sánchez** se enfrenta valientemente a un personaje que lo aleja de sus anteriores moldes creadores. **Arturo Robles**, bien caracterizado como Perico Piedra Fina y que da tipológicamente al personaje, fue el más flojo del conjunto. El coro se mantuvo siempre a un nivel correcto, resultando particularmente brillante **Cristina Gay**.

Punto y contrapunto.- Por oposición, la reacción crítica de **Rine Leal** no le fue nada favorable, en un comentario que publica en el N. 95 de *Lunes*: "El diálogo salta de pronto del solar a los monólogos de Medea y es como brincar de la chancleta al coturno, una contradicción interna de la pieza que nace desde su misma concepción teatral... No me han interesado tanto los logros a medias de esta pieza, como todo lo que el autor apunta y señala, todo lo que él pueda hacer en un futuro cercano, porque ha demostrado un excelente conocimiento de nuestras costumbres, de nuestro diálogo y nuestra sicología. Si su creador logra congeniar más abiertamente realidades apuntadas en esta crónica, *Medea* quedará como un punto inicial al que no tiene necesariamente que volver la cabeza".

El mayor general hablará de Teogonía

El espectador que se sitúe frente a *El mayor general hablará de Teogonía* debe dejarse llevar por las palabras hasta el punto final en que descubra, diáfanamente, la intimidad. Si sigue al "pie de la letra" el lenguaje y nos aferramos a él, esperando que los personajes hablen exteriormente como hablaríamos nosotros, estamos perdidos, porque su lenguaje sólo tiene conexiones fluctuantes con el nuestro. Cuestión de palabras. Estas vidas que se van desglosando incongruentemente en diálogos incomprensibles, casi gratuitos, van comunicando, sin embargo, una existencia tan cierta como las de otras vidas más congruentes en su lenguaje exterior.

Esto no quiere decir que los personajes de la obra de **Triana** no hablen claro. Hablan bien claro, al menos en lo que a su drama íntimo respecta. Petronila, Higinio y Elisiria forman una familia –podríamos decir, cubana– consumida por esa tradicional, universal, variada herida, eterna, de la roturante y torcedora frustración individual.

El lenguaje adquiere en la pieza una sonoridad que por momentos se hace válida en sí misma, aunque aparece respaldada en general por lo que hemos dicho en el párrafo anterior. Esta importancia verbal nos conecta con uno de los aspectos fundamentales de la obra: la interpretación. Precisamente, la pieza necesita de un buen equipo de actores, porque es eminentemente plástica. Mientras el trabajo interpretativo estuvo a cargo de **Asenneh Rodríguez,** todo marchó sobre ruedas, porque se trata de una joven actriz con una buena voz y un buen dominio escénico. Llenó las palabras y animó el espíritu brillante de Petronila por el indefinido encanto de su personaje.

Pero la obra presenta una interesante curva, acierto del autor, en que el énfasis dramático pasa de Petronila a Elisiria. El traspaso dramático que apuntó el autor no tuvo lugar en escena, aniquilando la máxima eficacia de la obra (por la inexperiencia de sus intérpretes).

Nos queda pues la "teogonía", pero yo prefiero el drama íntimo. Las proyecciones metafísicas de la obra resultan algo confusas. Queda, esencialmente, al margen de las experiencias reales del espectador, el cual acabará dándole su significado. El significado del Mayor General queda pues a elección, pero más vale no recargarlo de intención. Dramáticamente no está conseguido. Además, toda concreción de un personaje que ha servido de eje a una pieza dramática resulta a la larga una desilusión. El personaje del Mayor General nos decepcionó un poco en la versión del autor y no hay que esperar gran fortuna en la versión escénica. Creo que la corporeización a la que lo sometió

Triana fue un error. **David Camps** vio un Mayor General grotesco, lo movió pobremente, y **José Herrera** lo expresó con ese concepto del grotesco. La impresión general es que ninguno consiguió, en definitiva, la adecuada expresión dramática de este Mayor General ducho en teogonía. En el resto de la pieza **David Camps** realizó un trabajo interesante, respaldado por una escenografía cuidadosa de **Rubén Vigón** y unos buenos efectos de luces.

Punto y contrapunto.- Quizás sea pertinente dejar constancia en este momento que yo fui uno de los primeros críticos cubanos en reconocer los valores del teatro de **Triana**. Valga esto de referencia para algunas críticas faranduleras que no saben donde tienen la mano derecha (en Miami, naturalmente) que han utilizado el teatro de **Triana** para descaracterizar el mío.

Raúl Eguren

Despertar

I. El nuevo público del teatro cubano

La reacción extraordinaria del público cubano ante este programa de ardor revolucionario –se presentó junto a *Despertar* de Eguren *El drama de la tierra* de **Naborí**, pieza extremadamente deficiente en sentido dramático, aunque de vibrante sabor patriótico,– sobrepasó los límites de los cálculos posibles, y el teatro, de pasatiempo reducido, pasó a ser, gracias a la estructura fundamental sobre la que descansa, un espectáculo masivo en el que se realiza una comunión entre el espectáculo y el pueblo. El teatro se transforma en un hecho vivo y popular, una base fundamental sobre la que se afianzará nuestra dramática, aún indecisa, que va encontrando un público verdadero. La obra no ha llegado aún. Muchas son una masa anónima fomentando un clima teatral. Los autores adquieren conciencia y realizan sus esfuerzos, pero nuestra literatura dramática, que ha vegetado durante muchos años, espera al autor que de estado vegetativo transforme nuestro teatro y señale direcciones, como las señaló **Ibsen** al transformar el teatro de su tiempo.

2. Realismo directo y didáctico

Despertar de **Eguren** es un acertado ejercicio dramático del autor porque ha sabido concretar con bastante eficacia los medios que le permiten alcanzar sus fines. **Eguren** nos presenta una pieza de realismo directo, sin sutilezas, que va justamente al asunto. La reacción del público ha sido francamente positiva, pero queda por determinar, con una pieza de mayor dominio técnico, si esta es la verdad del teatro cubano. Cada autor debe ofrecer su aporte y cada interesado debe estudiar la situación.

La pieza es pequeña y limitada, pero dentro de sus fines resulta bastante acertada. **Eguren** limita su radio de acción a un núcleo sencillo: la tosudez de un campesino en oposición a un mundo nuevo y una renovación social. De este simple contrapunto dramático surge *Despertar*. Su mensaje es claro. No divaga en asuntos que nos alejen de elementos concretos, directos y sociales. Logra, en su pugna de ideas, la aparición clara de un personaje: el campesino empecinado; pero fracasa al desarrollar su oponente dramático –que no es fundamentalmente dramático en su desarrollo–: el hijo que tiene ideas progresistas y que lucha contra las fuerzas del pasado en las raíces del guajiro cubano.

3. El verdadero realismo escénico

La falta es usual y destaca los peligros de este tipo de teatro que persigue ofrecer una tesis por medios que no son dramáticos, sino procedimientos literarios ajenos al drama. Por ese camino no se puede acertar. Si el autor cubano se decide por el realismo en estado de pureza, lo debe hacer mediante una acción dramática que trasmita la tesis, que convenza y realice la enseñanza por medios escénicos legítimos: el escenario, la acción, los personajes. El realismo y la función didáctica triunfarán cuando el dramaturgo utilice recursos teatrales, que para eso es dramaturgo.

No basta pues un pensamiento de sociólogo perfectamente organizado. La acción dramática imaginativa y el trazado de personajes que expresen esos conflictos desde móviles internos bien desarrollados, constituyen el único camino que puede conducir a un planteamiento definitivo. Por eso el acierto de **Eguren** es relativo. Llega un momento en que él mismo se da cuenta que las palabras sin función dramática son de pobres resultados. El hijo no convence al campesino con sus argumentos. Sus personajes en acción –el latifundista y sus acompañantes, con sus actos– son los que determinan el cambio mental del guajiro. Es decir, procedimientos escénicos. Cuando el autor cubano lo haga siempre así, surgirá una obra más convincente y legítima. Mientras tanto, las piezas perdurarán como integrantes del espíritu vital que anima una época, los pasos hacia un objetivo, pero no subsistirán de modo individual. Ocurrirá así una curiosa paradoja: el público retornará a nosotros con su impresionante entusiasmo y clamor, mientras las obras pasarán al olvido.

4. La puesta en escena

Finalmente, una interpretación sencilla y directa –**Fausto Montero, Regina Almanza, Luis Brunet, David Camps, Ricardo Lima, Flora Lauten, Henry Santana**– y una dirección –**Natividad González Freire**– que procuró naturalidad, constituyeron los elementos que hicieron de *Despertar* una representación decorosa.

Punto y contrapunto.- El primer párrafo va algo cargadito de retórica comprometida. Sirva de ejemplo del error. Afortunadamente mi miopía duró menos de tres años y no era muy fuerte. En algunos casos duró varias décadas. Muchos se quedaron ciegos y otros, que son los peores, se compraron gafas oscuras para hacer como que no veían.

Raúl González de Cascorro

Árboles sin raíces

LA OBRA.- **Raúl Gónzalez de Cascorro** nos ofrece con *Árboles sin raíces* una tragedia cubana guajira desarrollada en un marco realista y con implicaciones sociales y sicológicas. Constituye esto último el acierto de **Cascorro** y lo consigue mediante el tratamiento eficaz de la generalidad de sus personajes. Lucrecia, la guajira adherida a la tierra, manifiesta un trazado firme, coherente y trágico. **Cascorro** se adhiere a ella durante toda la acción y la mantiene en alto y sin contradicciones. No ocurre lo mismo con Gustavo, el hijo que está unido a ella, que apareciendo con mucha firmeza al principio, experimenta al final del segundo acto un cambio forzado y absurdo, contradictorio, realizado en parte para hacer más activa la acción. Es especialmente interesante el marido, aunque menos bien perfilado, de mediana edad, mujeriego y jugador. Casi todos sus personajes (menos el comprador, que es una caricatura) descubren la presencia de un autor capaz de crear caracteres vivos y convincentes. Donde fracasa **Cascorro** es en el desarrollo de la acción, que se le pierde, complicada por gusto. El primer acto es el más eficaz, contenido, acertado en su intimidad, en su dolor y contradicciones humanas. Pero ya a final del mismo, recurre a efectos forzados, a lo siniestro y la truculencia. De ahí en adelante no hay sutilezas. El retorno al pasado durante el segundo acto es prolongado y confuso. Nos perdemos en él. Constantemente salta de una cosa a la otra sin darnos tiempo para asimilar ninguna. Y termina nuevamente con un desgraciado golpe de efecto, forzado, elementalísimo, con el fin de complicar la acción y justificar el interés del acto siguiente. Este último, destinado a las soluciones, es el más coherente, pero el más falso de los tres, demostrando hasta qué punto el realismo puede llegar a ser una acumulación de falsedades; una construcción artificial que nos hace pensar: tanto realismo es un engaño, un truco, esto sólo pasa en el teatro. Lucrecia, tras un previo desgarramiento espiritual que anuncia la tormenta, se enfrenta por turno a sus tres hijos: al que iba a ser el abogado de los humildes, al que iba a ser el médico de los pobres, al que iba a ser el maestro rural. Sube la acción y confiesa dramáticamente su crimen. Sigue, como era de esperarse, una triple escena con sus benefactores frustrados: el abogado y el médico la abandonan, pero el maestro de los pobres –que por endebles razones le había dado la espalda y que ahora, arbitrariamente, se desmiente otra vez– retorna. Y termina la obra con un canto literario a la tierra. Todo esto resulta para mí demasiado falso y elaborado, la negación absoluta de la tan pregonada realidad del ladrido del perro y del canto del gallo. **Cascorro,** en resumen, demuestra grandes posibilidades para la estructuración de caracteres y ninguna eficacia para ubicarlos en la acción.

EL PÚBLICO.- El público que responde presente a tonterías tan notorias como *Sólo por amor,* hace ahora como el avestruz y esconde la cabeza, como si con su gesto el teatro cubano pudiera sustraerse al espíritu nacional en que se desenvuelve. Una actitud inútil y estrecha. Pero, en fin, allá ellos. Camino hacia ninguna parte de un público miope. No se trata de las cualidades de la obra presentada. Se trata de una consigna tácita, entre ese sector del público, contra el teatro cubano serio; mucho más contra una TRAGEDIA CUBANA GUAJIRA. En cuanto a la *Sala Talía,* hay que felicitarla por la presentación de una obra cubana seria. Tal vez la empresa ha sido demasiado riesgosa, el cambio demasiado violento. Tal vez sus usuales favorecedores no estén todavía preparados para tanto, pero sí podría seguir la marcha con un teatro cubano más ligero, ante el cual la reacción sería posiblemente favorable y facilitaría un vehículo de comunicación teatral a nuestros autores. Si de la nada, con "sexo" y "frivolidad", se abrieron paso las salas teatrales, estoy seguro que podrán lograr para el teatro cubano la transformación del mismo público que hoy repele *Árboles sin raíces*.

LA NOCHE.- *Árboles sin raíces* nos enfrenta a un joven actor de una fibra extraordinaria: **Felipe Santos**. Pocas veces tenemos la fortuna de encontrarnos con un actor tan legítimo, tan puro, tan sincero y con tanta profundidad emocional. **Santos** nos enfrenta a su notable capacidad interpretativa y opaca a los que tiene a su alrededor. Sin embargo, apenas hay en su rostro un juego mímico. Con una economía de medios extraordinaria, logra la más genuina expresión de sus sentimientos. Sus movimientos, las actitudes de su cuerpo, los giros de su cabeza, responden con absoluto ajuste al todo que interpreta. Traspasa los límites de la simple naturalidad, y sin perderla, nos ofrece simple y llanamente, una actuación. Nuestros actores jóvenes y también los más experimentados debían observar lo que hace y consigue. **Elodia Riovega** está dentro de su papel: sincera, ajustada, natural. Trasmite el calor humano y da la categoría dramática de Lucrecia. Es un personaje coherente y ella lo lleva a escena con toda la firmeza necesaria. **Miguel Ponce** y **Armando Martínez** consiguen naturalidad, lo que resulta un factor positivo entre las voces falsas y las muecas de nuestros actores, pero se limitan a ella y no traspasan los límites que conducen a un logro pleno. **Cristina Gay** es otra muestra de los valores negros que han permanecido ocultos en nuestra escena. Todos ellos bajo la dirección ponderada de **Cuqui Ponce de León** y dentro de la cuidada y eficaz escenografía de **Rubén Vigón**.

Ramón Ferreira

Un color para este miedo

Un color para este miedo es un desacierto dramático de **Ramón Ferreira**, una pieza forzada que ha vuelto a escena. **Ferreira** se ha esforzado inútilmente en una obra que no conduce a ninguna parte y que nos presenta situaciones que no tienen pies ni cabeza. No hay nada que convenza en ningún momento. Construye el conflicto de Marta, la protagonista, a base de una serie de escenas completamente desajustadas con la realidad. Es un largo monólogo en el que salvo el desquiciado personaje de Marta, todos los otros sobran penosamente. **Ferreira** pretendió hacer gala de su habilidad como dramaturgo forzando a su protagonista a permanecer en una cama y haciendo aparecer personajes secundarios con el fin de que nos cuenten una historia que no llega a ser patética. La obra marcha del lenguaje absurdamente poético a los gritos histéricos.

Durante el primer acto no hay una sola escena con contrastes dramáticos que salve la pieza. Termina con una prolongada carta que debió ser una pesadilla para **Elsa Nima González** y que es un pretencioso golpe de efecto. Cae el telón y el telón se abre y nos encontramos a la protagonista dispuesta a salir de la cama, pero en definitiva repitiendo los mismos trucos del acto anterior. El teléfono sigue sonando de vez en cuando para no perder su vigencia un poco barata. Completan la situación referencias innecesarias a oscuras relaciones sexuales que no vienen al caso. **Ferreira**, en general, no nos ofrece otra cosa que un disparatado personaje que guarda relaciones con las turbias mujeres de **Tennessee Williams** en sus más burdas facetas y con los peores personajes que ha interpretado **Bette Davis** en el cine. Se acerca el final y surge, al fin, el único acierto legítimo, utilizado con trascendencia y efectividad dramática. Suena nuevamente el timbre del teléfono y adquiere una categoría dramática inesperada, de legítimo alcance creador, que descubre las mejores cualidades del autor. Hay una incertidumbre creciente y, mientras el timbre suena, no sabemos cuál ha de ser la respuesta de la hija a la situación que ha sido planteada. Esperamos la respuesta. Pero antes que la hija se decida a actuar, el telón cae y nos deja en medio de la incertidumbre. **Ferreira** pone de relieve, en este momento, un absoluto respeto al juicio del público. Este final demuestra el alcance de un recurso mecánico cuando es empleado por razones medulares, y constituye un llamamiento a la dignidad humana en lucha contra su propia indignidad.

Elsa Nima González se esfuerza extraordinariamente interpretando a la desquiciada protagonista, pero no puede sustraerse al hecho de encontrarse interpretando un melodramático personaje de cine o televisión. Su situación es penosa, aunque hizo todo lo que pudo por salvar lo imposible. Por su parte, **Miriam Mier** es la víctima del abandono. Abandono del dramaturgo que la sitúa frente a nosotros con una terrible pobreza escénica, y abandono aún más terrible del director,

Daniel Jordán, que no supo marcarle un solo movimiento que contrastara con los de la protagonista.

Punto y contrapunto.- Realmente lo siento, porque admiro muchos aspectos de la obra de **Ferreira** y porque los dos vinimos a parar al exilio. Pero en realidad nunca pude resistir esta pieza y nunca me identifiqué con la huella de **Williams,** que tanto daño le hizo al teatro cubano y era uno de los favoritos de nuestras salas teatrales.

Emilio Taboada

Las auras huyen de la tormenta

Proyeciones de un teatro de violencia

Emilio Taboada da con *Las auras huyen de la tormenta* el primer paso hacia la existencia de un teatro violento que gire alrededor de la lucha revolucionaria. Entre las imperfecciones de esta obra sincera y legítima se destacan positivamente sus proyecciones hacia la formación de un teatro que exprese, con toda su violencia, la lucha subversiva. Los mejores momentos de *Las auras* están circunscriptos a la violencia, cuando **Taboada** abandona lo literario y lo anecdótico y nos mueve hacia esa porción intensa y concentrada de la lucha y muerte de estudiantes cubanos revolucionarios. Este es, a mi juicio, el aporte más interesante, lo que puede llevar a nuestro teatro, ansioso de captar el contenido de nuestra tragedia contemporánea, hacia enfoques y logros efectivos. Es una lástima que el autor no se concentre en tales elementos y que la acción se disperse, pero en tal sentido señala un camino posible con interés nacional y proyecciones universales. Por ese motivo, las mejores escenas se desarrollan en la habitación de Roberto Echezábal, el estudiante revolucionario.

La obra tiene errores graves. El primer acto es francamente innecesario y sin interés. Después, **Emilio Taboada** hace girar la pieza hacia dos clímax: el "chivatazo" de Julio y el ataque de los revolucionarios. Su fallo técnico radicó en no haber trabajado al unísono ambas situaciones, sino en separarlas. Un camino más fácil, sin duda, pero que arruina la obra. Si ambos hechos hubieran progresado paralelamente y se hubieran cruzado después, la unidad dramática se hubiera salvado. Es la confidencia de Julio la que nos mantiene interesados durante la primera mitad. Al desaparecer Julio hacia la mitad de la obra, y al no compensar su pérdida con intereses mayores, **Taboada** aniquila gran parte del interés que tanto trabajo le ha costado ganar.

Dentro de este desajuste general, **Emilio Taboada** acertó en el tratamiento de Ernesto, el joven abrumado por su propia cobardía. A veces este personaje se le iba de las manos, se perdía entre otros motivos, pero desde un primer momento fue el personaje que más cuidó. Hace un buen análisis de su inseguridad y falta de coraje definitivo. Hacia el final adquiere una categoría trágica, por momentos patética, pero que **Taboada** aniquila penosamente con su salvadora y barata reivindicación carente de grandeza. En cuanto a Roberto Echezábal, el héroe, fue menos rico y acertado, aunque hay un esbozo de grandeza trágica en la conciencia mártir que lo guía. No está muy logrado porque el autor se apoya más de lo necesario en lo literario y discursivo, dejando sin plenitud a un héroe esperado en nuestra escena.

Raúl de Cárdenas

Los ánimos están cansados

Nuestros autores buscan el camino de un teatro joven revolucionario. Selección eficaz de la situación dramática, falta de síntesis y una escenografía que no dejaba ver.

Hacen bien las instituciones docentes en presentar teatro cubano joven de contenido revolucionario. Hace muy bien el *Seminario de Artes Dramáticas de la Universidad de La Habana* en presentar *Los ánimos están cansados* de **Raúl de Cárdenas.** Nuestros autores se muestran interesados en captar esencias de la Revolución a través de sus temas. Así han surgido *El hombre inmaculado* de **Ferreira,** *Despertar* de **Eguren,** *Las auras huyen de la tormenta* de **Taboada,** *La cortina de bagazo* de **Behemaras** y *La botija* de **Montes Huidobro.** Todas han sido esfuerzos de mayor o menor eficacia, distintos modos de ver algún asunto conectado con aspectos revolucionarios, pasos dentro del teatro cubano revolucionario. Ninguna ha respondido de modo absoluto al hecho revolucionario. Pero todas ellas demuestran un interés, unos pasos en el camino. Realmente sería injusto pedir mucho más: el teatro no es una generación espontánea, sino una gestación interna de acuerdo con circunstancias externas. Y estos esfuerzos que no son definitivos, en que cada autor procura demostrar su personalidad creadora hasta que se unifiquen estilo y circunstancia, constituyen el único camino para llegar a la meta.

Los ánimos están cansados es un paso en ese camino. Llena de entusiasmo, de juventud, de espíritu de denuncia, **Raúl de Cárdenas** se dirige con entusiasmo sincero hacia la Revolución. Pero desde un punto de vista dramático es muy endeble. Mentiría, y creo que le haría un daño al teatro cubano y al autor, si me pusiera a delirar ante *Los ánimos están cansados*. La obra tiene demasiados puntos flojos para ser una pieza definitiva sobre la Revolución Cubana. Hay en ella una buena selección de la situación dramática. Los personajes, encerrados en la celda como escenario único ineludible, constituyen un acierto; pero esa situación cubana histórica espera aún por la obra que la desarrolle plenamente. **Raúl de Cárdenas** debió limitar su obra a un solo acto. Con ello hubiera ganado mucho. La traición de la hija no es otra cosa que una reiteración innecesaria de la traición del compañero revolucionario. No dice nada nuevo. Dramáticamente carece de función y validez. Reitera. **Cárdenas** utiliza además un lenguaje demasiado literario que a veces se aparta de un modo de hablar directo, como corresponde a la situación. Recordemos el escueto lenguaje de **Sartre** en *Muertos sin sepultura*. La comparación es injusta, pero lo que quiero decir con ella es que necesitamos en casos como estos un lenguaje menos abstracto. De todos modos, considerando las limitaciones de *Los ánimos están cansados* como obra de juventud llena de entusiasmo revolucionario, podemos decir que se trata de un esfuerzo serio de un autor nuevo que busca su camino en la creación dramática.

La obra fue llevada a escena en el incómodo marco del Aula Magna, con una escenografía que hubiera resultado imaginativa y correcta en otro lugar, pero que eliminó la escasa visibilidad que de por sí ofrecía el local. La música, de pésimo gusto, acentuaba los defectos de la obra a consecuencia de su ineficaz empleo.

Nena Acevedo mantuvo a sus alumnos dentro de un nivel decoroso. De todos los jóvenes fue **Miguel Montesco** el que expresó de un modo más sincero, directo y sin rebuscamientos, el espíritu de un joven revolucionario.

Punto y contrapunto.- El compromiso ético de este dramaturgo y su preocupación por el destino nacional, se puso de manifiesto desde sus inicios en el teatro. Claro está que al descubrir el engaño tomó otros derroteros, quizás enfrentándose a la trampa en que sus propios personajes habían caído. Aunque su dramaturgia no siempre ha dado en el blanco, ha sido uno de nuestros más honestos dramaturgos y la honestidad, en escena y fuera de ella, es una condición esencial sin la cual una obra creadora no puede cumplir plenamente su cometido.

David Camps

Oficinista

Jean Vilar expone también claramente: "La primera preocupación del director de una compañía teatral debería ser representar a los autores de su generación. Pero también haría falta que estos tuvieran en cuenta que el arte dramático exige de ellos algo más que una atención pasajera de algunos meses. Que es un arte exigente y celoso. Por lo demás, el número de autores dramáticos de una época dada es reducido. Descubrirlos e interpretarlos es nuestra difícil, ingrata tarea. Solamente gracias a ellos nuestra existencia de comediantes de tal país no es banal y nos produce al menos nuestra profunda alegría de hombre."

Creo que con esa opinión **Jean Vilar** toca varios puntos que, por otra parte, siempre han sido ciertos. (1) No se puede hablar de teatro de un país si no se cuenta con sus autores. Cuando se habla del teatro norteamericano no se piensa en la eficacia de una puesta en escena en Broadway. Esto es efímero. Se piensa en **Miller**, en **Williams**, en **O'Neill**. Y el teatro griego sería una mera referencia histórica si no contáramos con **Esquilo, Sófocles** o **Eurípides**. (2) En los actuales momentos la tarea de los autores cubanos es de notable trascendencia. Implica una especie de toma de conciencia, acorde con la tarea a realizar –preocupación para todos, incluyendo, por supuesto, los actores. (3) Un teatro frívolo, intrascendente, no tiene razón de ser. Sólo mediante una conciencia artística –que no excluya en modo alguno su función social– plena, o al menos seria, se justifica que el telón se descorra. Lo demás es una pérdida de tiempo.

Creo que los *Lunes de Teatro Cubano* que viene presentando la *Sala Arlequín* responde al espíritu de algunas de estas observaciones. Me parece bastante obvio –y creo ser meramente objetivo– que se trata del más importante esfuerzo organizado que viene realizando una sala teatral en la actualidad. Espero no omitir ningún otro. En realidad, me gustaría pecar por omisión. El alcance de los *Lunes de Teatro Cubano* es modesto, pero justifica la existencia de un escenario, da fe de vida de una actividad teatral seria. Sólo nos queda esperar y desear que los "lunes" se prolonguen hasta el fin de semana, dándole al teatro una completa razón de ser.

Creo que *Oficinista* de **David Camps** –una de las obras presentadas– es un monólogo bien realizado. Está resuelto con eficacia y con la suficiente movilidad para mantener el interés. **Camps** ha sabido mover la acción desde diferentes ángulos, ir de un lado para otro con habilidad, crear diferentes personajes dentro del personaje único, y hasta crear un poco de humor. Es una obra corta y de pequeño alcance, pero bien ejecutada. El autor, dentro del eje único de la oficina y el oficinista, ha procurado la suficiente variedad de detalles para mantener el interés. Es limitada porque no hay multiplicidad de conflictos, pero dentro de ello, **Camps** demuestra sus facultades para elaborar una buena estructura dramática. Algunos se preguntarán si la obra abre nuevas fronteras al teatro cubano, o si, por el contrario, tiene moldes pasados de moda. Sin poner las cosas ni muy arriba ni muy abajo, y sin usar la palabra juventud como justificación de errores, me parece que **Camps** es un joven autor que ha sabido mostrar su destreza dramática con *Oficinista*.

Punto y contrapunto.- La irresponsabilidad histórica que han tenido las agrupaciones teatrales respecto a la dramaturgia nacional (incluyendo las incurridas en el exilio por aquellos que se hacen pasar por cubanos y no pasan de "cubanazos" que desprecian a nuestros autores o se aprovechan de ellos para sacar partido) ha sido francamente vergonzosa.

Dora Alonso

La hora de estar ciegos

La Revolución ha hecho consciente al pueblo de Cuba de los inhumanos aspectos de la discriminación racial y ha laborado constantemente por todo aquello que implique una superación del mal. No es el mal de un día que desparece en una hora. Es un mal de siglos. Por eso, la discriminación se ha metido en nuestras casas, ha entrado bajo la puerta, se ha ubicado en nuestros lechos, se esconde detrás de cada palabra. Nos hace traición a nosotros mismos. Un fenómeno, sin duda de origen económico, ha ido más allá hasta retorcer el alma de cada cual, penetrar más hondo que los intereses mismos, hacer cancerosos los ámbitos mas íntimos de cada hombre.

Dora Alonso en *La hora de estar ciegos* realiza una eficaz tarea al enfrentar al espectador con múltiples matices del racismo. Se introduce en el laberinto de la discriminación, toma un motivo, lo anuda y lo hace surgir aquí y allá, constantemente, como un elemento dramático que no quiere soltar. Llega así a un clima dramático que atormenta, a una situación realista que casi se hace absurda porque los nombres de negro, mulato, blanco, chino, gallego, polaco y toda clase de posibles elementos discriminatorios, surgen detrás de cada palabra y a cada instante. No nos damos cuenta, pero la autora está consciente y en acecho para encadenar el asunto y hacer que el mal surja detrás de cada palabra que se dice, frecuentemente sin querer. La discriminación aparece en escena como lo que es: un estigma invisible, heredado de generación en generación, oscuramente mantenido. No es en estos personajes un problema consciente, sino algo que surge, como si fuera una pesadilla, en mínimos e inesperados detalles.

La función de un autor realista no es simplemente captar la realidad, sino tomar de la realidad los segmentos más expresivos y coordinarlos en función del tema. **Dora Alonso** utiliza este método y mediante una acumulación eficaz llega a alcanzar su objetivo. Como estructura general, la obra es extremadamente endeble. Carece de solidez. No hay una acción dramática general que anude con fuerza los breves cuadros que la configuran, aunque estos poseen, independientemente, muchas virtudes. Como construcción dramática, por consiguiente, es una obra extremadamente frágil y no responde a los logros aislados de algunas situaciones. La introducción del "bembé", ritual de la santería, por ejemplo, parte de una buena idea, muy expresiva, pero pobremente aprovechada. De hecho, hace concluir la obra con desgano. No quiere esto decir que esperábamos una idea más categórica, una moraleja aclaratoria. En modo alguno. **Dora Alonso** ha hecho muy bien en terminar su pieza con esta invitación a meditar sobre el asunto. Es una de las grandes virtudes de *La hora de estar ciegos* y la autora ha eludido imposiciones de criterio. La obra no es una pieza de tesis, ni un silogismo que conduzca a un resultado predeterminado. Para algunos será una limitación, pero para mí es una virtud dramática que la salva de convertirse en un tratado sociológico escenificado. La objetividad con que la dramaturga expone las situaciones determina su gran alcance social, porque la esencial función de *La hora de estar ciegos* no es otra que reactivar la conciencia de cada cual, para que cada uno de nosotros comprenda la necesidad de superar el problema planteado, único modo de vivir de acuerdo con los ideales de la nueva Cuba.

Quiero señalar, a su vez, que no siempre navega **Dora Alonso** con igual fortuna y sutileza. La intervención de las hermanas de la Caridad, por ejemplo, es muy forzada, y en general la historia melodramática de la madre de Agustín en tales momentos. Hay otras ocasiones en que comete errores similares, bajando algo el nivel de la pieza.

Finalmente, ¿dónde han estado durante años estos estupendos actores negros que surgen ahora en la escena cubana? Condenados sin duda por el mismo fenómeno discriminatorio, nuestros actores negros surgen dentro del nuevo panorama dramático y cubano para sorprendernos, de modo similar a como nos sorprenden con las danzas de una "Suite Yoruba", y como respuesta a un concepto estético nuevo, sin trabas raciales. En tal sentido, *La hora de estar ciegos* es un espectáculo de notable interés. A la cabeza del reparto, **Isaura Mendoza** realiza una de las actuaciones de mayor contenido emocional que hemos visto últimamente. De cerca, **Asenneh Rodríguez** y **Marcelo Domínguez**. En todos ellos, una clara conciencia de la situación dramática, una flexibilidad extraordinaria, una gran fuerza emocional. **Magaly Boix** actuó con discreción y estuvo muy consciente del espíritu de su personaje, aunque le tocó en suerte los momentos más endebles de la autora. **Dania Guerra** tuvo a su cargo otra acertadísima y breve intervención. El resto del reparto se mantuvo a un nivel inferior, sobresaliendo por su endeblez dramática el desafortunado trabajo de **Carina Vidal**. La dirección de **Roberto Blanco** mantuvo eficazmente el nivel íntimo, cotidiano, de la pieza. Eso no quiso decir que la generalidad de sus actores trabajaran con desgano, sin entusiasmo, como si intimidad y cotidianismo fuesen sinónimos de falta de energía. Lo cotidiano puede ser voraz, intenso y expresivo. **Roberto Blanco** mantuvo un buen nivel sin caer tampoco en movimientos convencionales, falsamente naturales.

Punto y contrapunto.- Hoy en día y en el exilio algunos afirmarán que en Cuba no se discriminaba a nadie porque blancos, mulatos y negros iban a la misma iglesia.

Marcos Behemaras

La cortina de bagazo

Tal vez en la encrucijada de nuestras salas teatrales piezas como *La cortina de bagazo* representen una solución parcial, o al menos una evidencia de que los autores cubanos pueden realizar un teatro comercial con suficiente imaginación, destreza y gracia para que cierta parte del público habitual pueda tolerar el despreciado teatro cubano. Espero que *La cortina de bagazo* sea aceptable para dicho público, ya que los elementos que podrían resultar chocantes en una obra seria, resultan aquí compensados y superados por un desbordante humor criollo. Las salas teatrales, en resumen, están en el deber de hacer uso de esos autores cubanos capaces de satisfacer sus intereses comerciales con elementos autóctonos y con cierta calidad artística, aunque sea limitada.

Situemos previamente la obra como pieza de la actualidad cubana con fines puramente comerciales. Aprovecha la actualidad con el propósito de atraer al público y lleva las situaciones a extremos. Pero a medida que se acrecienta su éxito momentáneo y local, disminuyen sus posibilidades de perdurabilidad. Va a los extremos. La cosa está bien a veces, pero en otras, especialmente con ciertas gracias de doble sentido, llega a lo desagradable y grosero, compensado por la imaginación evidente que demuestra **Marcos Behemaras** en otras ocasiones, que se las arregla para llevarnos con rapidez de una situación satírica a otra. La obra tiene un constante cambio de elementos escenográficos que anticipan la gracia de las situaciones. Aquí hay que darle crédito a la escenografía de **Fresquito Fresquet**, a su color, su humorismo, su hábil diseño, sin la cual la pieza resultaría la mitad de lo que es.

Si de risa se trata, por cualquier medio y recurso, *La cortina de bagazo* no vacila en utilizar cualquier camino para llegar a sus fines. Con su gracia, a veces inteligente y otras burda, sus aciertos como pieza de actualidad y sus limitaciones, y pese a su corte de comedia musical llevada al cine –*La cortina de bagazo* tiene, paradójicamente, influencia de una buena película musical hecha en Hollywood–, la obra consigue lo que persigue: que el público se ría.

Enrique Núñez Rodríguez

¡Gracias, Doctor!

¡Gracias, doctor! es una comedia subida de tono, al rojo vivo a veces, que se proyecta por la cuerda floja de la vulgaridad. Afortunadamente **Enrique Núñez Rodríguez** le ha querido dar aquí y allá unas pinceladas que podríamos llamar –¿será esa la palabra?– poéticas. Concretamente, ha logrado disfrazar, a veces, la vulgaridad con un mínimo de ropaje imaginativo, aunque sea dudoso el depurado buen gusto de esa imaginación. Por ejemplo, para expresar la ineficacia del protagonista en lograr el clímax sexual en sus amantes, se habla de un violinista que no toca el violín con suficiente destreza. Este detalle que muestra un mínimo de actividad intelectiva, nos salva de vernos precisados al uso de adjetivos calificativos inmoderados, aunque tal vez se estime que no somos moderados. Claro está que **Núñez Rodríguez** no mantuvo siempre este nivel "imaginativo". Durante el primer acto, por ejemplo, toda la gracia residió en repetir hasta el cansancio que Eduardo "podía hacer **eso**" físicamente, para dejar bien aclarada su virilidad. Todo lo cual hizo las delicias de un público "elegante" y "refinado"; público que tal vez no tolere una buena mala palabra dicha en serio y a buen tiempo.

Dejando a un lado estas consideraciones, *¡Gracias, doctor!* es una comedia endeblemente construída que permanece en cartel gracias a su doble intención o a su intención directa. Su argumento es pobre y apenas sostiene los tres actos –decae mucho en el segundo y logra subir en el tercero. Su estructura a base de cuadros que terminan siempre en una frase, a veces ingeniosa, a veces burda, le da la característica de "cortos" radiales o fílmicos. Cada parte tiene a veces valor en sí misma y podría funcionar a solas con idénticos resultados. Se espera una estructura profesional bien desarrollada, con abundante imaginación criolla, bien dosificada. Por el contrario, su estructura es pobre y su gracia criolla se mantuvo, con frecuencia demasiado en crudo. El mayor acierto de **Núñez Rodríguez** fue el presentarnos un esbozo de un don Juan criollo, que entre elementos más sólidos hubiera resultado de mucho valor.

Corresponden a **Eloísa Álvarez Guedes** y a **Lina Brando** los mayores aciertos interpretativos. La primera posee una frescura absoluta y un humor criollo que mejor dirigido y aprovechado daría por resultado una comedianta genuinamente cubana, plena, que podría ser extraordinariamente valiosa en nuestra escena. **Lina Brando** supo aprovechar el "cuadro" más fresco y gracioso de la obra, en el que el autor no tuvo que recurrir al rojo vivo para hacernos reír. Lo ejecutó con intención y viveza, situándose en el plano de una comedianta innata. Lamentablemente, **Minín Bujones** interpretó su papel con una abrumante y desajustada tragicidad. **Fausto Montero** fue la negación absoluta de un posible paciente en un consultorio siquiátrico.

Punto y contrapunto.- Claro está que con un criterio de cuarenta años después lo que señalo como vulgaridad resultaría hoy en día refinado. La vulgaridad y la chusmería son conceptos relativos, y al mismo tiempo permanentes. Lo vulgar en un momento dado sigue siéndolo con respecto a su momento. Muchas veces me he preguntado como un grupo de personas más o menos cultas y educadas, de conducta de las que se llamaba "decente", promedio en muchos sentidos, puede estar reunida en un mismo espacio teatral, con la mayor naturalidad, oyendo y viendo, y por extensión compartiendo, las más inaceptables y explícitas situaciones escénicas, en toda su crudeza y sin la menor elaboración metafórica. La verdad es que hay algo obsceno en estas circunstancias.

Olga de Blank y Maria Julia Casanova

Nuestros maridos

De lo que el cronista pensó entre elegantes vestidos y peinados, de sus buenos propósitos y del buen rato que pasó.

Procuro la mejor disposición. Me repito: tengo ganas de reír, tengo ganas de reír. Me digo que debo pasar algunas cosas por alto, sentarme cómodamente en la butaca y tolerarlo todo con ojos piadosos. Tal vez, llego a decirme, estoy equivocado. El teatro está lleno. Hay entusiasmo en el público. Todo el mundo espera con alegría la puesta en escena de *Nuestros maridos* –secuela de un éxito anterior, *Mujeres*. Se descorre el telón. Estoy en la mejor disposición. Espero lleno de fe poder hacer una crítica favorable. Respiro un poco: la primera impresión es la de una escenografía de primera clase. A las actuaciones procuro no hacerles mucho caso. Cambian los cuadros. Cambia la escenografía. Un derroche. Me repito a ratos: tiene una buena escenografía, variedad, colorido, gusto. De esto se puede hablar bien. ¿Y el argumento? Por Dios, no hables tonterías, me digo. Viene la escenografía del jardín y los vitrales. Me repito: está muy bien. Me lo repito una y otra vez. Escucho de vez en cuando con detenimiento. Bueno, la doble intención se ha dosificado. Eso es algo. Y hasta hay una atmósfera elegante, estilizada. Bonitos vestidos de tarde. Hay hasta buen gusto. Menos mal. No, no está mal. Les aseguro que no está mal. No está mal. No está mal. No está mal. Procuro convencerme a mí mismo. No debo ponerme de este modo. Es una comedia ligera. No hay que pedir demasiado. No, no hay que pedir demasiado. No hay que pedir nada. Me entretengo con la escenografía. Sonrío. La gente ríe a carcajadas. Sonrío con la mayor buena voluntad. A veces me entretengo. ¿Me aburro? No, no, me entretengo. Les aseguro que me entretengo. Sí, por supuesto que me entretengo. Me aburro un poco, claro... Pero me entretengo. Término medio con papas. Mucho lujo, eso sí. Mucha elegancia. Me imagino los comentarios: que si los vestidos, que si los peinados, que si fulanita luce más vieja y la otra luce más joven, que si se conserva bien, que si esto que si lo otro. Bueno, pero en verdad, quedamos que hay una buena escenografía, elegante vestuario, doble intención, discreta, dosificada. De acuerdo. Y música, además, por supuesto. Canciones románticas. No está mal. Me gusta como canta **María de los Ángeles Santana**. Lástima que algunas canciones fueran dobladas. Me agradó; dramatiza sus canciones. Además, es una comedianta con intención. Enfatiza las cosas cuando debe. Un poco exagerada, ¿no les parece? Bueno, pero trabaja su papel. A propósito de esto. Hay actuaciones. Lo olvidaba. Pero nadie se destaca. **Ofelia Dacosta** cansa en su papel de buena esposa venida a menos. **Rosita Lacasa** es la ausencia absoluta de comicidad. En realidad, no hay nadie muy gracioso. A mi parecer, al menos. Salvo **María de los Ángeles Santana.** Y los maridos. Verdad, los maridos. Pero siguen siendo las mujeres. Ellos se quedan chiquiticos. Cae el telón y ganan las mujeres. Intermedio. Todo el mundo está contento. A la gente le gusta, no hay dudas. Yo tengo buenas intenciones, ¿pero cómo es posible tolerar tanta tontería? Cada cosa en su lugar, me repito. No vamos a pedir demasiado. Después de todo, como espectáculo comercial para pasar un rato es de lo mejorcito. Se descorre el telón. La historia se complica. Enredos. Los enredos son un poco forzados y la cosa se vuelve, por momentos, algo seria. Una quita maridos y la otra se lo deja quitar. Otras más siguen el ejemplo. Hay bailes. Y hasta un niño deshumanizado que es la negación de toda la gracia infantil. ¿De dónde lo sacarían? Esta segunda parte, a la verdad, está un poquito pesada. **Manuela Bustamante** aparece. Me agrada. Pero su gracia parece muy limitada. Sigo pensando que **Rosita Lacasa** maldita sea la gracia que tiene, que **Ofelia Dacosta** hace una pobre mujer que cansa y que los personajes masculinos apenas se distinguen. ¿Te fijaste en el vestido de **Ofelia Dacosta?** Muy bonito, todo de encaje, y una capa preciosa. Color marfil combinado con sepia. Debe ser de... No, no sigo. No soy cronista social... Seriamente: *Nuestros maridos* tiene color, música, canciones, alegría, doble intención, picardía, lujo, elegancia, bailes, bonitos peinados... No se puede pedir más. ¿Y el autor de la obra? Bien, gracias. Si lo he visto no me acuerdo.

Punto y contrapunto.- Por momentos consideré omitir mi crítica demoledora a *Nuestros maridos*, y también la de *Un color para este miedo*, pero uno no puede decir que donde dije "digo" dije "Diego". Mi identificación con el proceso cultural dentro del proceso histórico me llevó siempre a buscar un teatro con mayor conciencia estética y mayor conciencia social. Que la Revolución torciera el camino a nivel de la cultura, como en otros ámbitos, no fue mi culpa y por eso salí de Cuba tan pronto como pude. Pero como enemigo acérrimo de la superficialidad burguesa y de la chusmería revolucionaria, tenía que escribir lo que escribí y lo que escribo.

José Martí

El lindo ruiseñor

Martí enseña a los niños.- Ningún otro nombre como el de **Martí** para acercarse a nuestros niños con su pensamiento que crece desde cada una de sus páginas y sus hechos. Es algo hermoso y es algo bello; es algo digno acercar la figura de **Martí,** la palabra exacta, a los niños cubanos. Y cuando se habla de una literatura, de un arte en general que funcione en las mentes infantiles, que las despierte, que las haga pensar, un arte que funcione en el corazón de nuestros niños, no podemos olvidar a quien los amó tanto y a quien supo hablar para ellos. **Martí,** justamente **Martí**. Cada palabra desborda su fuerza como un aprendizaje directo que va al corazón y a la mente. Y ofrecerles a los niños su pensamiento, sus ideas, su invitación a la reflexión y al análisis, y sobre todo, su canto a la libertad del hombre, y hacerlo en moldes atractivos y sugerentes, es una bella empresa que se debe realizar con temblor y con energía, con clamor y con modestia. El teatro didáctico hace bien en seleccionar a **Martí** para este primer encuentro. ¿Por qué? Baste escuchar su voz en "*Los dos ruiseñores*", cuento que sirve de base a esta representación en el Teatro Nacional: "Pero los niños están contentos con su emperador, que es un chino como ellos. ¡Lo triste es que el emperador venga de afuera, y nos coma nuestra comida, y nos mande a matar porque queremos pensar y comer, y nos trate como a los perros y como a sus lacayos!" Y mandó por los pueblos unos pregoneros con trompetas muy largas y detrás unos clérigos vestidos de blanco que iban diciendo así: "¡Cuándo no hay libertad en la tierra, todo el mundo debe salir a buscarla a caballo!" [El ruiseñor artificial es] "un pájaro continental, que mueve la cola cuando el emperador se la manda mover." "Cuando puso el emperador a cantar juntos al ruiseñor vivo al artificial, no anduvo el canto bueno, porque el vivo cantaba como le nacía del corazón, sincero y libre, y el artificial [...] no salía del valse." "Yo vendré al árbol que cae junto a tu ventana, y te cantaré en la noche, para que tengas sueños felices." Es **Martí** quien habla. Y esta presencia de un teatro didáctico abre también una serie de aspectos a nuestra consideración, más pedagógicos que teatrales, sobre la necesidad en un futuro de una actividad creadora que coordine múltiples facetas de la actividad escolar con el teatro. Es decir, una correlación eficaz entre las metas de los cursos de estudio con expresiones teatrales que sirvan de medios auxiliares a la enseñanza. El teatro, coordinando así el arte y la pedagogía, ofrecería los medios para obtener una enseñanza vital y sistemática. Miles de aspectos que hoy se trasmiten fríamente en nuestras escuelas, podrían encontrar una vitalización bien orientada en el teatro. El teatro didáctico tiene una misión trascendente en la vitalización de la enseñanza, en relación íntima con la educación sistemática y, de paso, un trabajo para nuestros dramaturgos.

Martí a través de un espectáculo.- La presentación de *El lindo ruiseñor* por el Teatro Nacional ha contado, y esto es fundamental, con una serie de elementos que nos permite calificarla como uno de nuestros espectáculos más atractivos. Digo que es fundamental porque sería un engaño para nuestros niños el presentar un teatro infantil bajo condiciones creadoras poco atractivas. De otro modo, la función didáctica quedaría reducida a cero, porque los niños exigentes piden un espectáculo brillante, no permiten el engaño. Consecuentemente, el Teatro Nacional acierta esta vez al ofrecer a los niños cubanos un espectáculo teatral inusitado en sentido plástico, una maravillosa sinfonía en naranja y negro, un juego en el color que llena nuestros ojos, para así poder acercar sus fines al aprendizaje. En tal sentido los nombre de **Dumé** y **Julio Matilla**, y posiblemente **Ramiro Guerra**, han sido los responsables de este juego plástico con propósitos pedagógicos. **Dumé** realiza nuevamente una tarea eficacísima y llena el escenario con movimientos fascinantes. **Matilla**, por su parte, utilizó el naranja con preferencia, en contraste con el negro, y ofreció el colorido que **Dumé** supo enriquecer con los movimientos. La búsqueda del ruiseñor en el bosque y la llegada del embajador del Japón, y el concurso de canto, son algunos momentos, recordados al azar, que sobresalen por su belleza. El conjunto es magnífico, y el eficaz empleo de recursos mecánicos hace de *El lindo ruiseñor* lo que podríamos llamar, en términos comunes, un espectáculo para niños y adultos.

Punto y contrapunto.- El tiempo ha demostrado los funestos resultados de este "diálogo martiano" entre dos ruiseñores, que hoy en día nos parece que se quedó corto. El "emperador" será cubano (aunque esto podría discutirse en la medida de Marx y Lenin) pero un lacayo es un lacayo es un lacayo es un lacayo, sujeto a mover la cola cuando se la manden a mover. Y en esto **Martí** estaba tan equivocado como nosotros. Sin dudas, no era esta la clase de emperador nacional que **Martí** tenía en mente –ni nosotros tampoco.

Risa alegre en la tarde

La larga tarde del domingo adquiere una nueva dimensión. La gente va a lo lejos y los niños que gritan, bailan y saltan adquieren también una nueva dimensión. El césped está verde y húmedo y los zapatos blancos con manchas carmelitas adquieren ahora la dimensión de la lluvia. Es el teatro, pero un teatro de gritos de niños, de grandes cabezotas y de verde vegetal. Las grandes cabezas avanzan por el camino y los gritos de los niños se tornan en conjuro. Ahora entre el follaje verde y el rejuego de las hojas que van y vienen, se descubren grandes ojos que se acercan, inmensamente abiertos y brillantes. Los niños los conjuran. Es el teatro otra vez. Un teatro distinto, porque es de niños y porque las fronteras entre el espectador y el espectáculo se han confundido. No hay fronteras esta vez. Y desde los altavoces que llenan el jardín bajo el cielo azul, se escuchan las voces agudas y roncas de un mundo para los niños, inesperado. Estamos allí como línea divisoria entre el rojo de la encarnada caperucita y el temible lobo ronco que hace correr. Es una sensación lejana, perdida, que no volveremos a sentir.

La acción tiene lugar en el Jardín Zoológico. Tarde de domingo. Presentación de la Cooperativa Popular de Arte del Municipio de La Habana del Teatro de Esperpentos, un mundo infantil de inmensos muñecones y de viejas historias. Los creadores: autora, **Dora Carvajal** presentando *La caperucita encarnada*; dirección: **Pepe Camejo** y **Pepe Carril**.

Punto y contrapunto.- Desde principios de la revolución se inicia una programación de teatro infantil de carácter martiano con un fin didáctico que acabará en adoctrinamiento, sin que uno realmente se diera cuenta. Esto da lugar, primeramente, a una serie conocida como "El teatro de la Edad de Oro", donde se hacen muy buenas adaptaciones de narraciones martianas, sobresaliendo *El camarón encantado* de **Eduardo Manet**. Principalmente, "El Guiñol Nacional", bajo la responsabilidad de **Carucha** y **Pepe Camejo,** con **Pepe Carril,** de las que dejo constancia en esta crónica y en la que le sigue. Antes de salir de Cuba yo había escrito mi versión de *Bebé y el Sr. don Pomposo* que todavía tengo por alguna parte.

Los niños están primero

Niños, fantasmas y animales en charla

Desde el programa que se divide en cuartos y en octavos
con leones y piñas y piratas,
hasta el último fantasma que aparece y desaparece
    y vive en escena
con ratón, con gallo y sapo,
los niños que el teatro allí ha llamado
ríen con *La cucarachita Martina*
que se quiere casar
y el ratoncito goloso que a la olla se dirige
y en la olla se quema
para que los niños se diviertan
    y aprendan;
y rían con *Pompín el fantasmita*
que le teme a la gente,
y con la gente que le teme al fantasmita,
para que fantasmas, niños y gente
    aprendan

    que el miedo no existe.
    Y los nombres de este maravilloso mundo
        de color y domingo
de niños y de adultos,
de teatro y verdad
    se llaman:
La cucarachita Martina
vieja historia renovada por **Estorino**,
    con **Llauradó, Santí, Arenas,**
    Luján, Casal, Acuña, Silvestre,
    Jordán, Iglesias y **Vergara**. Y
Pompín el fantasmita
    de **Machado** y **Estorino**
con **Ofelia González** de Pompina
Dirección y colores:
    Dumé y **Julio Matilla**

Punto y contrapunto.- Toda esta programación infantil parecía inocente y uno lo veía como un proceso de iniciación teatral para los niños. Lo cual responde a una lógica de amantes del teatro y de padres de familia. Pero más allá estaba todo un proceso de adoctrinamiento y estábamos dando los primeros pasos del gran teatro infantil donde se empezaba la programación de varias generaciones de cubanos, dentro y fuera del teatro.

Julio Riera y Gladys Anreus en *Los acosados*, 1960.

Ingrid González y Cecilio Noble en una escena de *La taza de café*.
Foto cortesía de Dumé.

Teatro español

El teatro español contemporáneo nunca contó entre nosotros con particular admiración. No estábamos ya al principio de la República, donde el nexo era diferente. La generación que se formó en los cincuenta buscaba los caminos de la dramaturgia cubana por derroteros opuestos. Esta poca estimación había quedado establecida desde unos años atrás cuando nos visitó la compañía Lope de Vega y nos trajo un teatro que nos parecía viejo y anquilosado, convencional y burgués. Las salas teatrales, además, se empeñaban en presentar lo peor del repertorio dramático español. Esto, unido posiblemente a la realidad política franquista, –que también hay que tomar en cuenta– y el contacto con otras dramaturgias europeas y la norteamericana, acrecentaba el marcado desdén de la generación que se formaba en la última década del período republicano, por el teatro español contemporáneo, que traía muy negativas asociaciones. De ahí que ni **Buero Vallejo**, ni **Calvo Sotelo**, ni mucho menos **Neville** y **Ruiz Iriarte**, invitaban a una positiva recepción crítica. Posteriormente, al trasladarme a los Estados Unidos y funcionar en círculos académicos norteamericanos, esto no dejaba de sorprender, donde a muchos les parecía inconcebible que no hubiera admirado nunca a **Buero Vallejo**. Hay que tener en cuenta, por otra parte, que juzgaba al dramaturgo español en la medida de lo que era en aquel momento y nos parecía convencional frente a los movimientos de vanguardia a los que estábamos expuestos desde los cuarenta. En Cuba, en los cincuenta, el teatro español se volvía, con frecuencia, sinónimo de mal teatro, y el bueno lo era por sorpresa –**Mihura**– o por excepción –**Lorca.**

Este mal teatro me llevó a escribir críticas muy negativas en que repetía una y otra vez lo mismo, insistiendo en que las salas teatrales hacían muy mal en llevar estas obras a escena. Escribir estas críticas era difícil, porque no tenía nada que decir sobre las obras y la puesta en escena. No me daba cuenta quizás que las salas se quedaban sin público, porque este ya había iniciado el éxodo; que las propias salas con sus productores, directores e intérpretes empezaban a hacer lo mismo; y que apenas un año más tarde yo también iba a estar haciendo las maletas.

Disfruté escribiendo algunos textos y si tuviera que elegir mi reseña favorita me decidiría posiblemente por la que le hice a *Usted no es peligrosa*, que me parece digna de entrar en una hipotética antología de la crítica. La *Sala Idal* conjuntamente con la *Sala Talía* se llevaron la peor parte de mis comentarios. La última por su aburguesamiento banal y la primera por su aburguesamiento populachero y de mal gusto. Creo que bien merecido se lo tenían. He decidido remitirlas al rastro del olvido. Descarto la que les hice a *La visita que no tocó el timbre* de **Joaquín Calvo Sotelo**, *Veinte primaveras* de **Edgar Neville**, *La tejedora de sueños* de **Buero Vallejo** y *La tentación va de compras* de **Jorge Llopis,** pésimas puestas en escena que sólo me sirvieron para insistir en un cambio de programación en beneficio de la dramaturgia nacional, como hice cuando reseñé *Veinte primaveras:* "Todo esto nos lleva de la mano al problema de nuestros autores y su lamentable olvido. No nos extraña esa miopía en las salas teatrales con fines comerciales. Pero en una época de villancicos cubanos, turrones cubanos, navidades cubanas y otras manifestaciones del espíritu nacional y popular, las obras, como los actores, directores y tramoyistas, tienen que ser, forzosamente, cubanas. Nuestros autores sienten la ansiedad de expresarse y existe el deseo de nuestro pueblo, aún difuso, por conocerlos. De lo contrario, a la larga, el teatro cubano no irá a ninguna parte. Pero nuestros autores, pese a todo, siguen escribiendo. No nos extrañemos que las obras sean malas. Lo que debe extrañarnos es que todavía tengan el absurdo coraje de escribirlas." Dejo, la de *Ahora llueve, vida mía* (cuyo autor no recuerdo y a lo mejor no era ni español) en memoria de **Idalberto Delgado**, que a lo mejor anda por el exilio, como casi todos los cubanos y que sin duda, por su mentalidad y violencia ha dado el salto cuando menos en espíritu, porque algunos me lo recuerdan. Tengo entendido que desperté su ira y que, según me dijeron, pasó por el periódico *Revolución* para pedirme explicaciones, asegurarme que era revolucionario y entrarme a golpes. Afortunadamente, como yo iba por el periódico lo menos posible, me libré de que me rompiera las narices.

    Esta chusmería teatral, lamentablemente, nunca ha desaparecido de los escenarios cubanos y, hay que reconocerlo, ha pasado al exilio, donde no faltan personas no menos brutas. Lo que pasa es que cuando se vive en una tiranía y el organismo se nutre en la leche de la intolerancia, esta mala leche acaba por sedimentar el carácter y la civilidad se ignora. No falta aquel que si se cae como hierba. No hay que olvidar que el castrismo hizo un culto de la mala educación y de las malas palabras, y es difícil deshacerse de lo que se ha aprendido tan bien. Mucho quedó allá, pero una buena dosis nos hace compañía, y sigue haciendo de las suyas.

Cervantes

Los habladores

Los habladores, uno de los más gráciles entremeses cervantinos, ejemplifica sus características fundamentales. *Los habladores* se atribuye a **Cervantes** pero está por encima de otros que también se le atribuyen, como *La cárcel de Sevilla* o *El hospital de los podridos*, reuniendo las mejores características de otros entremeses que se consideran con seguridad de él. A la raíz popular de sus tipos y situaciones –que son elementos constantes de los entremeses de **Cervantes**– únese aquí, como en los mejores de él, un hábil manejo del diálogo a través de la figura central del pícaro hablador que mantiene la levemente enredada situación en alto. El hablador no descansa, y con una destreza absoluta en el manejo del lenguaje y con mucha intención en el desarrollo de los incidentes dramáticos, nos va ofreciendo **Cervantes,** en apenas quince minutos, un entretenimiento realmente sustancioso. Entre otras cosas y bajo todo este ropaje, está también la intención y la burla hacia el carácter del hablador, especialmente en el caso de la mujer. Un simple motivo conectado con las preferencias populares, y que por su misma raíz popular y la igualdad universal de los pueblos sabe ir con amplio sentido de permanencia más allá de las limitaciones de frontera y de tiempo. Bien elegido por el agudo ingenio de su creador y con perfecta conciencia de sus posibilidades, sirve de núcleo y desarrollo a la acción, sin olvidar el correspondiente cuidado en el tratamiento de los caracteres y las situaciones en que esos caracteres viven.

Lo más peculiar del caso es que nos encontramos con una representación dramática que no ha perdido su carácter de espectáculo destinado a entretener. Tal vez a consecuencia de su propia carencia de artificios externos, y precisamente a causa del manejo de sus más puros elementos teatrales –situaciones, diálogos, acción– sobresale *Los habladores* como delicioso entretenimiento dramático. Ha nacido para divertirnos y es ésta su principal función. La sencillez de los recursos, que he señalado y reitero –motivo central, diálogo vivo, situación que se complica, caracteres que se encuentran y que chocan diestramente en escena, en hábil contrapunto– no anula en ningún modo su grácil efectividad. **Cervantes** está en la pieza y por **Cervantes** permanece, pero este entremés no es en modo alguno un acontecimiento cultural solamente –al menos en parte–, sino un divertido y sólido espectáculo teatral, cosa que ha sido algo difícil de conseguir a través de todos los tiempos, aunque pueda parecer lo contrario.

Por consiguiente, es la risa el elemento dominante que nos ofrece el texto. Y es la risa lo que se debe perseguir, en mayor o menor grado, en toda representación de *Los habladores*. La ofrecida en la Sala Covarrubias por el Departamento Nacional de Cultura del Ministerio de Educación, bajo la dirección de **Vicente Revuelta**, pese al esmerado cuidado que en muchos momentos se puso en evidencia, no trasmitió a plenitud la evidente gracia de este entremés. La puesta no fue lo suficientemente ágil, y a pesar de su respeto cervantino, no alcanzó el calor popular que requería. Posiblemente, la amplitud de la Sala Covarrubias y las condiciones acústicas actuaron negativamente sobre los resultados.

Lope de Vega

Fuenteovejuna

El Departamento de Bellas Artes del Municipio de La Habana se adelanta nuevamente y se esfuerza por llenar dos vacíos en el panorama teatral cubano: la presentación del teatro clásico español y el drama colectivo. Debemos recordar, para ser justos y veraces, que el Teatro del Pueblo del Municipio de La Habana fue la primera institución teatral que funcionó después de la Revolución con *Mariana Pineda*; que nos puso en vivo contacto con una pieza fundamental en el teatro moderno, *Las brujas de Salem*; y que ha realizado una función cultural fundamental –aunque bien es cierto y resultaría indebido omitirlo, que los logros creadores han tenido a veces sus faltas y limitaciones. Esta nueva empresa, por su costo y dificultades, responde a necesidades que sólo instituciones estatales pueden hacerles frente y resolver. Necesitamos a **Lope**, a **Calderón**, a **Shakespeare.** Por tal motivo, la sola presencia de *Fuenteovejuna* en la Plaza de la Catedral constituye como empresa un hecho fundamental en el teatro cubano.

La pieza dramática de **Lope de Vega** posee extraordinario impacto colectivo y presenta al pueblo como personaje y agente de la acción. Los matices individuales desaparecen, pero por debajo el pueblo se eleva y alcanza fuerza creadora permanente. De ahí la vitalidad del drama de **Lope** y lo accesorio que resultan los elementos transitorios y secundarios de la acción. Es la acción popular lo que perdura y se impone dentro de toda la estructura dramática compuesta de situaciones variadas que aparecen localizadas libremente. Dentro de una técnica movida y rica, externa, objetiva y llena de color, se desarrolla la acción directa y popular de la obra.

Es indiscutible que la representación de *Fuenteovejuna*, mantenida siempre dentro del decoro mínimo, sostuvo su impacto, su vigor, su fuerza viril hispánica. Pero es necesario definir de qué modo logró tales efectos. En primer lugar, por medio de un notable desplazamiento de un lado a otro de extras: un desplazamiento masivo. Se utilizaron múltiples recursos con el fin de producir un gran espectáculo, pero la imaginación creadora que debió hacerlos funcionar –y fusionarlos– resultó pobre y deficiente. No hubo una utilización inteligente de los mismos, sino más bien resultó un problema de cantidad y no de calidad. De tal modo, muchos elementos de la noche no se integraron íntimamente a la acción dramática, sino que permanecieron artificiosamente pegados a ella, sin anudarse a lo que estaba pasando. Las danzas que se intercalaron, por ejemplo, carecieron de ajuste dramático. Los mismos labradores, factores esenciales del drama, parecían a veces simples espectadores de lo que estaba sucediendo y no sus elementos integrantes, como lo eran temáticamente. Los recursos que se pusieron a disposición en *Fuenteovejuna* hacían presumir un resultado más brillante, de mayor plasticidad. Las partes, en fin, nunca llegaron a integrarse cohesivamente. Se movieron con demasiada independencia.

Modesto Centeno, por consiguiente, en la dirección, produjo un espectáculo que dejó bastante que desear. Los medios se le fueron de las manos. No los integró en un todo. No recuerdo un desplazamiento colectivo que fuera realmente hermoso, ningún efecto que me produjera especial impresión. El ataque a la casa del Comendador, momento culminante, resultó de una notable endeblez. La escenografía careció también de imaginación. Hubiera preferido su ausencia. Sólo el vestuario resultó bello en sus líneas y colorido.

Fuenteovejuna no invita al despliegue individual en materia interpretativa, pero podemos considerar que contó con actuaciones correctas, eficaces, sin desniveles graves que desentonaran. Recuerdo entre ellas, preferiblemente, a **Ernesto de Gali, Pedro Pablo Prieto, Rogelio Hernández** y **Raúl Selis**. Sobre ellos la interpretación fuerte, vibrante, ajustada a la acción, representativa, de **Berta Santos**, encarnación individual de la acción popular colectiva. Su Laurencia fue fuerte, tierna, bella, sutil, natural, representativa de la energía española.

Son lamentables así las fallas de la realización de *Fuenteovejuna*, ya que ello limita un aplauso cerrado a la titánica empresa. Queda como un plausible empeño imperfectamente logrado.

Federico García Lorca

El teatro de García Lorca

El reciente estreno de *Yerma* en el Teatro Nacional nos enfrenta con el teatro de **Lorca**. Su teatro fluye y se extiende, hiriente, a lo largo de la frustración. Frustración individual de sus personajes que se entreteje con la frustración mayor de su pueblo, España, y que culmina en su expresión más lograda: *La casa de Bernarda Alba*, donde los caracteres y las costumbres se unen para manifestar la existencia íntegra de los personajes y la colectividad. Esas paredes que encierran y aniquilan a los personajes de las tragedias lorquianas, y que encuentran su cauce en la sangre y el grito turbio de Bernarda Alba que exige silencio –un largo silencio que se extiende y rodea las paredes para ocultar la sangre, la verdad, el clamor, el error, el crimen– no son otra cosa que una variante de un tema constante en **Lorca**: España y su tragedia. Y no es que tratemos de forzar las cosas, pero en esto hay una verdad: **Lorca** es tan español que uno siente correr a España por las venas de su palabra y por la herida de su poesía, ensangrentado toda España, anudado en su garganta y llegando a las venas más puras de los pueblos nacidos de España. Toda España está en sus temas, en sus personajes, en su forma poética. Lo sabemos y lo sentimos, que es el modo más profundo de saber. El único modo posible. Por eso la tragedia individual trasciende y se desborda.

Dentro de ella la frustración fluye como polos opuestos que se quieren tocar y no pueden. Y ni en sus títeres logra evadirse. Frustración que abarca todo su teatro, incluyendo el más breve. Lo encontramos, por ejemplo, en su breve pieza *La doncella, el marinero y el estudiante* y en *Quimera*, esbozo de lo que ha sido truncado. Lo hallamos en los amores de sus títeres, en el *Amor de don Perlimplín con Belisa en su jardín*, en la contradictoria *Zapatera Prodigiosa*, hasta llegar a sus piezas mayores, *Yerma*, *Bodas de sangre* y *La casa de Bernarda Alba*. Es el gran tema de su teatro, que por ser español se hace sangrante como los puñales de su poesía.

Federico García Lorca, el poeta, jamás abandona a **Federico García Lorca,** el dramaturgo. Pero la unión de ambos no resultó siempre afortunada. En algunos casos, el poeta se impone de tal modo que la pieza se hace insostenible. Con *La casa de Bernarda Alba* demuestra el propio **Lorca** que hacer funcionar una poesía directa dentro de una acción dramática es sumamente difícil y que una especie de poesía subterránea va más acorde con el drama. Claro está que, en definitiva, cuando el poeta se llama **Federico García Lorca,** se puede tomar todas las libertades que quiera. Su poesía se impone y se impondrá siempre sea cual sea el momento en la acción. Reafirma, además, que este es un privilegio concedido a **Lorca** y no a poetas menores. Para estos últimos esta salida es absolutamente imposible.

La poesía se integra al teatro lorquiano de muy diversos modos. En primer lugar está el submundo poético que mueve, como hilo invisible, cualquier oración, cualquier frase, un simple sí o no. Le sirve para crear, entre otras cosas, un clima emocional. Lo utiliza constantemente con ese fin. Muchas veces es un medio para dar a conocer el estado anímico de los personajes. No excluyamos tampoco el propósito plástico que persigue con ella, así como su utilización en la progresión de la acción dramática. La utilización de la poesía en el drama constituye una contribución fundamental del teatro lorquiano. *Yerma* es tal vez su más importante logro al respecto. En tal sentido es una obra fundamental. Pero *Yerma* exige una referencia aparte.

Punto y contrapunto.- Esta reseña es la primera parte de un par de artículos sobre **Lorca**, con motivo de la puesta en escena de *Yerma.* No tengo el otro y no he podido localizar el número del periódico donde aparece, como ocurre con algunas otras críticas. Me he limitado a las que tengo conmigo, enviadas desde Cuba por mi madre.

Pedro Salinas

Los santos

El Departamento Nacional de Cultura del Ministerio de Educación presentó, como homenaje a la República Española, ensangrentada y viva en su esperanza, conjuntamente con *Los fusiles de la Madre Carrar, Los santos* de **Pedro Salinas**. Completa el homenaje realizado y el programa de esta dolorosa fuente de inspiración, una reproducción del Guernica de **Picasso** que ilustra el programa. Entre estas tres experiencias de un mismo dolor, la obra de **Salinas** está artísticamente a un nivel inferior a las otras.

La tragedia española es la misma. Las fuerzas opresivas bajo las cuales ha padecido el pueblo español son las mismas. El grito del pueblo español herido, como el de todos los pueblos heridos, es el mismo. La lacerante asfixia es la misma. Los verdugos son los mismos. Los mártires son los mismos. Los muertos son los mismos. La pena de los hombres justos es la misma. Y el dolor creador es el mismo.

Lo que no resulta igual son los resultados creadores y aquí pasamos del mundo herido –común, grande, igualmente penoso– a los productos de la realización escénica que tienen una idéntica fuente de inspiración. Lamentablemente **Salinas**, salvo la grandeza del espíritu que anima *Los santos* y el respaldo temático de la sangre derramada, no ha dejado en este caso una obra realmente sólida. Por consiguiente, no puede ser una completa, íntegra y permanente expresión del dolor español. No es más que una pálida muestra de la tragedia española dramáticamente poco lograda. La idea fundamental de *Los santos*, la neutralidad imposible, está pobremente concebida.

Unidos confusamente y con mucha debilidad dramática por la cadena común de "los santos" que aparecen en escena, desarrolla **Salinas** con poca riqueza imaginativa, en sucesión, los esquemas de varias vidas aparentemente desligadas. Esas vidas se encuentran unidas por una circunstancia –la Guerra Civil y los crímenes de Franco– y por una misma flaqueza –no haber hecho nada. Pero el procedimiento dramático de **Salinas** es muy flojo y la pieza no puede sostenerse. Sucesivamente, cada uno de ellos "cuenta" su historia. No experimentan ninguna vivencia y no se trata de una narración épica a lo **Brecht**, sino de una narración convencional pobremente estructurada. Después que cada uno dice lo que le pasó, es conducido a la muerte. **Salinas** tuvo además el mal gusto de enfrentar a una prostituta y a una monja de un modo francamente pueril. En fin, una construcción tan elemental que aniquiló todas las posibilidades dramáticas de un tema de tan fuerte impacto.

En escena, sin embargo, todo esto se hubiera podido salvar si el director, **Julio Matas,** en lugar de acentuar los defectos hubiera limado asperezas. Pero el **Julio Matas** que dirige la obra está muy lejos del eficaz trabajo que ha realizado otras veces, acentuando todas las faltas del dramaturgo. En ningún momento logra un clima violento o tenso, acorde con la situación. Por momentos la pieza se torna en una conversación desintegrada al estilo de *La soprano calva* –hasta dispuso a los personajes de forma similar, como si estuvieran "de visita". Cada cual contó su historia con la mayor rigidez mientras los otros personajes se dormían tranquilamente por los rincones, con sobradas razones. Nadie participaba de lo que estaba sucediendo.

Los actores, sin embargo, se defendieron bravamente, aunque lastrando su actuación con una dicción castiza, que se le quiso imponer y que no pasó de una imitación dudosamente acertada. Por supuesto que para lograr un mayor acercamiento a lo español esto era secundario. Todo hubiera estado muy bien si, en primer lugar, lo hubieran hecho bien; si esa preocupación sobre una dicción que les resultaba artificial no hubiera afectado el gesto y el dominio del personaje. Como la generalidad de nuestros actores carecen, aún dentro de nuestras entonaciones autóctonas, un completo dominio de la voz que les permita la clara articulación del texto, la empresa era a todas luces imposible.

Miguel Mihura

Melocotón en almíbar

Una comedia recomendable

Siete meses de asistencia continuada a las salas teatrales presenciando comedias de ligero contenido, no ha querido decir que haya visto alguna que realmente valga la pena. *La rebelde debutante* tiene bastante a su favor, pero es demasiado inglesa y banal para mi gusto. Ha tenido que llegar *Melocotón en almíbar*, de **Miguel Mihura**, presentada en *El Sótano*, para que en más de seis meses sólo se pueda contar con una comedia decididamente recomendable. Reír en el teatro se había tornado para mí un fenómeno inusitado. Finalmente tuvo lugar el milagro.

Melocotón en almíbar es una farsa muy agradable que, a veces, hace reír por vía del doble sentido y algo de vulgaridad. **Mihura** utiliza sencillamente el ingenio, algo que parecía extinto y prehistórico, para desarrollar e hilvanar acciones y equívocos. Busca una situación jocosa y la desenvuelve en tono de farsa, enriqueciéndola constantemente con equívocos y acentuando hábilmente los rasgos caricaturescos de la misma. Los personajes, apropiadamente, se tornan en una especie de marionetas dentro de la farsa.

La obra toda es una burla al ridículo en la que el autor, como todo buen comediógrafo, ha sabido encadenar una situación cómica con la siguiente, procurando no dejar que la misma tenga un sólo minuto de flaqueza. Para que una comedia ligera se mantenga en alto, el autor tiene que mover con mano firme las situaciones y evitar que estas decaigan en un momento dado. **Mihura** hace descansar la pieza en un personaje que produce una reacción en cadena. Desde su aparición, eso es Sor María. Sus reacciones van de una en otra, con fino sentido, tramando imaginativamente múltiples cosas, llenas de gracia, de modo incansable, en torbellino. Ese hábil manejo del personaje protagónico es lo que permite que *Melocotón en almíbar* se mantenga en pie. Un personaje de comedia, precisamente porque es muy ligero, necesita componerse con mucha habilidad, mucha solidez técnica, para no caer en momentos de flaqueza. Sor María es una perspicaz enredadora desde el principio hasta el fin, y esa depurada técnica del enredo es lo que mantiene el interés de *Melocotón en almíbar*.

(**María Ofelia Díaz** comprende que Sor María es un brillante personaje que permite la gracia, el constante juego, la fina intención. La persigue, subraya sutilmente todas las pequeñas cosas de Sor María, los simples gestos, las furtivas miradas. Unas dotes de fina y sensible comedianta se destacan en ella y se muestra extraordinariamente grácil. Existe casi una renovación teatral dentro de sí misma, aportando una frescura y un brío que se encuentra comúnmente en actores menos obligados a la rutina del trabajo escénico. Sin olvidar su experiencia de "artesano", sabe refrescar su trabajo con el talento, más sutil, del "artista").

La pieza está llena de incidentes de mucha comicidad que han permanecido en esta versión teatral. Ciertas situaciones embarazosas, cierto exagerado grotesco, ciertas entradas con mucha intención –como la aparición de doña Pilar– poseen en realidad el mejor humor. De este modo la obra, ni por las situaciones ni por su protagonista, permite el descanso prolongado del espectador. De una situación pasa el autor a otra no menos ingeniosa, un incidente aparece encadenado con el que le sigue antes que el ánimo decaiga, con la misma constancia con que Sor María va anudando los detalles y descifrando los motivos.

(**Paco Alfonso** en la dirección ha sido el responsable del tono general dado a la comedia y del aprovechamiento de todos estos incidentes que una dirección poco hábil hubiera descuidado. Ha sabido acentuar situaciones en el momento preciso, con una buena dosis de caricatura. En resumen, un buen trabajo. No podemos decir lo mismo respecto a su actuación: abusa de las gesticulaciones, las intenciones de las mismas son a veces demasiado obvias, se repite. **Jean Vilar** señala: "¡Cuántos intérpretes –y de los mejores– nos susurran desde hace veinte años, con la misma voz, valiéndose del mismo comportamiento y de las mismas reacciones, haciendo vibrar con el mismo timbre de sensibilidad a los personajes más opuestos!").

Melocotón en almíbar es, en resumen, una feliz conjunción de un autor, una actriz y un director –acompañados por un conjunto en general eficaz– que se han reunido para ofrecer la primera buena comedia del 1960... en el mes de julio.

Víctor Ruiz Iriarte

Usted no es peligrosa

Cuestionario sobre "Usted no es peligrosa"

l. Males que buscan su cura

¿Por qué presenta la *Sala Talía* obra de tan detestable calidad, que responde al título de *Usted no es peligrosa*? ¿Hay alguna razón para algo semejante? ¿Hay siquiera una razón comercial que justifique que se lleve a escena esta culminación del teatro malo madrileño? ¿Podrá tener éxito de público una obra con tan poca gracia? ¿A quién le gusta esto? ¿Es concebible que la sala se llene con *Usted no es peligrosa*? Y si no se llena, ¿por qué no se deciden a seleccionar una obra que lleve al fracaso comercial con mayor decoro artístico? ¿Qué función tiene una obra de esta índole? ¿Es que no fue posible encontrar nada mejor en todo el repertorio del teatro universal? ¿Es que no es posible encontrar algunas obras que estén a bien con Dios y con el diablo? ¿Por qué no se torna, al menos, a la etapa aquella de *Té y simpatía*? ¿No sería ésta una política más hábil? ¿Por qué no ponen piezas como *El amante complaciente* de **Graham Green**, capaz de satisfacer pensamientos libidinosos mediante mayor habilidad dramática y un supremo alcance artístico? ¿Responde esta política siquiera a los tiempos en que el *Patronato del Teatro* llevaba a la escena del Auditorium comedias de modesta trascendencia, pero al menos de mayor gusto y destreza? ¿Es pedir demasiado? ¿No es posible al menos un moderado retorno? ¿No se ha ido demasiado lejos en el laberinto de las concesiones al público? ¿Se consigue algo con estas concesiones? ¿Por qué obligar al cronista a una continuada labor de comentarios en contra? ¿Por qué tengo que hablar siempre mal? ¿Es que en verdad esto no tiene remedio?

2. Esperando por los remedios.

¿Se ha llevado alguna vez a escena un segundo acto tan malo como éste que ha escrito **Víctor Ruiz Iriarte**? ¿Por qué abuso el autor de los gritos de asombro al unísono para enfatizar situaciones que suponía cómicas? ¿Cómo es posible concebir situación tan forzada? ¿Por qué no usó la imaginación de modo más productivo y eficaz? ¿Por qué el director hizo cosas tan convencionales como inmovilizar a la criada junto a la puerta o hacer correr a la frondosa Aurora de un lado al otro del escenario una y otra vez, a punto de darle un ataque? Y si era el texto, ¿por qué no eliminó lo que no tenía sentido? ¿Por qué no buscó otra obra? ¿No es posible que **Yolanda Farr, Homero Gutiérrez** y **Ofelita Núñez** –que relucen en panoramas como éste– prueben fortuna en mejores empeños? ¿Por qué **Octavio Álvarez**, que ha sido discreto otras veces, no moderniza la actuación de **Octavio Álvarez** actor y **Esperanza Vázquez**? ¿Por qué no tiene cuidado para no caer en moldes tan trasnochados? ¿Tiene experiencia **Silvia Penichet** en comedias españolas de tan mala clase? ¿Acaba de llegar de Madrid? ¿Y por qué no ocurrió un milagro de desintegración atómica cuando apareció en escena el primitivo y monstruoso Primitivo que interpretó **Manolín Álvarez**? ¿No pudo el director concebirlo de otro modo? Ante presencias como éstas, ¿no es la desintegración atómica un suceso afortunado?

¿?

Ahora llueve, vida mía

Por supuesto que no debemos tomar muy en serio "esto". Pero todo tiene su límite. *Sólo por amor* se podía tolerar. Resultaba hasta eficaz dentro de un círculo limitado. Pero *Ahora llueve, vida mía* cae dentro de la vulgaridad y el mal gusto. No hay siquiera solidez profesional.

La obra... Bueno, la obra no sirve para nada. Esta tal vez no sea la más eficaz expresión crítica. Sin duda hay otras críticamente más eficaces. Pero *Ahora llueve, vida mía* carece de los más elementales requisitos dramáticos. Tres actos que apenas se coordinan entre sí. Tres episodios en la vida de un hombre soltero que el autor mostró con casi absoluta independencia el uno del otro. Y para colmo, repitiendo los mismos recursos y las mismas gracias sin gracia (¿Cuántas veces tuvimos que escuchar aquello de que "un burro es un caballo que no ha ido a la escuela"?) No nos extrañemos que la tolere el público con una capacidad absoluta para aguantarlo todo. En fin, durante tres actos y el epílogo nos "empujan" lo mismo. **Idalberto Delgado** aparece sentado en un horrendo sofá con la misma cara durante cada una de las partes. **Adrián Cúneo** aparece a sus espaldas haciendo las mismas "payasadas", y las tres mujeres –una por cada acto, con una cuarta agregada en el epílogo, con diferentes formas, aparecen en escena con el mismo contenido. Ni siquiera la belleza femenina –que va de un lado a otro del escenario una y otra vez– hace aguantable "esto". ¿Cómo hay alguien capaz de llevar a escena esta obra inaguantable y sin gracia? ¿Cómo hay gente que sale de su casa y deja el televisor, cuyo programa más malo no puede ganarle a esta lluvia de mal gusto? ¿Es que la gente no tiene otra cosa que hacer, otro lugar donde malgastar su vida?

Idalberto Delgado y **Adrián Cúneo**: entre dos males el menos malo se transforma en virtud. Entre dos tipos de comediantes (?) que practican la comedia (?) con estilos opuestos (?) –momificación y payasada– nos quedamos con el que al menos cambia sus trucos, los utiliza con relativa variedad y a veces nos hace reír, aunque sea a base de exageraciones. Me refiero a **Adrián Cúneo**. En cuanto a **Idalberto Delgado,** su rostro es incapaz de ofrecer variedad de expresiones. Aparece en el primer acto con la misma cara imperturbable con que se retira en el epílogo. La comodidad interpretativa lo domina. Parece que no existe poder humano que le haga cambiar la expresión de su rostro con lluvia o sin lluvia, con luz o a media luz, o con las luces encendidas o apagadas.

Por supuesto que esto no le importa a nadie. La gente que paga $1.20 por ver cosas como éstas seguirán asistiendo para verlas. El Sr. **Idalberto Delgado** tiene su público que lo encuentra muy gracioso y no faltará quien diga que como actor no hay quien le gane. *Ahora llueve, vida mía* seguirá en escena y los sábados y los domingos y los otros días de la semana, y las señoras en sus casas y los señores y los novios buscarán un lugar a donde ir los sábados y los domingos y encontrarán que *Ahora llueve, vida mía* debe estar muy buena y subidita de tono –y las cosas subiditas de tono están muy bien y a los cubanos les gustan las cosas subiditas de tono y los hombres las dicen entre sí y aún más allá y cada cual escucha lo que le parece, hasta lo grosero si lo grosero le parece bien. Pero en escena las cosas subiditas de tono y los gestos y las ropas, si se quieren subir de tono, deben tener un mínimo de estética y una pequeña muestra de inteligencia que dignifique, elementos que la salven de la vulgaridad y la grosería...

Tal vez estoy tomando las cosas muy en serio y me olvido que se trata de un teatro comercial, y acoto, como si viniera al caso: barato, vulgar –la escenografía es de un mal gusto absoluto, desde el burro que no fue a la escuela hasta las revistas para los que fuimos a ella... Pero lo cierto es que se trata de la palabra **teatro** y resulta penoso para el **teatro** este descenso. *Ahora llueve, vida mía* desborda la copa. Ya esto no es miopía teatral. Se trata de ceguera absoluta y comercio despierto.

Punto y contrapunto.- Es triste, pero hay que reconocer el fracaso. Al principio de la Revolución, los que creíamos que iba a ocurrir un cambio en nuestra vida cultural, buscábamos una auténtica manifestación de lo popular por una vía estética. La paradoja es que lo que yo consideraba vulgar, chabacano, obsceno en aquellos momentos, hoy en día resultaría hasta discreto y de buen gusto. Naturalmente, los chistes de doble sentido que se oían en algunas salitas teatrales no eran nada comparados con lo que se oyen hoy día prácticamente en cualquier parte, salvo, quizás, en el cementerio, aunque no tanto en la funeraria. Soñábamos con la formación de una cultura que fuera el quehacer de un pueblo culto, inteligente, informado, imaginativo, innovador, educado y civilizado que rechazara la ordinariez, la grosería, la brusquedad, lo mediocre y lo chabacano. No nos dábamos cuenta que el castrismo proponía, exactamente, todo lo contrario con el fin de manipularlo.

Debo agregar que el repertorio dramático de un momento dado dice mucho, no sólo sobre las condiciones del teatro, sino también sobre la vida cultural dentro de la cual ese teatro se desarrolla. Por eso es conveniente volver la vista atrás y hacer un recuento mesurado por si algún día alguien quisiera escribir la verdadera historia del teatro cubano del siglo XX, donde todos estos factores deben de tomarse en cuenta. Espero que estas recopilaciones y mis reflexiones sean un granito de arena en este proceso que sería la luz al final del túnel.

Teatro latinoamericano

Se inician en este período los primeros intercambios con el teatro latinoamericano, que no aparece ni muy bien presentado ni representado, política cultural que va a dar positivos frutos políticos para Cuba pues se iniciarán lazos de oportunismo que van a durar varias décadas. El Premio Casa de las Américas será el medio idóneo para la compra-venta. Cualquier objeción que se le haga a *Santa Juana de América*, de **Lizárraga**, que es el primero que se otorga, no es comparable con lo que nos tiene deparado el año 1961 y que me toca de cerca.

Ya a principios de 1961 doy los primeros pasos para irme de Cuba, que adquieren un carácter definitivo tras la frustrada invasión de Bahía de Cochinos y las dichosas "palabras a los intelectuales". Para esa fecha ya he escrito *La sal de los muertos*, que envío al concurso Casa de las Américas de ese año. El jurado, formado por **Julio Matas, Francisco Morín** y **"Alejo Beltrán"**, premia *El pescado indigesto* de **Manuel Galich** que le gana la partida a *El robo del cochino* de **Estorino**, *El vivo al pollo* de **Arrufat**, *La paz en el sombrero* de **Gloria Parrado** y *La viuda* de **María Irene Fornés**, que reciben menciones. *La sal de los muertos* no llega a tal categoría y la decisión de "**Alejo Beltrán**" no me sorprende, e inclusive me honra. De la obra de **Galich**, dijo **Morín** "sin titubeos", según nos cuenta **José Triana** en entrevista que publicó en la revista *Casa de las Américas* en abril de 1961 (Vol. 1, Núm. 5, págs 39-44): "Me gusta *El pescado indigesto*. Es una pieza interesante. Posee una rara virtud: agilidad en el diálogo y un gran sentido político y humano" (¡!). Como puede verse, cualquiera está expuesto (inclusive uno de nuestros mejores directores, sagaz observador de los disparates ajenos) a decir (y hacer) grandes disparates.

La insignificancia de este repertorio es una muestra del distanciamiento existente entre los participantes del movimiento teatral latinoamericano. En realidad, y también es lamentable tenerlo que decir, el nexo queda establecido a nivel político y el castrismo se da cuenta del papel que podía jugar la dramaturgia, estableciendo sólidos vínculos entre los diferentes movimientos teatrales. Antes de la revolución cada dramaturgia funcionaba por su cuenta, dentro de los núcleos nacionales, y poco se conocía lo que estaba ocurriendo en cada uno de esos territorios. Se sabía indirectamente que México y Argentina gozaban de cierto prestigio y tradición. De ahí no pasaba la cosa, con estrenos esporádicos y visitas ocasionales de directores e intérpretes. Pero un sistema de relaciones coherentes no estaba establecido. Cuando mirábamos hacia afuera, lo hacíamos en dirección a Europa, y en Cuba, además, hacia los Estados Unidos.

Con la revolución este orden de cosas va a cambiar y se establecen líneas interactivas entre los países latinoamericanos en todos los sentidos, inclusive el teatro, como un procedimiento excelente de propaganda, proselitismo y relaciones públicas. El sistema es simple, funcional, con pleno conocimiento de las flaquezas de la conducta humana, particularmente el artista, por el cual el castrismo siente tan profundo desprecio. De esta manera, el intercambio teatral en todos los niveles, entre ellos a nivel de los dramaturgos, produce una interacción de donde quedamos excluidos los que nos íbamos de Cuba. Esto explica las tremendas condiciones de desventaja en que se ha encontrado la dramaturgia cubana del exilio.

Andrés Lizárraga

Santa Juana de América:

"Santa Juana de Cuba"

Presenta el Teatro Nacional *Santa Juana de América,* primer premio de teatro en el concurso Casa de las Américas. Y me pregunto si esta Juana Azurduy que nos ofrece **Andrés Lizárraga,** no es otra que una figura surgida de nuestras propias luchas por la independencia y de los años de frustración republicana. Efectivamente, porque cambian los lugares y queda lo mismo: América, como constante única. Podemos decir que Juana Azurduy surge de Cuba, de Venezuela, de Méjico, de Uruguay, de cualquier país latinoamericano que nos venga a la memoria; surge de la frustración que esos países han padecido en su historia. Y **Lizárraga** dice una verdad evidente: no es cuestión de lucha, de cambios de gobierno; es cuestión de comer o no comer, del hambre del hombre, de como dar de comer a los hambrientos. **Lizárraga** une a la América Latina por ese lazo común, cordón de la injusticia y la necesidad, trágica cadena del hambre y la injusta distribución de la riqueza, las prerrogativas inmorales, la distribución feudal de la propiedad. Contra todo ello se alza el símbolo de Juana Azurduy, mujer rebelde que luchó por la libertad, mujer ausente en los textos de historia, mujer que trazó la línea divisoria entre el hombre que come y el que no come. Procede de América, de sus luchas que no significaron siempre la solución del hambre del hombre, sino la permanencia de los mismos moldes coloniales bajo nombres autóctonos. No son increíbles, por consiguiente, las coincidencias históricas con nuestra historia independentista, con las frustraciones republicanas –también en Cuba se celebraba un 20 de mayo en el que nuestros políticos de antaño se distribuían el botín– y con la Revolución cubana y su acción frente a la injusticia social.

Técnicamente **Lizárraga** aplica la fórmula épica de **Bertold Brecht.** Utiliza escenarios múltiples y cambios de tiempo en el desarrollo de la acción, lo cual demuestra la constante lucha del teatro –ya sea clásico español, shakesperiano, expresionista o épico– contra su constante enemigo: la limitación espacial; un afán de liberación que se vuelve denominador común dentro de las diversas técnicas creadoras. **Lizárraga** utiliza con bastante habilidad y liberalidad esa técnica de cambios temporales. Unifica esa ausencia de limitaciones y cortapisas con una claridad absoluta en el desarrollo de la acción. Mezcla el tiempo y las acciones, utilizando en todo momento una narración objetiva que evade la confusión y permite esa separación entre el público y la acción dramática, propia del teatro épico, que permite captar a las claras y plenamente el significado de los hechos que tienen lugar en escena. Ni siquiera los cambios de tiempo que se originan por medio de intervenciones de la propia Juana Azurduy, afectan en modo alguno el tono conversacional y la diafanidad necesaria que corresponde a una acción de carácter objetivo.

Podemos decir, sin embargo, que **Lizárraga** tal vez abusó del procedimiento, que tiene sus limitaciones e inconvenientes. Si bien posee la virtud de ser objetivo, claro, funcional –aunque el dramaturgo permite que el público saque sus propias conclusiones de la situación que él plantea hábilmente y de modo polémico– tiene el inconveniente de mantenerse siempre brechtianamente en frío, y que en el caso particular de *Santa Juana de América*, llega a producir cansancio. Tal vez se abusó de la técnica narrativa, llegando a una fragmentación excesiva de la acción y de los personajes, defecto evidente de la obra. Existe una fragmentación que le resta la coherencia necesaria a toda obra teatral, sea cual sea el método utilizado. En especial, la obra se resiente notablemente con los personajes secundarios. Salvo Juana Azurduy y Abelardo Acuña –con su contrapunto ideológico de justicia social e intereses creados– no hay evolución dramática en las otras figuras; tal es el caso de la Hermana Gervasia o Rosalía Azurduy, por ejemplo. Esto nos lleva a sentir insatisfacción y vacío, como si algo fundamental le faltara.

La representación contó con la utilización de diversos procedimientos técnicos que, a veces, llegaron a alcanzar categoría artística. Tal es el caso de la escenografía inicial con el dibujo del pueblo, como un todo, al fondo. Pero otros recursos fueron meramente mecánicos y resultaron chocantes. Por ejemplo, la intervención cinematográfica, totalmente pueril, que anuló el efecto dramático de uno de los momentos que se supone más intensos –cuando Juana pierde a sus hijos– y cuya pobreza cinematográfica lo hacía más lamentable. El corto fílmico no respondió al carácter objetivo y directo de la obra, sino que pretendió ser un ejemplo elemental de virtuosismo fotográfico –como el plano de la copa de los árboles, puramente decorativo, sin relación con la tragedia de Juana Azurduy. La música, que tampoco venía al caso, empeoró la situación. Todo nos hizo pensar cuán inútiles pueden ser los recursos técnicos cuando no se saben emplear.

La acción de *Santa Juana de América* parece subdividida en tres espacios: dos alrededor de lo que podríamos llamar los hechos y el resto del escenario para aquellos elementos de la narración que unen intemporalmente el drama. **Eduardo Manet**, en este último espacio, resultó mucho más brillante que en el primero, donde los personajes se movieron dificultosamente sobre una plataforma de escasas dimensiones, empobreciendo la representación. **Manet** logró un momento particularmente hermoso e imaginativo en el primer encuentro de Juana y Padilla, su esposo.

Miriam Acevedo fue nuevamente una actriz industriosa que trabajó legítimamente su personaje. Se empeñó en Juana Azurduy y logró mucho. Su escena inicial: la incrédula Juana, la interrogante Juana, buscando en la religión respuestas que no le daban, los ojos abiertos e inocentes en espera, su brioso espíritu transparentándose, fue un logro absoluto. El espíritu inquisitivo de Juana, que nace de su comunicación directa con la naturaleza, con la vida, con la torta de maíz, fue una preocupación constante de la actriz, que no dejó escapar sus veloces argumentaciones, claras como el agua, que iba tras ellas con las entonaciones rápidas y afiladas de su voz. Esa lógica campesina vista a través de Juana constituye uno de los aciertos fundamentales del dramaturgo, que busca además un personaje de mentalidad directa que haga juego con el tipo de teatro objetivo que él construye –personaje en función de la técnica, o a la inversa, pero en todo caso feliz coordinación. A veces se le escaparon a **Miriam Acevedo** –tal vez su propia figura, movimiento de las manos, ondulaciones del cuerpo– algunos rasgos que traicionaban a esa "mujer de campo". Sus momentos narrativos fueron muy eficaces, sin perder la línea imprecisa entre un tono conversacional y la riqueza emotiva. Sus transiciones de una situación a la otra, moduladas a la perfección.

La actuación de **Eduardo Moure** fue realmente sorprendente: llevó su brioso personaje hacia adelante con absoluta sobriedad. La falsedad y tono externo de **Ángel Espasande** resultó, en este caso, un acierto. **Rafael de Acha** mantuvo bien su tono conversacional, con cierta hondura, aunque algo inseguro. Muy bien el tono de farsa de **Jorge Martínez**, como el Auditor, y el de **Miguel Cardona**, en una escena que constituyó uno de los aciertos de dirección de **Eduardo Manet**.

Osvaldo Dragún

La peste viene de Melos:
"Una isla pequeña y libre en medio del mar"

Con pleno sentido de su misión, el *Teatro Universitario* ha seleccionado la obra de **Osvaldo Dragún**, *La peste viene de Melos*, de evidentes conexiones con problemas de nuestro país y de la Revolución cubana. La obra es una exaltación al derecho que tienen los pueblos pequeños a elegir su propio destino, a la autodeterminación. La heroica historia de los habitantes de esta pequeña isla del Mar Egeo contra la potencia imperialista ateniense que trata de someterla, la repulsa de otros pueblos cercanos a Melos y su rebelión, constituyen un paralelo evidente con los problemas políticos internacionales que amenazan a Cuba. Si un autor cubano escribiera algo similar pensando en la realidad nacional, forzosamente surgirían puntos de contacto con la obra de **Osvaldo Dragún**. Tal parece que **Dragún** escribió la obra pensando en Cuba.

El *Teatro Universitario* pretende conectar su tradicional interés por el teatro griego con la temática revolucionaria. Pero es precisamente su ambiente griego lo que me molesta en esta pieza. No sé por qué existe esa preferencia de los autores contemporáneos de estar recurriendo siempre al mundo griego para trasmitir un mensaje que es casi una realidad inmediata. Creo que no hay necesidad de ello, a menos que se hagan aportes originales. La obra de **Dragún** obliga a preguntarnos por qué se ha recurrido a los griegos si en realidad no nos hacían falta. De sobra tenemos con los contemporáneos. Lo importante en la obra es la anécdota actual. Lo griego sobra y obliga a comparaciones innecesarias y nada favorables.

Dejando a un lado estas observaciones, la obra está bien ejecutada. **Dragún** resuelve las escenas de tipo colectivo con mucha coherencia y expresividad. Tal vez abuse del número de personajes y las anécdotas, pero en general es una pieza interesante.

La representación que ofreció el *Teatro Universitario* mostró un nivel interpretativo decoroso, considerando que se trata de un teatro universitario con función docente. Tarea sin duda de **Helena de Armas**. Las actuaciones que recuerdo con especial fuerza son las de **Sam Marty** –su Pitias tuvo un porte seguro y digno, con mucha fibra heroica–, **Miguel Ponce** –realiza aquí el mejor trabajo que le hemos visto, con un tono un tanto chabacano, descuidado y directo en la concepción de su Tisías; su voz, pese a resultar adecuada al personaje, es un punto débil que debe atender– y **Luis Oquendo** –su Alcibíades está dado también con un porte fuerte, de acuerdo con el personaje.

Lo más endeble de la representación estuvo en la escenografía de **Luis Márquez** y su realismo minucioso. Realismo hasta cierto punto: realismo de cartones pintados. En tal sentido la dirección estuvo equivocada y la escenografía gastó energías por gusto. Porque no es muy realista desaprovechar unas columnas de verdad por una pintadas. Bajo las columnas de la Plaza Cadenas chocaba contemplar las columnas pintadas por **Márquez**. Humo, incienso y antorchas encendidas completaban un espectáculo de cartones pintados donde la imaginación del público no tenía cabida.

Corrado Alvaro

La larga noche de Medea

"Medea innecesaria"

Estos temas eternos se hacen peligrosos. La comparación se hace inevitable. Y nunca segundas partes fueron buenas... Es asombroso como los griegos crearon un mundo que ha llegado de una forma esencial hasta nosotros. Porque Medea vive dentro de cada mujer. Un residuo ancestral que se ha mantenido en la vida secreta de su sexo. Dentro de cada mujer hay una Medea en potencia: el abandono y la lucha por su presa.

La esencia de Medea ya está en Medea. Es decir, *Eurípides*. **Corrado Alvaro** mantiene esa identidad. Muy bien. Pero no agrega nada fundamentalmente distinto. Muy mal. Y nos lanza plenamente a la razón de ser de esta larga noche, viva, interesante, pero sin un nuevo significado. Si careciera de antepasados ilustres, la pieza tendría derecho a la vida. Pero los tiene. Además, el cambio de ciertos detalles no justifica el texto. En fin, esta Medea aceptable, interesante, nos recuerda a una Medea vista otra vez, dolorosa, desgarrante Medea, y despierta el anhelo de volver a ver, vivo, aquel mundo griego, y nos preguntamos por qué no fue aquel *Eurípides* el seleccionado para la larga noche de Medea.

Todo parece descansar sobre Medea. El circunstancial dramaturgo descansa sobre elementos esenciales, ya existentes: el abandono y la traición, la mujer en lucha contra la crueldad y el desamparo. De igual forma, en la representación, todos dejan caer el peso sobre una actriz que realiza una bellísima tarea. La larga noche cae –afortunadamente en parte– sobre **Ana Sainz**. Creo que la palabra belleza es el vocablo exacto que describe su interpretación. Su actuación profesional y lograda está llena de una belleza que sugiere el mundo griego. Una línea suave, delicada, que ella no interrumpe con el clamor, la fuerza, la energía que también sabe darle a Medea. Ambos elementos están presentes. Dentro de un conjunto brillante aún se destacaría su trabajo, pero por contraste –**Ana Sainz** como Medea no eclipsa a los actores que ella tiene a su alrededor: ellos se eclipsan a sí mismos–, en esta puesta en escena nada excepcional, resalta mucho más su esfuerzo creador y nos muestra lo que es una labor interpretativa eficaz y sincera, sin recursos falsos, tentadores a veces cuando se interpreta a Medea.

Pedro Bloch

Las manos de Eurídice

Poder del teatro en un acto

El teatro en tres actos permite una evolución dramática en los personajes que posibilita un efectivo desarrollo que llega a su fin tras un prolongado recorrido. Los personajes crecen ante nosotros, sus conflictos internos se ponen gradualmente de manifiesto y sentimos el camino que conduce a un fin. La grandeza del teatro en un acto radica en la síntesis de tiempo a que se ve limitado el autor y como dentro de esas limitaciones y circunstancias tan restrictivas, proyecta el dramaturgo hábil e inteligente una circunstancia vital esencial, un estado anímico que ha de llegar con precisión hasta nosotros. Es esencialmente sugerente más que concluyente. Exige un aprovechamiento máximo de la palabra y pide en el dramaturgo un cuidadoso esfuerzo para que se muestre como lo que es: como dramaturgo. Está en la obligación de sintetizar en poco más de media hora, o en poco menos, un juego escénico que demuestre que estamos presenciando algo que en realidad vale la pena.

La puerta estrecha de Bloch

Pedro Bloch ha escogido esta vez, para expresar su plenitud de autor, el camino estrecho, difícil, del teatro en un acto. Ha limitado su circunstancia y después ha proyectado su situación dramática y sus personajes con un mínimo de recursos, hasta obtener un máximo de resultados. La obra tal vez peque por exceso, pero vale la pena. **Bloch** no se conforma con el análisis destructivo de Gumersindo Tabares, su aniquilamiento, sino que presenta ante nosotros –con palabras entredichas dentro de un largo monólogo, con voces vagas y dispersas– los verdugos del hombre. Así, los personajes en la vida de Gumersindo, que no aparecen en escena, que están en su cerebro atormentado, se dibujan, se perfilan: la suegra, el suegro poderoso, los niños malcriados pero también dulces, la cambiante Dulce, la siniestra Eurídice. No se conforma pues con Gumersindo Tabares, la puerta ancha, el camino fácil, y prefiere proyectar, vitalizándolo y animando la acción de su monólogo, a los otros personajes que son determinantes en la vida del protagonista.

Es particularmente eficaz el retorno de Gumersindo al hogar, la reconstrucción agónica, rica en matices, de todo su pasado. El hombre vive dentro de la síntesis creadora de **Bloch**, reconstruye con intensidad variedad de situaciones, motivos diferentes que se suceden vertiginosamente. La acción se proyecta sobre nosotros y nos abruma con el mismo clamor trágico que a su personaje. El pecado del autor, si es que lo tiene, radica en que su propia riqueza creadora llega a abrumarnos y apenas nos deja respirar.

El hombre en la silla

En medio del escenario, sólo, el hombre en la silla. Nada más, precisamente. **Dumé** en la dirección consigue exactamente que el hombre y la silla se muevan y palpiten. La obra en sí encierra todas las posibilidades para que un director y un actor inteligentes sepan aprovechar, dentro de sus aparentes limitaciones, todo un mundo rico en posibilidades. Esta ha sido la tarea creadora realizada por **Dumé** y **Manuel Pereiro**. La silla y su hombre vibran con exacta intensidad. El personaje queda confinado a un estrecho reducto, aprisionado. Pero adquiere una extraña libertad: las manos son libres, las piernas, los giros dentro de esa pequeña jaula. Y **Dumé** hace girar exactamente, agónicamente, –como los círculos que describe Gumersindo Tabares sobre el escenario, cerrados como su agonía, al hombre encerrado en su cerebro y en las cuatro paredes. La tarea de enriquecer con movimientos, sugerencias, distorsiones, una situación limitada en espacio, muestra justamente la labor creadora que el director y el actor hacen. La movilidad interna –la exacta movilidad de *Las manos de Eurídice*, la movilidad más pura– crece y nos aniquila.

Punto y contrapunto.- Omito mi reseña a la obra de **César Rengifo,** *Soga de niebla,* que llevó a Cuba un grupo de teatro venezolano, cuya puesta en escena me pareció pésima. De este dramaturgo de extensa trayectoria nada sabía en aquel momento y juzgué la obra con absoluta independencia de quién era o pudiera ser, sin importarme tampoco su filiación política.

Estas puestas en escena no fueron excepcionales (salvo *Las manos de Eurídice*) y he acortado algo las reseñas, pero dejan constancia de algunos buenos trabajos de actuación y dirección. También dejan constancia de un deseo de justicia social que, desgraciadamente, tomaría derroteros lamentables.

Teatro norteamericano

Es evidente que el teatro norteamericano estuvo muy bien representado en estos años. Esto se debía en parte a la formación de nuestro movimiento teatral, la cercanía de los Estados Unidos y su esfera de influencia, incluyendo el cine. Directores como **Andrés Castro**, al frente de *Las Máscaras*, estaban pendientes de lo mejor que se hacía en Broadway, y cumplían en este sentido una función en beneficio de nuestro teatro. En otros grupos, como *Teatro Estudio* y *El Sótano*, había premeditación y alevosía, pero los que actuábamos de buena fe no podíamos rechazar un texto dramático con ciertos valores por una razón estrictamente política. Algunas salas se inclinaban a lo más frívolo y superficial del teatro norteamericano, lo cual respondía al gusto del público que asistía a sus funciones. En definitiva, tanto la izquierda como la derecha, así como el centro, favorecían la puesta en escena de obras norteamericanas. Algunos de mis comentarios, leídos hoy en día, parecen politizados; sin embargo, respondían a una percepción del mundo que nos hacía rechazar las injusticias que se reflejaban en la vida y las situaciones de los personajes que estaban en escena. Tenía que rechazar lo frívolo e insustancial en beneficio de un teatro con mayores preocupaciones sociales. Aunque se sabía cual era la filiación política de ciertos participantes del movimiento teatral, esto no implicaba que llegáramos a pensar que todo formaba parte de un proyecto premeditado; a la larga una conspiración, una toma de poder.

Algunas de estas puestas en escena tuvieron, por una razón u otra, alguna resonancia, salvo el caso de ***Sólo por amor,*** que la incluyo por ser sintomática del repertorio de las salas teatrales. Como puede verse, en un período de poco más de un año la dramaturgia norteamericana estuvo muy bien representada, lo que demuestra el interés que había en ella.

Antonia Rey como Lottie en una escena de *La oscuridad al final de la escalera*, con Pilín Vallejo
Foto cortesía de Dumé.

William Inge

La oscuridad al final de la escalera

Parece que gran parte del éxito obtenido por *La oscuridad al final de la escalera* se debe a la presencia de **María Antonia Rey**, experimentada comedianta. De las 200 representaciones se deben a ella por lo menos 100. Las otras 100 habrá que achacarlas a **William Inge**.

Un caso de insuficiencia lírica

"De pronto vi a la pequeña Sheba... estaba tendida en medio del campo... muerta... Esto me hizo llorar, Doc... Nadie se fijaba en ella... Y grité y grité... Ese agradable y pequeño cachorro... su blanca y rizada piel estaba manchada con fango y nadie se detenía y la cuidaba..." (de *Vuelve, pequeña Sheba*).

Bello, pero no es suficiente. La calidad poética de una pieza no determina su calidad dramática. Se trata de un componente más. De ahí que muchas veces no me haya sentido del todo convencido ni siquiera con **Lorca**. Por eso, cuando escuchamos la dulce, triste, melancólica voz que añora a Sheba, nos sentimos por un momento transportados, para darnos cuenta después que no ha sido suficiente. Esto del "realismo poético", ya sea referido a **Inge** o a cualquier otro dramaturgo, es con frecuencia una forma retórica convencional. El teatro de **William Inge** tiene, en efecto, "su poesía": esa materia gaseosa, indefinida, que se prolonga de una manera vaga a través de una acción concreta.

El éxito obtenido entre nosotros por *La oscuridad al final de la escalera* hace evidente lo que es **William Inge**: un autor comercial con detalles artísticos que sabe ofrecer gato por liebre. Su teatro es un teatro de ingredientes compuestos como si fuera una receta culinaria, que en sus mejores momentos se acerca a la alta gastronomía. Por eso, no es posible negar la emoción cuando uno escucha en *Vuelve, pequeña Sheba*:

LOLA.- "Esos años se han desvanecido –desvanecido dentro del aire. Han desaparecido justamente– como la pequeña Sheba.

O cuando Sonny, el niño mimado de Cora, regresa asustado por la oscuridad al final de la escalera:

CORA.- Sonny, ¿por qué le tienes miedo a la oscuridad?

SONNY.- Porque... porque tú no puedes ver que hay algo frente a ti. Y podría ser algo horroroso.

CORA.- Tú eres ahora el hombre de la casa, Sonny. No debes tener miedo.

SONNY.- Yo no tengo miedo... si alguien está conmigo.

Bello final del segundo acto: ternura, poesía, belleza. Pero ese final no es otra cosa que un cierre hermosamente lírico a una secuencia dramática llena de imperfecciones. El propio dramaturgo se muestra insatisfecho: "Siento que jamás he logrado manifestar mis más hondos sentimientos en mis obras. Escasamente he alcanzado a expresar la mitad de lo que quiero escribir. Siento que sólo he arañado la superficie." Existe un franco desajuste entre la elementalidad esquemática de sus personajes y su intento de llevarla a escena de una manera eficaz, a modo de síntesis. "Yo estoy tratando de reducirlos (a los personajes) a una fórmula, tratando de hacer que los caracteres se comporten, no como ellos tienen que hacerlo sino como deben hacerlo." Por otra parte, no tiene la complejidad de **Tennessee Williams**, ni usa una maquinaria accesoria (imágenes retrospectivas, parafernalia simbólica) que lo haría un poco más sofisticado e interesante.

El culto fálico

Pero hay algo más, **Inge** se da cuenta que la poesía no se vende con facilidad y hecha mano de un recurso mucho más efectivo. Surge así lo que **Eric Bentley** llama "el culto fálico": "Por supuesto que no existe ninguna negación de que el héroe tenga un cuerpo y que éste sea un cuerpo de hombre. Lo que es notable en ciertas obras de **Tennessee Williams** y **William Inge**, es lo mucho que existe en torno al cuerpo del héroe y lo poco que hay más allá de él" (**Bentley**, *The Dramatic Event*) La referencia explica a las claras la mentalidad, el trazado y las limitaciones de la mayor parte de sus héroes. El joven atleta de *Vuelve, pequeña Shebba*, adorado por Lola; el vital y semidesnudo vagabundo de *Picnic*, adorado por la anciana Mrs. Pots, entre otras; y en cierto modo Bob, el vaquero de hueca mentalidad de *Parada de ómnibus*, y hasta Rubin, el maduro personaje de *La oscuridad...*, admirado secretamente por la insatisfecha Llottie, son objetos de adoración de un "culto fálico" que, como diría **Bentley**, se aferra al cuerpo del personaje y no lo trasciende. Pero, claro está, esto facilita la venta de la "mercancía". Como **Bentley**, podríamos agregar que no hay ninguna objeción con respecto a la presentación de la sexualidad, pero sí con respecto a lo poco que existe más allá de ella.

Las mujeres, en tal sentido, salvo en *Parada de ómnibus,* constituyen una mercancía menor. La propia Madge de *Picnic*, pese a la admiración sexual que existe hacia ella, no es el agente dramático que mueve la pieza. Su teatro es un teatro comercial que aprovecha el desnudo como carnada masiva, la poesía como carnada intelectual y un poco de filosofía cotidiana como toque eterno –lo cual parece indicar que voy camino de no decir algo fundamentalmente favorable. Contradicciones y limitaciones que lo reduce a una especie de costumbrismo norteamericano, entre la poesía, la sexualidad y el bolsillo, que no resulta convincente.

Un caso de insuficiencia dramática

Espero que la determinación previa de su falta de genialidad no anule el interés por lo que pueda decir a su favor. Quizás todo lo anterior haya sido demasiado concluyente. Un medio epitafio que quita validez a la otra mitad de mi escritura. Después de todo, el final del segundo acto de *La oscuridad al final de la escalera*, cuando Sonny regresa asustado por la oscuridad al final de la escalera, es una síntesis de la ternura, la belleza y la... poesía.

En *La oscuridad al final de la escalera* encontramos otras contradicciones entre la elementalidad de caracterización y la falta de síntesis. El segundo acto de la obra, el centro de la misma, "el plato fuerte", cae de su peso a consecuencia de una concepción errónea. El verdadero centro argumental reside en el conflicto matrimonial entre Cora y Rubin, que está en plena crisis, como indica el final del primer acto. El segundo acto está destinado a la solución del conflicto. Incapacitado el autor de mover a sus personajes interiormente, se ve precisado a recurrir a un personaje externo al conflicto de Cora para solucionar las crisis interna de ésta. Surge así Lottie, que aunque es un buen personaje tampoco es perfecto. En primer lugar, abunda la palabrería. Se reitera notablemente durante la primera parte del acto, cobrando sólo al final la vida necesaria. Aunque el cambio final está logrado a plenitud, el contraste entre el mundo exterior de Lottie y su drama íntimo, no necesitaba sin embargo tan prolongado desarrollo, sin contar que su razón de ser, desde el punto de vista dramático, está en función de la relación matrimonial entre Cora y Rubin.

Punto y contrapunto.- Hoy en día (aproximadamente cuarenta años después), me parece exagerada mi posición respecto al teatro de **Inge**, que no acababa de aceptar en aquel momento y que sin embargo creo que ocupa un lugar respetable dentro de la dramaturgia norteamericana del siglo XX. Además, inclusive en el concepto de "el culto fálico" es posible que fuera un precursor del teatro de nuestro tiempo.

Antonia Rey y la puesta en escena

El éxito de **Antonia Rey** como la mejor actriz del año 1959 se debe en gran parte a **William Inge**. No se debe precisamente a lo bueno que hay en el dramaturgo, sino a sus limitaciones, que ha obligado a la actriz a buscar donde no hay y, consecuentemente, a salvar una pieza mediocre. **Antonia Rey** triunfa interpretando a Lottie, el personaje creado por el autor como auxiliar al ineficaz desarrollo interior del personaje central de la pieza, Cora. Lottie es un buen personaje, en cierto sentido. Tal vez sea el mejor personaje de su teatro. Pero tiene sus defectos. En primer lugar, la palabrería abunda. Lottie se reitera notablemente durante la primera parte del acto, cobrando sólo al final la vida necesaria. **Inge** pudo haberlo reducido, sin duda. El contraste entre el mundo interior de Lottie y su drama íntimo no necesitaba en ningún modo tan prolongado planteamiento. El cambio final, por el contrario, cosa rara, es eficaz y pleno.

Todo esto va bien si observamos a Lottie aisladamente y no dentro de la estructura general de la comedia. Es un personaje incidental, secundario, que entra en escena para avivar el mortecino interés de la acción. En el fondo, Lottie puede ser eliminada casi por completo desde un punto de vista temático, pero es técnicamente necesaria y sin ella la obra resultaría difícilmente tolerable y, tan pronto cumple su destino en el destino de Cora, el autor la hace desaparecer, se deshace de ella y nos lanza nuevamente al conflicto, ligeramente tedioso, de Cora. Cora, por su parte, al ver el mal ejemplo de Lottie –llega a sus propias conclusiones y modifica su conducta.

El dramaturgo se da cuenta que su personaje se "roba" la obra y lo aprovecha. Tarea de la dirección: acentuar los rasgos de Lottie, poner donde no hay, salvar la pieza; cosa que, **Andrés Castro**, precisamente, hace. Al parecer, la insustancialidad de sus obras ganan extraordinaria categoría cuando caen en manos de una buena actriz o actor.

Brooks Atkinson, Kim Stanley y "Parada de ómnibus". Sin embargo, sólo así podemos explicar palabras elogiosas hacia este teatro insustancial, especialmente cuando leemos ciertas críticas –como la de **Brooks Atkinson** a *Parada de ómnibus*– en la que el crítico parece ver donde no hay: "Lo que los extraños dicen y hacen durante la noche es extremadamente gracioso". "Hay una gran cantidad de estruendosas payasadas en *Parada de ómnibus,* pero hay también una segunda dimensión". (¿Dónde?). Y transcribimos la opinión de **Atkinson** sobre la actuación de **Kim Stanley** en la Cherie de *Parada de ómnibus*, donde la actriz –algo semejante a lo que hace **Antonia Rey**– se vio precisada a poner donde no había: "Miss Stanley ha inventado un gran número de detalles significativos que crean un carácter –una voz adenoidal, espesa, confusa, como si estuviera hablando con bolas en la boca, muecas y pausas que expresan alarma, enojo, asombro y confusión. Ella no está imitando la vida. Ella está imaginando un personaje"

Se puede clasificar de acierto la selección de **Antonia Rey** como la mejor actriz del año 1959 y es necesario volver a ella. Un legítimo esfuerzo dramático, que supera en lo posible una obra deficiente. Acusadas por algunos de exageración, **Antonia Rey** ha hecho entre nosotros lo que tenía que hacer en un caso como este. Si la actriz se limitara a repetir el texto de Lottie sin realizar una labor personal y creadora –un esfuerzo supremo–, y si no se "robara" la pieza como **Inge** sugiere, *La oscuridad al final de la escalera* resultaría insostenible. Afortunadamente, **Antonia Rey** pone de su propia cosecha, utiliza sus propios recursos, lleva su personaje a extremos, acentuando exteriormente la máscara terrible que es Lottie. Su actuación es de una eficacia trágica. Tiene que ser así, y aporte de **Inge** o no, tenemos que aplaudir que **Antonia Rey** la captara hasta los extremos patéticos que alcanza. Todo este enfoque estaría mal si la actriz no descubriera el mundo interior de Lottie. No es una "payasada" más. Hay que ver la diferencia entre la expresión puramente barata y la que tiene mundo interior y, lo más importante, la que lo hace llegar al espectador. La comunicación es esencial. **Antonia Rey** lo logra. ("Hay ciertos actores que pueden sentir sus papeles profundamente y comprenderlos con diafanidad, pero no aciertan a expresar ni trasmitir al público esa riqueza que llevan dentro". **Miguel Chéjov.**) Ofrece además la transición final, aunque hay que decir –en honor a **Inge**– que esta transición sí está en el texto y que aparece bien subrayado: el momento trágico en que Lottie alcanza un soplo salvador.

Punto y contrapunto.- Cuando abro el fuego en Revolución con esta obra, **Carlos Franqui** me da un amistoso raspapolvos porque él era "fanático" de **Miriam Acevedo** y no resistía el tipo de actuación de **Antonia Rey**, que conjuntamente con **Adela Escartín** serán las tres "estrellas" del teatro cubano del momento. Yo no tenía particular preferencia por **Antonia Rey**, pero en realidad su actuación me gustó mucho. A **Adela Escartín** no la resistía, porque siempre me pareció muy afectada. A consecuencia del éxito de la obra, el Departamento de Bellas Artes del Municipio de La Habana organiza un debate, del que tomo nota para el periódico. Alguien, en el público, critica a la actriz, afirmando que "después de estar tanto tiempo interpretando el personaje lo ha exagerado. No es justamente la misma actuación que el año pasado. Temo también que después de *Algo salvaje en el lugar* y *Vida con papá*, no podrá hacer otro tipo de personaje. No podrá hacer, por ejemplo, *Las brujas de Salem*". **Antonia Rey** niega los cargos: "Me pongo el mismo maquillaje, sigo la misma línea de actuación. Yo creo que se puede hacer más bajo de lo que yo lo hago, pero yo lo siento así". Esta muestra del "vivoreo" teatral, deja constancia también del éxito de *La oscuridad al final de la escalera*. Airosa, la actriz aprovecha la ocasión y agrega: "¿Se han fijado cuantas veces el público ha visto *La oscuridad...*?"

Arthur Miller

Las brujas de Salem

No menos importante en sus implicaciones sociales y por la fuerza de una colectividad en acción, lo será la presencia (en la escena cubana) de *Las brujas de Salem*. Al leer la obra de **Miller** nos damos cuenta de la clase de dramaturgo que es y la pequeñez de otros en el teatro norteamericano. "Después de la presentación de *La muerte de un viajante*, **Arthur Miller** ha sido considerado como el segundo dramaturgo moderno que ha asegurado la supervivencia de un significativo teatro en los Estados Unidos" (**John Gassner**). El primero, dice **Gassner**, es **Tennessee Williams**. Agregamos nosotros: por supuesto que no. "Desde 1920 el drama americano ha sido año tras año un permanente documento sobre la frustración del hombre. Yo no creo en eso. No es suficiente decir lo que está pasando. Los periódicos lo hacen" (**Arthur Miller**). Evidentemente, **Miller** considera que hay que decir algo más.

Nota de prensa que publico antes del estreno

> **MILLER**: "Al comparar nuestra dramática de los últimos cuarenta años con la Grecia clásica, se destaca una diferencia: el único tema que tratan nuestras piezas más importantes es el de la decepción. Muestran la imagen de un individuo que araña la pared tras la cual se halla la sociedad, el prójimo. Muchas veces procura atravesarla o treparla o simplemente hacerla volar por el aire, pero finalmente la pared sigue en pie y el hombre acaba muerto o condenado a la derrota en su intento de vivir una vida humana".

DEFENSA DEL HOMBRE. Su mirada al hombre que sufre dentro de una sociedad imperfecta que no acaba de encontrar su ajuste; su respeto total hacia el hombre que forcejea, clama y busca su solución; su amor; lo colocan como una figura definitiva y categórica: no existe el malabarismo usual. Su solidez es innegable. Innegable la verdad, el alcance ilimitado, liberado, de *Las brujas de Salem*. Por supuesto: la pureza de su pensamiento tiene que chocar contra una sociedad bastarda. Se hace inadmisible, encuentra sus enemigos, las sucias opiniones. **Eric Bentley**, por ejemplo, ha dicho en *The Dramatic Event* que esta pieza posee un liberalismo peligroso y obsoleto. Pero **Miller**, sencillamente, antes que nada y sobre todo, invoca una verdad, un derecho primario del hombre a la libertad: eso es todo. Frente a estos hechos, nos aproximamos a *Las brujas de Salem* con el mayor respeto, la mayor devoción, el espíritu sobrecogido al encontrarnos frente a una hermosa verdad, su auténtica verdad con todas las posibilidades de ser la verdad. Los valores o defectos dramáticos palidecen ante su alcance y contenido. No la calificaría en ningún momento de antorcha irrefutable –**Miller** reniega de ello a través de su obra y sus personajes–, pero la pieza es portadora de una pureza innegable.

Su énfasis en lo social ha hecho que se haya considerado imperfecto su tratamiento de los caracteres.

> "**O'Neill** como dramaturgo estaba interesado fundamentalmente en los caracteres; **Miller**, como consecuencia, está primeramente interesado en el tema y trata los caracteres de modo incidental" (**George J. Nathan**).

No creo tal cosa. Es evidente que *Las brujas de Salem* gira sobre estados fundamentales de una comunidad en acción y no sobre el individuo, que **Miller** hace énfasis en la comunidad como un todo – característica fundamental–, pero ello no conduce a debilidad en la caracterización de los personajes, sino a una ubicación más concreta y definida.

> "**Miller** ha sido remiso en el desarrollo de sus caracteres a una cercana aproximación hacia una reconocible y clara humanidad, negándole así a su audiencia el contacto necesario y simpático con sus dos figuras centrales, el marido y la mujer víctimas de la cacería de brujas... El efecto es el de dos obedientes actores que recitan apasionadamente sus papeles en lugar de interpretar a dos personajes humanos que un mejor dramaturgo hubiera hecho con ellos" (**George J. Nathan**)

Existe, claro está, un análisis minucioso y elaborado de la situación con el propósito de presentar diferentes actitudes ante un mismo hecho, selección previa y personajes que "funcionan" dentro del drama. El autor no se conforma con crear personajes estrictamente individuales, sino que crea una comunidad en pleno. Existe, efectivamente, una cierta supeditación a la situación y sus personajes no son los más libres que hemos conocido, pero esto no excluye un ajustado y pleno desarrollo. El conjunto de diferencias emocionales agrupadas por el dramaturgo, sirve de contrapunto dramático. Samuel Parris, Thomas Putnan, Ann Putnam, Abigail Williams, John Hale, Danforth, mueven su índice acusador, son los verdugos, pero cada cual mantiene sus características propias. **Miller** es sutil, marca la línea en que un verdugo conduce al otro. La categoría del drama que tiene lugar nos mantiene sobrecogidos casi siempre, salvo una ligera caída al inicio del segundo acto, y no es hasta el momento en que Mary Warren hace sus declaraciones que la acción se torna menos teórica y más dramática.

> "Nuestros momentos de emoción sólo nos hacen más conscientes de muchos otros que nos dejan indiferentes e insatisfechos... Hay una terrible rigidez... Los caracteres individuales, así como sus textos, caracen de fluidez y gracia" (**Eric Bentley**)

Las brujas de Salem en el Anfiteatro resultó un híbrido aquelarre en materia de actuación. **Helmo Hernández** fue un ejemplo de contradicciones. Inseguro al principio y al inicio del segundo acto, mucho más conseguido al final, ofreció un modelo de actuación durante la segunda mitad del primer acto. Va más allá del texto. Primeramente, se sitúa en Salem. Además, comprende que John Proctor tiene que trasmitir su historia situándose en el pasado: todo el estado emocional de varios meses de lucha contenida y secreta. Es decir, Proctor ya formado. **Helmo Hernández** no se conforma con el texto: fluyen sus antecedentes anímicos y situacionales –antecedentes que determinan el modo de decir cada frase insustancial e intrascendente. Después decae y sólo al final se recupera. **Antonia Rey** ofreció una actuación de logros limitados. Olvidó ciertas frases de Proctor y de ella misma: "un eterno funeral gira alrededor de tu corazón", "tu justicia podría servir para helar cerveza", "era una casa fría lo que yo manejaba". Esa es Elizabeth Proctor. Desde que entra en escena es una criatura monolítica. Nos la descubre más bien como un ama de casa feliz. En el simple hecho de poner la mesa debió trasmitir todo su carácter. Pero **Antonia Rey** se limita a los acontecimientos inmediatos y olvida los que, estando más alejados, resultan los fundamentales en Elizabeth. Recordemos que hacia el final su personaje sobrepasa lo humano y conduce a su marido, en cierto modo, a la muerte. **José Antonio Rodríguez** ofrece un raro ejemplo de actuación bien lograda. Lo que pudo ser una farsa usual resultó un ejemplo de sinceridad: un hombre aferrado al dogma no tiene que ser un cúmulo de falsedades interpretativas. Nuestros caricaturistas deberían fijarse en su labor. Simplemente, una de las mejores actuaciones masculinas en lo que va del año.

Pese al desajuste interpretativo, **Andrés Castro** logró una noche sino brillante, al menos decorosa. Mantuvo la plasticidad que exige la obra y logró belleza de movimientos, aunque perdió el control de sus actores. Cada cual realizó el papel a su modo sin un mínimo de unidad interpretativa. Falta grave. Recordemos que *Las brujas de Salem* refleja antes que nada un todo, una comunidad que cierne sus garras sobre sus propios habitantes.

Punto y contrapunto.- ¿Hasta qué punto estaba pensando en Cuba y lo que estaba ocurriendo? No lo sé ni lo recuerdo, pero lo cierto es que un año después estaba haciendo las maletas. Es muy posible que a medida que me fuera adentrando en la "realidad" de **Miller** estuviera descubriendo nuestra propia realidad nacional, exactamente la de "una comunidad que cierne sus garras sobre sus propios habitantes". Las brujas de Salem no podían estar más cerca.

Panorama desde el puente

No logra **Miller** en *Panorama desde el puente* la comunión definitiva entre la poesía y la realidad, sino que todo queda en una atmósfera indefinida y ambiciosa que no llega a culminar y que nos molesta; ni logra tampoco un equivalente moderno de la tragedia griega. Esto no implica que la obra carezca de valores que la coloquen en una decorosa posición, pero hay un desajuste entre las metas apuntadas y los logros obtenidos. **Miller** sabe trasmitir en todo momento su pensamiento, rico y valioso, que puede llenar en sí mismo toda una obra dramática. Y es bastante. Apuntando ligeramente sobre varios aspectos, nos presenta a lo largo de la pieza el submundo indefinido y confuso de sus personajes, que conduce a la tragedia. Porque ellos son víctimas de corrientes ocultas que no pueden definir, que los mueve e impulsa. De pronto Eddie, Katherine, Rodolfo y la propia Beatrice, se ven envueltos en una madeja de pasiones que corren por debajo de ellos mismos y de las cuales no pueden escapar. Eddie siente una insana pasión por su sobrina y Katherine se ve asaltada por esa pasión que se prolonga. Rodolfo se ve asaltado por su indefinido homosexualismo. Beatrice "olfatea" instintivamente esa atmósfera secreta que apenas se descubre pero que permanece como soplo maloliente. La obra es antes que nada una obra de submundo, pero el pensamiento de **Miller** no puede eludir las implicaciones sociales de este conflicto individual: las leyes humanas no ofrecen solución alguna para esos recodos inciertos del espíritu y el instinto. No es la incapacidad social para darle solución a ese submundo pasional el centro de la obra; pero **Miller** penetra, aunque sea en menor grado, en las circunstancias sociales dentro de las cuales las pasiones se desarrollan. *Panorama desde el puente* queda así como una obra de innegable importancia y seriedad temática, aunque a menor nivel que ciertas ambiciones que trasluce.

La representación de *El Sótano* ha sido un esfuerzo decoroso. Sin embargo, dejó en nosotros una impresión demasiado enfática en la acción externa e hizo que las corrientes secretas se desvanecieran en medio del impacto exterior, cuando es precisamente el submundo pasional lo que debió destacarse. En ciertos momentos de las conversaciones familiares, en cierta atmósfera que se logró en esos instantes, hubo algo de lo que pedimos, pero no siempre. Tal vez **Miller** tenga un poco de culpa porque la obra peca de pretensiones no conseguidas, pero los realizadores pudieron lograr más. El mensaje se trasmitió con decoro y respeto, pero a medias.

La representación contó con dos actuaciones muy eficaces: **María Ofelia Díaz** y **César Groning**. La primera supo "olfatear" esa atmósfera turbia que existía entre los otros. Estuvo muy consciente del asunto y no lo perdió de vista en ningún momento. Fue sutil y le dio belleza al personaje. **César Groning** estuvo siempre bien en su papel ambiguo y débil, sin perder gracia y frescura, pero con ponderación. Ni un solo instante pretendió salir de sus límites y trató a Rodolfo con absoluto respeto. **Paco Alfonso,** podemos decir, estuvo correcto y ajustado al principio, pero a medida que la complicada madeja pasional se fue desarrollando, no hizo otra cosa que arruinar a su Eddie con gestos que pretendían reflejar su estado interior, pero que correspondían a juegos mímicos exagerados e ineficaces. Técnica similar, aunque sin habilidad profesional, utilizó **Delfina Marichal**, que resultó además desesperadamente hueca. Los personajes secundarios resultaron caricaturas de la realidad norteamericana.

Panorama desde el puente resultó otro esfuerzo de las salas teatrales por enfrentar a su público con el teatro serio, pero **Miller** es demasiado fuerte para un público que parece buscar la ligereza y el mal gusto, y no puede competir con indigestos platos picantes de la cartelera.

La muerte de un viajante

Situarnos frente a Willy Loman, protagonista de *La muerte de un viajante* –ahora en cartel gracias al esfuerzo de la Administración Municipal Revolucionaria de Marianao y *Teatro Estudio*– es en sí mismo y por su seriedad, acontecimiento de primera línea al poner en contacto a nuestro pueblo con una obra dramática esencial en la literatura contemporánea. Constituye una alta experiencia dramática, social y emocional. Por supuesto que hay que considerar como esa experiencia nos alcanza y a esa ingrata tarea tendrá que ir el cronista; pero en sí mismo, como simple hecho en nuestro panorama teatral, es todo un acontecimiento. Se trata, antes que nada, de un texto de **Miller.**

Y precisamente, partiendo de un texto de **Miller,** surge la más simple y elemental de las objeciones a la representación de *Teatro Estudio*, que en conjunto mostró responsabilidad, respeto y decoro en el tratamiento de la pieza. Precisamente a consecuencia de ese cuidadoso respeto es que nos extraña la pérdida que sufre el texto.

La obra es de una extraordinaria riqueza y cada secuencia nos mantiene alerta, así como cada palabra dentro de cada secuencia. Pero,

¿qué ocurre si esas palabras se pierden? ¿Cómo trasmitir el contenido de la obra? El asunto va más allá de mi capacidad de raciocinio, lo confieso. Los intérpretes de *La muerte de un viajante,* no en todas las ocasiones pero sí en muchas, no lograron comunicar el significado de importantes pasajes por la sencilla razón de que no eran físicamente audibles. Más allá de toda consideración crítica, creo que es muy difícil lograr una reacción en el espectador cuando este se concentra en hacer inusitados esfuerzos por tratar de escuchar lo que dicen en escena. Tal vez esté equivocado y sea un majadero y no importa lo que se diga en escena, pero a mí, particularmente, me gusta saberlo. Mucho más cuando es **Miller** quien lo escribe.

Otro aspecto fundamental para poder captar a plenitud el concepto de la obra, lo es el desarrollo de los caracteres a través de la interpretación. Willy Loman es un caso dual de error individual a consecuencia de una sociedad capitalista equivocadamente constituída sobre valores falsos. La obra presenta el desajuste de un individuo y su destrucción. Pero lo importante de la pieza es lo siguiente: ¿de dónde ha sacado Willy Loman sus erróneos conceptos? ¿Es un asunto estrictamente individual? De ningún modo: su posición ante la vida es un resultado de la sociedad en que vive. De ahí es precisamente donde surge la culpabilidad social, el alcance de la pieza y su denuncia. Esos falsos valores no son tan solo los falsos valores de Willy Loman, sino de la sociedad en que vive, que para aumentar su crueldad, lo desplaza y lo destruye. Veo dos elementos fundamentales en juego. De un lado la mentira individual y colectiva del protagonista y, del otro, el férreo materialismo de la sociedad. El actor que interprete parcialmente la obra nunca alcanzará a captar el espíritu de Loman, porque toda la obra se mueve a base de un rítmico movimiento entre la falsa euforia y la verdadera destrucción. **Vicente Revuelta** se ocupó de lo segundo, tuvo buenos momentos en este sentido, pero jamás alcanzó a expresar lo primero, parte esencial de la denuncia.

Punto y contrapunto.- *Teatro Estudio* era uno de los grupos más serios (y políticamente más militantes) que funcionaron en Cuba desde principios de la Revolución, muy bien informado respecto a las diferentes corrientes teatrales, pero cuyos resultados prácticos en escena, generalmente, quedaban muy por debajo de la teoría dramática y sus pretensiones, a pesar del prestigio ulterior alcanzado por el grupo. Esta puesta en escena fue francamente desastrosa. El teatro que se hacía en *Las Máscaras* y *Prometeo* era decididamente muy superior.

El teatro como documento

Al hablar sobre la obra de **Arthur Miller** nos tenemos que enfrentar necesariamente con su silencio. Posiblemente el silencio más lamentable del teatro norteamericano. Porque si observamos el conjunto de su obra dramática a través del tiempo, encontramos una limitación en su voz y una pausa demasiado larga desde *Recuerdo de dos lunes*. Tal vez tiene una explicación en una abstracción nominal que nace de razones concretas: el miedo. No me refiero a un miedo culpable que deje caer mancha sobre su obra, porque el valor de su teatro responde anticipadamente y con los hechos; pero sí el miedo coercitivo de una sociedad que lo rechaza, que no recibe la denuncia honesta de su obra y que en definitiva lo ha llevado a "arar en el mar". Un miedo terrible del escritor: el miedo a no ser lo que se es. Por eso ante el campo a la larga limitado de su producción dramática, tiene que cernirse sin duda una sociedad que con fuerzas más o menos directas –y él sufrió de forma concreta las segundas–, han llegado a pesar sobre el dramaturgo, impidiendo, con mayor o menor conciencia dentro de sí mismo, el mayor florecimiento del escritor. El teatro podrá lamentar toda coacción a su obra, caracterizada por su ausencia de concesiones, pero mucho más tiene que lamentarlo el sistema de vida norteamericano que **Miller** ha dado a conocer con sus denuncias lanzadas al vacío.

Aunque en sus raíces más íntimas la denuncia que hace en su última pieza, *Recuerdo de dos lunes,* no tiene nada que envidiar a ninguna de las anteriores, porque plantea en ella cosas extraordinarias y recibe respuestas extraordinarias de sus propios personajes, la misma estructura de la obra, agónicamente desintegrada, la hace menos peligrosa y directa, aunque más sutil que las anteriores. Y aunque ningún sistema político se puede echar abajo con una obra de teatro, hay piezas que se tornan más directas y peligrosas, y posiblemente esta última pieza sea la menos directa y menos peligrosa, aunque en el fondo resulte igualmente brutal. Esto último, en cierto sentido, no tiene importancia. Al menos en sentido temporal. **Miller** se volvió sutil y el culpable no se ha reconocido en el espejo.

Por consiguiente, el dramaturgo es una gran espera, porque el concepto que tiene del teatro lo lleva a posiciones fundamentales. Como en **Chéjov**, considera el teatro no como agente creador de ideas nuevas –ha dicho que una obra cargada de tesis puede perecer bajo su propio peso–, sino como una especie de precursor de lo que está en el aire, en el ambiente, y que refleja los sentimientos del momento –por eso también ha dicho que donde no hay duda el teatro no puede crear la duda y donde no hay creencia tampoco puede hacerla germinar. Ha sido precisamente ese contacto, esa percepción clara y definitiva de aquello que está en la atmósfera opresiva en que se desenvuelven sus personajes, lo que lo ha llevado a la creación de sus grandes piezas y de sus piezas menores. Y posiblemente por ese sentido de captación de la realidad inmediata ha resultado molesto en más de una ocasión. Esa conciencia clara de la función del dramaturgo, causa de sus problemas, esa percepción brutal del creador que **Miller** siempre ha puesto en práctica en sus piezas, ha dado por resultado ese teatro, grande pero a la larga breve, del que se espera aún más. Por supuesto, no sabemos si su obra está en sus comienzos o si ya ha terminado. Es una interrogación.

La muerte de un viajante –que será presentada por *Pueblo y Cultura* el próximo domingo–, quizás sea, dentro de su producción actual, su obra más perdurable porque, pese a las limitaciones que se le quieren señalar, rompiendo los moldes tradicionales de la tragedia y creando su tragedia contemporánea, el autor ha creado un documento. Crear un documento significa que cuando a través del tiempo mire alguien hacia atrás y busque a los Estados Unidos y quiera saber de sus hombres y mujeres, no encontrará la verdad de ellos en los grandes nombres de los grandes titulares, sino en los nombres pequeños y particulares de los Willy Loman de su tiempo.

Punto y contrapunto.- Al leer este artículo con la pátina del tiempo, me pregunto nuevamente hasta qué punto trasciende sus propios límites. Para esa época mi entusiasmo por la revolución había decaído considerablemente, y cierta consideración de partir estaba en juego, aunque los pasos eran inciertos. El artículo, uno de los pocos de los que tengo fecha exacta, se publica el 28 de enero de 1961, momento en que ya había considerado la posibilidad de irme de Cuba, posición que se define después de Bahía de Cochinos y las "palabras a los intelectuales". Leído cuarenta años después, me doy cuenta que hay un doble filo en su contenido, y que bien podía aplicarse a la realidad nacional y a mi propia experiencia como dramaturgo: el miedo, la coerción, las presiones sociales, las concesiones, el documento. Es posible que muchos de nosotros no nos diéramos cuenta de la peligrosa experiencia que estábamos viviendo. En definitiva estaba escribiendo sobre el escritor y su circunstancia. Y la mía estaba dando un cambio inusitado.

Además, para esa época ya había escrito *Gas en los poros*, que contiene ya un mensaje subversivo que, según declaración pública de su director, **Francisco Morín**, se traslucía en la puesta en escena que se hizo en Cuba de esta obra en noviembre de 1961. Ese año escribo también *La Madre y la Guillotina*. Sin querer establecer ningún parámetro comparativo entre **Miller** y yo, creo que en este artículo estaba escribiendo sobre mis propias circunstancias y, por extensión, la de los dramaturgos cubanos en general.

Tennessee Williams

El dulce pájaro de la juventud

El dulce pájaro de la juventud tiene muchas de las características usuales del teatro de **Tennessee Williams.** Penetrando un poco más al fondo de sus más externos y comunes elementos –localización sureña, drogas, morbosidad sexual, castración, etc–, encontramos las entrañas desgarradas de su teatro: bajo la superficie de escoria un tanto comercial, descubrimos la escoria en estado de putrefacta pureza. No elude ninguno de estos turbios placeres en *El dulce pájaro de la juventud*. Se recrea, pero de paso nos ofrece uno de sus más desgarradores estudios del alma, de la incomprensión, de la soledad –que es palabra definitiva. Las turbias aristas del egoísmo y el abandono, así como la ternura, repercuten en el mundo fracturado de Alexandra del Lago y Chance Wayne.

Considerar que su teatro es esencialmente un teatro de denuncia me parece incierto. Razones: (a) busca ante todo en los laberintos más oscuros del alma y (b) se recrea en la escoria; por consiguiente, no hay características representativas del denunciante. No es **Miller**. Entonces: ¿morbosidad enfermiza? ¿ausencia de implicación social? Estas consideraciones no excluyen que se hagan evidentes las lacras de la sociedad norteamericana, señales de decadencia en múltiples aspectos, tal vez con una fuerza indirecta más certera de lo que a primera vista parece. ¿Ha pretendido, por ejemplo, denunciar el "star system" o la falsa escala de valores materiales en el medio norteamericano? No. Y sin embargo, está ahí, implícita y clara, la denuncia, porque desintegrar analíticamente el alma de Alexandra del Lago y la de Chance Wayne, no puede conducir, indirectamente, a otra cosa que no sea una denuncia social. Un dramaturgo puede apresar a través de lo individual todo un panorama de desintegración social. Claro está que en el segundo acto hay un tratamiento más directo a través de los turbios manejos del Jefe

Finley y su camarilla sureña, con sus prejuicios y su violencia racial, pero ya **Williams** había dicho mucho en su primer acto.

Los integrantes realistas de su teatro aparecen en toda su violencia y los elementos poéticos se encuentran reducidos al mínimo, limitándose casi a referencias literarias –no siempre de buen gusto– que se escapan en el diálogo. Hay alguna piedad, lo que suaviza amargamente la obra y aumenta su caudal humano, pero es una piedad desnuda y cruel.

Tennessee Williams, pese a que muchas veces ha demostrado ser un autor de sugerencias, se vuelve cada vez más un autor que no deja nada a las pausas y los silencios. Se añora nostálgicamente su poesía y sus pausas, como un "dulce pájaro de la juventud" que se escapa. Pero no vamos a deprimirnos. Por el contrario, sus diálogos se hacen más despiadados en su cruda desintegración del alma humana. Estas largas escenas que constituyen lo mejor de su teatro, adquieren en *El dulce pájaro de la juventud* su más depurada manifestación y nos ofrece un primer acto –de una hora– y un tercer acto, modelo de habilidad. Sólo un dramaturgo que sepa manejar una situación con mano firme y diestra es capaz de ofrecernos a base de dos personajes, sin que nos lleve por un solo instante al cansancio, este detallado, puntilloso juego de almas que se desnudan, en que no entra otra cosa que la voz humana, sin que nada interrumpa artificialmente la historia de estas vidas que se desgarran. La palabra, móvil, variada, que no es teatro de ideas ni literatura, sino acción dramática en sí misma, espectáculo, es utilizada para apresar esas vidas gimientes. A través de ese encuentro de almas y de cuerpos y de necesidades y de intereses y de egoísmo y de piedad y fiereza, desarrolla las múltiples y desesperadas facetas de Chance Wayne y Alexandra del Lago, utilizando monólogos, momentos en clímax, transiciones de un estado de ánimo al otro, luchas feroces, puntos en que los sentimientos se atraen o se repelen. La piedad de Alexandra jamás coincide con la piedad de Chance, sino con el egoísmo, y a la inversa, imposibilitándose la solución.

Williams utiliza en la obra una estructura libre e irregular, como otras veces. El segundo acto es el más flojo. Está, así y todo, la grandeza helénica de Celeste. En nuestra puesta en escena fue el momento más endeble. Sin embargo, hubo acierto de dirección en el enfoque de Celeste y ejecución correcta de parte de **Carmen Bernal**; una buena concepción en cuanto al espíritu sinceramente hipócrita del Jefe Finley, aunque esa adecuada concepción del propio **Pedro Pablo Astorga** estuvo lastrada por su voz martillante y su rigidez; una sagaz presentación y trabajo de **Nidia Ríos**; un buen juego del blanco, el negro y el azul en lo escenográfico; un eficaz uso de la música y una certera proyección cinematográfica. Pero hay mucho en el capítulo de los peros, ya que todo eso fue presentado en un marco material demasiado estrecho, hasta el punto de hacer contradictoria y chocante la acción dramática, empeorada por un uso poco hábil de las multitudes, cuya presencia perjudicaba la acción en lugar de favorecerla. En general, el segundo acto tuvo negativos resultados.

El resto de la obra recae esencialmente sobre el trabajo de **Antonia Rey** y **Enrique Almirante**. **Antonia Rey** ha logrado convertirse en nuestro mundo teatral en una discutida personalidad escénica que como tal da lugar a (1) la admiración fanática y (2) la repulsión fanática. Dos bandos: de antemano todo bien o todo mal. Al deshumanizado cronista no se le permiten tales lujos, pero al menos se le permitirá apuntar objetivamente que es toda una personalidad de nuestra escena. Sus consecuencias: (1) el odio o el amor señalados y (2) la necesidad de una cuidadosa selección de los personajes que interpreta, que deben estar ajustados a sus condiciones y temperamento. Lo segundo puede ser una limitación, pero será una virtud cuando entre actriz y personaje se realice el ajuste necesario. En este caso se ha realizado una selección que la mayor parte de las veces es eficaz. Así las cosas, **Antonia Rey** interpreta a Alexandra del Lago como un grotesco. Si no existiera el grotesco en la situación, todo su trabajo rodaría por los suelos, pero esta situación trágica puede verse –aunque otros lo interpreten de otro modo– como un grotesco. **Antonia Rey** y Alexandra del Lago coinciden dramáticamente. Lo que no podemos permitir es que el grotesco asfixie la esencia trágica de la situación cuando ésta la tiene. Entonces sí creo que hay error. Durante el primer acto, **Antonia Rey** mantiene el ajuste necesario –aunque tal vez aquí y allá utilice recursos que "su" público ya espera–, el submundo de la protagonista deja sentir su latido y la actriz proyecta muy buenos momentos de fiereza, como en su monólogo. No ocurre lo mismo durante el segundo acto. El grotesco aniquila la situación y se le va de las manos. La actriz parece perder el control sobre sus recursos mímicos. Por el contrario, en el tercer acto acumula toda su habilidad para expresar el contenido trágico de Alexandra, muy diestramente en las últimas transiciones, hábil síntesis que dejó una impresión favorable. Junto a ella, **Enrique Almirante** realizó un airoso trabajo, correcto y sobrio, que supo dar las facetas íntimas de Chance Wayne. Y al final de la lucha feroz su trabajo adquirió un calibre que fue un poco más allá de lo estrictamente correcto.

Truman Capote

El arpa de hierba

El poeta y el mundo creado por él

Surge ante nosotros Dolly Corazón. Emerge un bello personaje de la creación poética de **Truman Capote** que nos ofrece esta pequeña Dolly Talbot, mundo de claudicaciones y ternuras que todos hemos visto alguna vez; grandeza de las cosas pequeñas y, en definitiva, Antígona, Juana dispuesta al sacrificio, corazón perseguido. El autor dignifica con ella esas pequeñas cosas de la vida y de la casa y las hace hermosas y grandes: la mesa, los cubiertos, los vasos, los platos. Los objetos se cubren de ternura y espíritu: es la mano de Dolly Talbot.

DOLLY: Y me pregunto, Verena, ¿por qué no cierras tus libros de contabilidad, por qué no vendes tus tiendas? Podríamos pasar unas hermosas mañanas tomando café en la cocina.

Dolly, Dolly Corazón. Música de objetos. Implacable, intolerable, frente a ella, cabeza en alto con su verdad, la verdad de siempre, el enemigo: Verena Talbot. Porque Verena Talbot ha nacido para poner frente a Dolly sus cálculos, sus números, sus empresas, su mal humor y su dinero.

VERENA: Pagué tres mil dólares por esa fábrica. Tengo cuatro carpinteros trabajando allí a ochenta centavos la hora. Siete mil dólares es el precio de las máquinas ya encargadas.

Dolly pues, frente a los proyectos de Verena, no tiene otro remedio que refugiar lo más bello de ella en la casa del árbol. Emprende su batalla. Pero, efectivamente, los hombres no viven en los árboles y Dolly tiene que retornar. Retorno forzoso, inevitable, y retorno al sacrificio. No hay claudicación, sin embargo. La pequeña Dolly Corazón ha nacido para darle calor a los objetos. Y Verena descubre su flaqueza.

VERENA: Siempre te he envidiado. Atravieso la casa... Nada es mío... Las piezas... la cocina... la casa es tuya...

El poeta y el barro para su poema

Truman Capote nos ofrece una pieza de atmósfera. Una indefinida vibración poética se extiende sobre todo y es su respuesta a cualquier análisis que se le quiera hacer. El dramaturgo responde a todo con la poesía. Se olvida de los detalles tradicionales, de una buena maquinaria, que pueda conducir a una buena escena. Y creo que acierta, porque ofrece una verdad. *El arpa de hierba* es a veces morosa, especialmente en las escenas en el árbol, pero, con todo, lo prefiero así. Aporta una verdad poética que supera lo convencional. Hay un retorno a la poesía y al misterio, al encanto indefinido no objetivado, aunque se trate de una Dolly que vivifica y le da alma a los objetos.

El autor enfrenta varios tipos de acciones: el realismo cotidiano de la casa; un retorno a elementos simbólicos procedentes del expresionismo; un teatro poético un poco absurdo con su aventura en el árbol. De todos ellos, aplicados de modo irregular, sin precisión, libremente, inspiradamente, surge el encanto y la belleza de *El arpa de hierba*.

El poeta en "El Corral"

No queremos tomar muy al detalle esta representación no profesional en *El Corral*, este esfuerzo académico. Pero sí creo que hay que anotar algunos elementos muy importantes más allá de lo meramente académico. No me refiero precisamente a la multitud de detalles erróneos y minúsculos que surgieron a lo largo de la noche. Me refiero a la serie de condiciones materiales con las que no parece contar *El Corral*, imprescindibles sin embargo para trasmitir el mundo poético de la obra, totalmente ausente en escena. Precisamente, por tratarse de una función no profesional, las condiciones materiales deberían ser óptimas y así suplir las inevitables deficiencias de los actores.

La escenografía es en *El arpa de hierba* elemento generatriz de la poesía. El autor lo sabe y describe cuidadosamente la casa de los Talbot. Dificultades materiales y poca imaginación se reunieron para anular la casa de los Talbot. La ausencia de luces destruyó las escenas de cariz expresionista y el árbol bien concebido se perdió en un árido, desnudo escenario, sin matices lumínicos. Estas son, en síntesis, condiciones, hechos y resultados.

Eugene O'Neill

Distinto

Aún en una pieza de relieve menor como *Distinto* hay un **O'Neill** de magnitud suficiente para sentir su presencia desde que se descorre el telón. Su rico mundo de figuras anhelantes y frustradas, y su recorrido por situaciones que se mueven angustiosamente en dirección contraria, ya está allí. Emma Crosby desde su primera aparición escénica dibuja toda la grandeza trágica de los estatuarios personajes de **O'Neill**, que no tienen otro nexo sino con los grandes personajes del teatro griego. Eso se reconoce en Emma Crosby desde el primer acto, y su grotesca transformación trágica del segundo, producto de sí misma, no disminuye en ningún modo su grandeza, sino que la acrecienta con el soplo vital de un dramaturgo contemporáneo. Porque **O'Neill** es un dramaturgo lleno de piedad. Ante las actitudes monstruosas, contrapone la presencia del hombre en toda su debilidad. Esa dulzura que brota de su teatro, tan perdida hoy día, se enfrenta en toda su belleza a través de Caleb, el hombre. El dramaturgo norteamericano supo reunirlo todo y por eso su teatro es íntegro. No se limita sólo a la vileza de Benny –todo un mundo, toda una invitación a exploraciones posteriores, buena escoria escénica–, sino que supo enfrentarse al más completo panorama, la inmensidad del mar.

La acción de *Distinto* tiene desde el primer momento un interés pleno y, al mismo tiempo, delicado. Una anécdota directa esconde todo el submundo de sus personajes. Sólo al final, cuando Benny descubre ante Emma sus intenciones, hay un cambio totalmente forzado, inexplicable en un dramaturgo como **O'Neill**.

Pero hablar de su dramaturgia en tan corto espacio es imposible. Hay demasiadas cosas, demasiados espacios por llenar, demasiados vacíos ante la magnitud de su obra. Se tiene la impresión de que no se ha dicho nada y de que una cuartilla más apenas diría.

Distinto fue llevada a escena con respeto, pero el logro de la producción fue moderado. En especial, estuvo lastrada por un conjunto interpretativo más deficiente de la cuenta que no dio en ningún momento la atmósfera de la pieza. Hay que anotar que personajes tan fugaces como el de Harriet esconden toda una evolución trágica y llevan a escena más de lo que dicen sus simples parlamentos. Hay toda una suma de factores que se aglutinan para formarla.

Ernesto de Gali luchó por dar todo el clamor humano de Caleb, pero en definitiva dio una impresión artificial. **Sergio Doré Jr**.

no supo darle trascendencia y hondura a su vil personaje. Quedó en las aristas más superficiales. Nos queda finalmente a **Doris García**, una joven cuyo trabajo siempre se sigue con interés. Supo decir con una intimidad muy bien conseguida muchos secretos de Emma, procurando acercarse sutilmente a todas sus facetas.

Thornton Wilder

Nuestro pueblito

Nuestro pueblito invita a las interrogaciones. Por lo menos desde hace tiempo me vengo haciendo preguntas sobre la obra y su puesta en escena las ha reactivado. Tienen sus raíces en la validez de llevar a escena lo minúsculo, lo insignificante; si vale la pena ir al teatro para ver como se sienta mi tío en el sofá y como teje mi tía. Siempre he pensado que sí. Pero en *Nuestro pueblito* hay mucho de esto y me siento inconforme. Tal vez porque *Nuestro pueblito* está limitado por la ausencia de rasgos individuales –anula un poco el perfil de mi tía y mi tío en su caso específico– y por cierto orgulloso conformismo que late en la obra. Por otra parte, **Wilder** es sumamente ambicioso en algunas cosas. Invita a la polémica. Dice, más o menos, que cuando los siglos pasen sobre el mundo de hoy y lo borre casi todo, quedará *Nuestro pueblito* como testimonio. *Nuestro pueblito* es una obra antiheroica. Elimina al héroe y en cierto grado al individuo, aunque siempre queda una tipología familiar profundamente humana. Las preferencias del dramaturgo llevan a preguntarnos: ¿qué perdurará más: el personaje que se sienta a la mesa, come, digiere y elimina; el héroe o, simplemente, el personaje dramático con algún conflicto –la avaricia, por ejemplo– que un dramaturgo desarrolle en escena de modo exhaustivo? Yo tengo mis grandes dudas sobre la posible supremacía de lo insignificante, pese a la melancolía, la poesía y todo lo bueno que pueda tener la obra de **Wilder.**

El primer acto es el más representativo de lo que venimos diciendo, porque en él se reduce el espectáculo y se acentúa lo cotidiano. Las características principales son la melancolía –la sensación de una dicha perdida– y la morosidad –que lamentablemente conduce al aburrimiento. (No creo que ser fiel sea un defecto, sino un modo de ver las cosas. **Julio Matas** fue altamente fiel al espíritu de **Wilder**. El primer acto es melancólico y moroso. **Wilder** es el responsable). Además, hay algunas intervenciones francamente tediosas, como las del profesor Willard, que pesan negativamente sobre la acción.

Menos característico en cuanto a este puntilloso trabajo sobre lo cotidiano, fueron los dos actos siguientes. Aquí se dirige más enfáticamente hacia el espectáculo imaginativo y logra mucho más. Técnicamente pretende compensar este cotidianismo con una fuerte dosis imaginativa. De ahí que la ausencia de objetos en escena –y la subsecuente sugerencia de los mismos– es uno de sus grandes aciertos, una invitación a la imaginación creadora del público partiendo del trabajo creador del autor y los elementos que le dan vida. (La pieza, en tal sentido, permite un amplio trabajo de parte del director y **Julio Matas** estudió todos los movimientos y aprovechó las posibilidades ampliamente).

Nuestro pueblito es sobre todo una obra de acierto técnico. Por eso los dos últimos actos son los más movidos: disminuye lo cotidiano y se enfatiza el espectáculo. Surgen así la cafetería, la boda, el cementerio, el entierro con los paraguas en escena, la vuelta al pasado desde un mundo que no tiene retorno. Algo más de lo que **Wilder** presentó al inicio.

La actuación en *Nuestro pueblito* pide una sumisión absoluta del actor, una eliminación de lo heroico y que todos los intérpretes queden desprovistos de cualquier artificiosidad. Algunos trabajos respondieron plenamente a ese carácter. **Natividad González,** por ejemplo, se acercó al plano ideal, redujo toda falsedad. **Jeddu Mascorietto** respondió a ese carácter básico, sin olvidar por eso el trabajo creador, cuidadoso, lleno de matices. **Julia Astoviza** trabajó coordinadamente durante la primera parte, con la misma elemental sencillez y soltura requerida; lamentablemente careció de la fuerza dramática que el personaje pedía al final. Pero, ¿estuvieron todos a la misma altura? Algunos acertaron en parte. Otros no pudieron librarse de algo que podría resumirse como "teatro norteamericano traducido al español", que produjo una sensación terriblemente falsa.

Partiendo de unos pocos objetos **Thorton Wilder** ofrece un amplio mundo de sugerencias. Para edificar su mundo el autor ha contado con la imaginación del pueblo que la ve, colaborador eficaz en la pieza. Este es uno de sus aciertos. En este caso, nuestro pueblo completa el trabajo que el autor sugiere y que la hábil dirección de **Julio Matas** aprovecha cuidadosamente. Porque, efectivamente, *Nuestro Pueblito* no está completo hasta que el público reconstruye las imágenes, llenando el escenario con los objetos apenas sugeridos pero que nosotros hacemos palpables. *Nuestro pueblito* es una obra que cuenta con el público para poder existir. De ahí surge su alcance. Los valores técnicos sustentan, por su parte, la breve trama de **Wilder**. Esa consideración y ese respeto al público, ese querer contar con él, constituye su máximo logro creador y su principal alcance humano.

Punto y contrapunto.- Hay que tener en cuenta que en estos años se estaba desarrollando una guerra sorda entre aquellos que consideraban que se le debía ofrecer al pueblo un teatro realista sin mayor espacio para la imaginación, y los que pensábamos que se debía llevar a escena un teatro que permitiera el desarrollo intelectual del espectador. La propuesta de **Wilder**, respaldada por la sensibilidad del director, correspondía a los que estábamos de este lado y que, a la larga, seríamos los perdedores. Como siempre, para mí el intelecto estaba por encima de la revolución, porque siempre me ha parecido denigrante subestimar la inteligencia del público. El resultado ha sido, en síntesis, el triunfo de "el realismo chancletero", que se ha extendido hasta nuestros días y ha infestado, inclusive, al exilio.

Cliford Odets

Esperando al zurdo

Procurar renovar el panorama teatral de las salas mediante la presentación de un Ciclo de Teatro Social Revolucionario constituye una noble empresa. *El Sótano* se propone realizarla a través de una serie de obras que se inician con *Esperando al Zurdo* de **Cliford Odets**. Las salas necesitan renovar su función social, ya que su carácter de instituciones privadas no excluye sus posibilidades para realizarla y el cronista se siente satisfecho con esta especie de toma de conciencia.

Esto no excluye discrepancia en el capítulo de los logros, pero sería injusto –y creo que es mi deber señalar lo que para mí es justo– negar los elementos positivos del caso. Algunos, claro, podrán aprovecharse de los errores de la realización para negarlo todo. Insisto en señalar que este ciclo que se inicia es un esfuerzo dramático serio y elogiable.

De modo similar, son innegables los valores como pieza de denuncia que presenta la obra de **Cliford Odets**, en la que se exponen lacras, vicios y errores del mundo capitalista y en la que se dicen muchas verdades. El hambre, los prejuicios raciales, la maquinaria que aniquila las fuerzas de mayor positividad, el uso de adelantos científicos con fines destructivos, la asfixia del amor, son elementos de todos conocidos presentes en la pieza de **Odets** y sobre los que apenas hay que insistir. **Odets** denuncia en escena las condiciones de vida y ofrece una solución.

Considerar los valores de estos aspectos temáticos no implica en ningún modo estar de acuerdo con los recursos que utiliza el dramaturgo para llevarlos a escena, y la obra baja de nivel precisamente porque estos recursos no son siempre los más efectivos. La fuerza dramática de la pieza radica en la energía con la que ha desarrollado la asamblea sindical, la atmósfera general que logra en estas escenas, el vigor indiscutible de las mismas. (Estas escenas son ciertamente las mejores logradas por la dirección de **María Ofelia Díaz**, que ha sabido conservar toda la fuerza de estos momentos. También sirvieron para que **Miguel Gutiérrez** hiciera una de las mejores apariciones de la noche, por la sencilla razón de parecer un obrero que se define y no su caricatura. **Eduardo Vergara** realizó también un buen trabajo como Fatt, aunque su tipo de caracterización contrastaba con la espontaneidad de la situación en general).

Esta situación, muy bien lograda por **Odets**, se completa con una sucesión de pequeñas escenas que pretenden justificar la presencia de los integrantes de la asamblea y la asamblea misma. En primer lugar, la asamblea en sí misma está tan bien lograda, que son innecesarias las escenas que justifiquen o expliquen lo que en ella ocurre. En segundo lugar, las escenas fragmentan la acción y son a todas luces inferiores al núcleo que las une. Por otra parte, muchas de ellas pedían un desarrollo más profundo. Además, **Odets** construye esas escenas con un esquema un poco rígido. Todas empiezan por un nivel dentro del cual los personajes muestran un acuerdo común frente a determinada situación. El segundo paso es plantear el conflicto social y el tercero es mostrar su inconformidad respecto al mismo. Esto acaba por resultar monótono. Si hubiera sido más variado, más sorpresivo, sus escenas breves hubieran resultado de mayor logro dramático. Algunas escenas son extremadamente parecidas, como las del industrial de la fábrica de gases y las de los médicos. Y lo que es peor, demasiado expositivas. La verdad necesita expresarse en escena de una manera diferente a como se hace en una sala de conferencias. Especialmente en estas dos escenas **Odets** lo olvida y se vuelve muy limitado. La verdad pierde su impacto a causa de esa pobreza creadora. (Empeorado esto por los momentos más pobres en dirección y absolutamente insostenibles en materia interpretativa.) Por el contrario, tan pronto decide calar más profundamente y ser menos expositivo –paradójicamente, expone más mientras trata de exponer menos–, sus personajes suben de nivel. Por eso el hambre sufrida por Edna en la primera escena de la obra adquiere una hondura que se expresa muy bien y que estructura su personaje. Lamentablemente, la transición final del marido es demasiado rápida, lo que fuerza una acción que el dramaturgo había hecho conveniente y enérgica.

Punto y contrapunto.- En fin, que la demagogia política de **Odets** le impidió ser un buen dramaturgo.

Fields y Devries

Sólo por amor

Sólo por amor, comedia en tres actos de **Fields** y **DeVries**, presentada en la *Sala Talía*, es una pieza tonta para pasar el rato y perderlo. A veces lo pasamos con un mínimo de jocosidad, otras lo perdemos con un máximo de tedio, pero siempre, unos y otros momentos, dentro de un marco de eficacia comercial y profesional. Estamos alejados de Westport, Connecticut, y de su cercano Manhattan, y nuestra comunidad tropical, La Habana, y sus comunidades cercanas, Bejucal, Güines, Artemisa, y los hombres y mujeres y problemas de esas comunidades, manifiestan una serie de características que se diferencian en gran modo y nos alejan de Westport, Connecticut. Pero no vamos a tener una mentalidad tan estrecha como para desconocer el problema de otros hombres en otras latitudes. El vecino de Westport, Connecticut, puede presentarnos su clamor, sus pequeños problemas y nosotros podemos recibirlos con vivo, animado interés. Las distancias, las diferencias, no anulan la fuerza de ciertos problemas locales cuando tienen la suficiente intensidad para salir de un marco estrecho: Westport, Connecticut; Bejucal, La Habana. Pero en *Sólo por amor* el problema no trasciende los límites del vecindario. Tal vez los vecinos de Westport se interesen por ellos, y aún los de Manhattan. Tal vez cierto grupo de habaneros se interesen por ellos, inexplicablemente; pero ciertamente no debió irse tan lejos.

Cuqui Ponce de León, en la dirección, mantuvo a sus actores dentro de un nivel discreto, pero sin brillantez –todo de acuerdo con las características generales de la obra. Salvo **Tino Acosta**. Las actrices,

Ofelia Dacosta, Lidia Montes y **Berta Sandoval**, quisieron mostrar naturalidad, aunque en el fondo eran falsas. Sin embargo, no importa. Se trata de *Sólo por amor*. **Rosario Carmona** realizó una de esas apariciones caricaturescas y convencionales, usuales en obras como estas, detestables en obras que no son como estas, pero afortunadas en un caso como este. **Armando Martínez** fue realmente natural pero cayó en el extremo opuesto del absoluto descuido interpretativo. Sólo **Tino Acosta** demostró que es un comediante que sabe elaborar un personaje y transmitir con bastante acierto y gracia el carácter de su indeciso Augusto Poole. No resultó falso ni descuidado ni caricaturesco. En realidad, el único que supo sacarle algo mejor a este intransitable *Sólo por amor*. Esperamos ver a **Tino Acosta** en un esfuerzo de mayor alcance.

Punto y contrapunto.- Como mis relaciones con "la gente de teatro", salvo unos pocos casos, eran más bien distanciadas, eso me permitía una actitud independiente, aunque pusiera a riesgo mis posibilidades de estreno como dramaturgo. De ahí que la mayor parte de los actores y actrices a los que sometía a mi interpretación crítica eran para mí desconocidos, como es el caso de los que formaban el reparto de *Sólo por amor*. Inclusive en aquellos casos más inmediatos la posición era estrictamente profesional, cosa que resultaba generalmente recíproca. Cuando se estrenaron *La botija* y *Los acosados,* **Antón Arrufat** hizo una crítica muy positiva de la primera y negativa de la segunda, y ahí quedó la cosa. No sé si me engaño, pero creo que había un cierto grado de profesionalismo y que cada cual respondía de acuerdo con un determinado criterio estético. Cuando se estrenaron mis obras *Los acosados*, *La botija*, *Las vacas* y *El tiro por la culata*, los comentarios fueron en unos casos positivos y en otros adversos, pero creo que correspondían al punto de vista del que los hacía; no necesariamente a reacciones personales de una naturaleza prefijada por las circunstancias. Las relaciones eran "civilizadas" (salvo en el caso de **Idalberto Delgado**, que no quería "lidiar" conmigo y anticipaba la violencia). Mis opiniones críticas sobre **Julio Matas, Francisco Morín, Vicente Revuelta,** no se basaban en relaciones personales ni interferían, que yo sepa, en las mismas. Quizás, en otros casos, sencillamente no teníamos relaciones. A la larga, la politización de la cultura de una forma radical fue lo que vino a acabarlo todo. Sin contar el principio de barbarie y mala educación de nefastas consecuencias en la cultura cubana.

Otras dramaturgias

A partir de la década del cuarenta la escena cubana se pone al día con la puesta en escena de obras dramáticas del repertorio internacional, alejándose de la nefasta influencia del melodrama y la alta comedia del teatro español. Durante los tres primeros años del período revolucionario, esta dirección no desaparece, incrementada con la insistente presencia de **Bertold Brecht** y **Anton Chéjov**. El análisis de este repertorio es interesante. Dejo constancia aquí de algunos buenos trabajos de dirección y actuación, así como de importantes puestas en escena, particularmente durante el 1960, al que pertenecen la mayor parte de estas críticas. **Morín, Dumé** y **Matas** realizan excelentes trabajos de dirección, siguiéndolos de cerca **Rubén Vigón**. **Bertha Martínez** tiene a su haber una desastrosa producción de *Santa Juana* de **Shaw**. **Anouilh, Ionesco, Sartre, Schoenherr, Priestley** y **John Patrick** configuran una muestra bastante interesante que representa un buen saldo a favor del repertorio dramático europeo en Cuba entre 1959 y 1961. No faltó **Shakespeare,** cuya reseña no he podido localizar.

No siempre todo lo que se llevaba a escena en las salas teatrales valía la pena, pero he decidido omitir mis reseñas de muchas de ellas, porque poco bueno había que decir. *Talía* insistía en su repertorio superficial, con *El carrousel del matrimonio* de **Leslie Stevens**. *Atalier* lleva a escena una obra de **Claude Magnier** llamada *No, por favor,* que tuvo mucho éxito y de la que sólo vale la pena recordar la actuación de **Verónica Lynn,** que siempre quedaba bien; y *Amigos íntimos* de **Barielet** y **Gredy**, con una buena actuación de **Yolanda Farr** y con la que terminé diciendo, una vez más, "esperemos así tiempos mejores en que las salas teatrales puedan salir de su laberinto y en el que su público logre encarar la realidad, que tiene bien cerca, sin utilizar el teatro como medio de evadirla", donde dejo nuevamente constancia de que yo estaba tan equivocado como la mayor parte del pueblo cubano, fuera o no al teatro. Hasta *Prometeo* tiene la flaqueza de llevar a escena una comedia relativamente aceptable, *La debutante rebelde* de **William Douglas Home**, bajo la dirección de **Reynaldo de Zúñiga,** donde lo más logrado fue la escenografía de **Andrés**, que siempre hacía muy buenos trabajos, independiente de la mediocridad del texto o de la puesta en escena. Dejo como "muestras" de este panorama mis reseñas a *Celos* y *La llamada fatal.*

Visto el panorama en su conjunto, nos podemos dar cuenta de la pujanza del movimiento teatral cubano del año sesenta, ya que las críticas aquí reunidas se extienden aproximadamente de diciembre del 59 a enero del 61. Esta efervescencia no es solamente una consecuencia de los hechos históricos, sino de la gestación que tiene lugar en los cincuenta. 1960 es prácticamente el año de **Chéjov** en el teatro cubano, cuyo realismo substancial era tan necesario. Pero no es el único y la cartelera habanera bien podía competir con la de otras capitales. Además de los autores nacionales, se llevaban a escena lo más importante del repertorio dramático norteamericano y como pasaremos a ver hay muestras excelentes de autores tan disímiles como **Ionesco**, **Brecht** y otros de menos monta en la dramaturgia mundial, pero que nos mantenían al día.

Para aquellos interesados en el teatro cubano de este período (me refiero al de **Piñera, Arrufat, Triana,** el mío), es el momento de la teoría y práctica de **Ionesco**, que aunque ya había sido estrenado, vuelve otra vez con dos puestas en escena excelentes. Como interpretación del absurdo, lo que digo sobre estas dos puestas en escena resulta aplicable al teatro de este grupo de escritores. No creo que fuéramos absurdistas por sistema e influencia directa de **Ionesco,** pero nos sentíamos en nuestra casa con estos procedimientos, que eran las señas de nuestra propia identidad. El absurdo era parte intrínseca de nosotros mismos, era nuestro modo de vida, nuestro habitat natural, nuestro realismo, nuestro lenguaje.

Si a esto se une la visita de **Sartre** a La Habana y la Opera de Pekín, es obvio que el 1960 fue un año de particular impacto en la escena nacional. Lamentablemente, a partir de 1961 los personajes de nuestra dramaturgia empezarán a sentarse, como diría **Terence Rattigan**, en "mesas separadas".

Anouilh

Antígona

La *Antígona* de **Jean Anouilh** es algo más que necesaria. Por esta vez vale la pena la selección, el acontecimiento. Porque **Anouilh** aporta con ella elementos fundamentales, no leves cambios, que no estaban en los griegos, que no están en la de **Sófocles**, nuestros: la complejidad del hombre moderno. La *Antígona* de **Anouilh**, que tenemos cerca, corresponde fundamentalmente al hombre de hoy, vivo, y se aleja en línea recta, definida, perfecta, sin vacilación, de la pieza de **Sófocles**, para lanzarnos de forma angustiada y quebrada, conflictiva y tortuosa, por los caminos del hombre contemporáneo. Los personajes, que no disminuyen su grandeza, ganan en estado conflictivo. En **Sófocles** no hay vacilación. **Anouilh** no puede eludirla. De ahí que la tragedia culmina cuando Antígona cae en la red tendida por Jasón: la explicación de "los trapos sucios" de la familia. La línea está tensa, a punto de quebrarse, Antígona retrocede, los dioses pierden y queda el hombre desposeído de todo. Aporte fundamental de **Anouilh**, la clave. Desnuda al héroe y al verdugo y les pone el cruel ropaje moderno. Por eso el aniquilamiento de Jasón no está en el destino que lo rodea de cadáveres. Es la propia voz y gesto de Antígona que lo arrastra hacia abajo y lo reduce a lo que es. El proceso dramático de Jasón fluye poderosamente y en su desmembramiento aporta al teatro moderno esa miseria que **Sófocles** revistió de grandeza y **Anouilh** desnuda. Todo dentro del marco de una llamada al intelecto, no a la emoción, ni aún en la humana evolución de Jasón, admirable contraparte de Antígona. Únicamente los guardias rompen con su elemental, necesaria y eficaz presencia, la tensión intelectiva.

Rubén Vigón mantiene en esta representación de la *Asociación Pro-Arte Dramático de La Habana*, la mayor fidelidad al espíritu de Anouilh, desde los colores de la escena –no hay un solo detalle que rompa la neutralidad de los mismos, nada choca a nuestros sentidos– hasta el ritmo concentrado de los actores. Mantiene una escrupulosidad absoluta en el movimiento tenso, hasta parecernos congelado. La fidelidad de **Vigón** nos transporta a una atmósfera helada, culpa, si la hay y en todo caso, de **Anouilh**; vivificada siniestramente por la presencia activa y contrastante del guardia y, en menor grado, por el proceso dramático de Jasón.

Miriam Gómez posee una de las personalidades más fuertes y atractivas de nuestro teatro. Tan notable que se hace peligrosa. Su actuación no debe medirse sólo por lo que es, sino por lo que será: su Antígona no es perfecta. Perfecta en su ímpetu, en su concepción general, en su recuerdo de la pequeña e infantil Antígona. Pero a veces resultó un poco alucinada. Y su verdadera voz –una bella voz– resultó afectada por las entonaciones falsas, mortificantes, con las cuales **Miriam Gómez** se empeñó en ocultarla. **Cecilio Noble** interpreta a Jasón sin que se le escape una sola vez, en su constante y creciente conflicto. Control absoluto y eficaz de sus gestos. Pero, aunque trasmite a plenitud la existencia de Jasón, existe en él una concentración excesiva en sus propios movimientos que a veces parecen atarlo. El conjunto interpretativo logrado es francamente positivo, menos en la vieja y falsa escuela de **Lydia Diez**, tan majestuosa que deja chiquita a Antígona. **Jeddu Mascorietto** posee sinceridad, esa palabra que necesita tanto nuestro teatro y que manifiesta resueltamente en su segunda aparición de Hemón. **Armando Quesada** demostró que es más fácil interpretar a los dioses que al hombre común. Su notable esfuerzo resultó un fracaso: un actor luchando inútilmente por parecernos un guardia. **Verónica Lynn**, discreta en la discreta Ismena, el pobre personaje de **Anohuil** y **Sófocles**. **René Ariza** mantuvo la armonía que caracterizó la representación.

Bertold Brecht

Los fusiles de la Madre Carrar

El tema de la neutralidad imposible dentro de la Guerra Civil Española centra la acción de *Los fusiles de la Madre Carrar.* De lleno, con esta simple oración, nos enfrentamos a los elementos fundamentales de la obra. En primer lugar, al decir "centra la acción" se señala una contradicción con las proyecciones generales de su teatro, basado en la descentralización temática, en una progresión casi independiente entre las partes que configuran el todo de sus piezas, en un desarrollo novelado sobre un fondo histórico predominante. El movimiento alrededor de un foco específico no es la norma sobre la cual se construye su teatro. Su condición de pieza en un acto lo obliga a una concreción mayor de la acostumbrada, a anudar la acción, que no es lo usual. **Brecht** no excluye la presencia histórica y social dentro de la cual se desenvuelven los hechos, pero su sentido de lo histórico dentro del drama, como un elemento de mayor alcance que amplía las fronteras y los límites del hacer teatral, es muy escueto en esta pieza, hasta el punto de significar bien poco dentro de las transformaciones técnicas y las altas implicaciones que lo histórico adquiere en sus obras mayores. Lo histórico en *Los fusiles de la Madre Carrar* no pasa de ser una situación dramática tradicional, sin implicar grandes transformaciones formales.

En segundo lugar, el tema de la neutralidad imposible, que no es otra cosa que un elemento más en el tratamiento del tema de la guerra, mantiene un polo opuesto con esa otra madre de **Brecht**, Madre Coraje, y su neutralidad a todo trance. La Madre Carrar, que no es otra que la Madre Coraje, tiene sin embargo al final una reacción activa que le da características propias. Todo se ilumina cuando nos acercamos analíticamente a la tesis predominante de **Brecht**, que el autor impone como razonamiento basado en un pacifismo que tiene necesidad de la violencia como una solución para ambas: la Madre Carrar y la Madre Coraje. A la imposición de una realidad cruel que obliga a la Madre Carrar a la acción y que la convence mediante un proceso interno intelectivo, une **Brecht** una propuesta más amplia. "También la ira por la injusticia hace enronquecer la voz. Los que queríamos abonar la tierra para la amabilidad no pudimos ser amables con nosotros mismos". Con un razonamiento basado en los hechos, soluciona **Brecht** el conflicto de esas madres sangrantes.

Si bien en *Los fusiles de la Madre Carrar* no están presentes en toda su forma los elementos propios de **Brecht**, si podemos reconocer algunos. Entre ellos, el teatro dentro del teatro, ejemplificado por la presencia del cura, que ofrece una escena propia de este dramaturgo. La célula dramática del cura es un elemento en la dialéctica argumental de la obra y una especie de drama colateral que se ejecuta dentro del drama central para hacer más expresiva la situación y para contrarrestar el pensamiento vivo y popular de la Madre Carrar. El cura establece una ligazón altamente eficaz con el conflicto central de la obra. La protagonista en estos momentos se desdobla en personaje y en espectador. La intervención del hermano de la Madre Carrar, que actúa como juez socrático en su discurso con el cura, conduce la escena casi como un proceso judicial, recurso preferido por **Brecht**, y centra con notable eficacia el razonamiento de la obra. Los personajes escuchan el proceso íntimamente conectado con el conflicto interno que ellos mismos viven. De este modo se logra el distanciamiento tan querido por **Brecht**. Sus procedimientos dramáticos, sin embargo, no están llevados al máximo, y las características narrativas del teatro épico no aparecen expuestas en toda su plenitud. No obstante ello, y como arriba señalamos, existen interesantísimas aplicaciones de su mecánica.

Brecht desarrolla a través de un personaje toda su tesis. La aguda penetración que nace de las raíces populares –y universales—de la protagonista, y que al propio tiempo la acercan a la más bella concepción de lo español, liberan al argumento de una mera argumentación intelectiva. El raciocinio en el teatro brechtiano no excluye la vitalidad de sus personajes. Todo lo contrario. De no ser así sería un teatro muerto y, precisamente, estas madres de **Brecht** pasarán como lo más penetrante, fuerte y hermoso, de su dramaturgia.

Dumé realiza en la dirección de la obra otro de sus buenos trabajos. Su dirección no se basó en la gran variedad de movimientos externos, sin que ella fuera en modo alguno estática. Los movimientos no ahogaron el discurso dramático; alcanzó, por el contrario, notable altura gracias a un fino y variado juego de simples miradas, de sutiles intenciones, muy contenidas y sobrias, que enriquecieron la obra a cada minuto y que no rompieron en ningún momento la apretada atmósfera que crea el texto.

Ofelia González, con una sobriedad absoluta, sin un solo juego mímico sobrante, con una concentración en las raíces de la psicología práctica de un pueblo que aprende en el hambre y el sacrificio y la miseria las armas para el coraje y la defensa, refleja las aristas populares en todo su vigor, como pocas actrices cubanas lo han hecho hasta el momento. **Ofelia González** nos da una Madre Carrar íntegra. Se podría considerar que su talento desbordante choca con ciertos principios de **Brecht**–hay vivencia, el espectador se llega a colocar dentro de la acción, hay actuación plena y no relato–, pero (a) la propia obra tiene mayor coherencia dramática que otras de este autor y (b) la viva y enérgica argumentación no contradice ni afecta el razonamiento de la Madre Carrar –y de **Brecht**–, sino que lo reafirma.

En conjunto, el nivel de interpretación fue correcto, de buen equipo y sin recursos falsos la puesta en escena supo situarnos en el vórtice de la tragedia española. Una de las muestras más claras del teatro de **Brecht** estuvo a cargo de **Pedro Martín Planas**.

Chéjov

El jardín de los cerezos

Se abre el telón y nos encontramos frente al incisivo análisis de una decadencia social y el espíritu precursor de un cambio. Burguesía y revolución. Surge *El jardín de los cerezos* de **Anton Chéjov**. ¿Qué escribe el dramaturgo? ¿Una pieza de tesis? ¿Un panfleto? De ningún modo. Pocos autores han penetrado en el alma inútil de la burguesía y la ha desnudado tan profundamente como él logró hacerlo. Y pocos autores lo han hecho con mayor devoción, con mayor sentimiento, para descubrir la inutilidad y el vacío de una clase social hasta conmovernos y producir, esencialmente, lástima. Sus penosas criaturas llevan una existencia sin razón, sin objetivo, hasta hacer evidente la necesidad de un cambio. Los personajes de **Chéjov** no podían tener otro fin que la más brutal de las derrotas, porque sus vidas no eran otra cosa que una progresión indefinida de pequeñas derrotas parciales que tenían que terminar en una derrota íntegra de la sociedad a la que pertenecían.

El dramaturgo penetra en el análisis social a través de una relación fundamental: la de Liubov Andreevna, la protagonista, y Lopajin, el comerciante. Ella significa para el autor un mundo bello pero inútil, sin funcionalidad, frente al cual sitúa a Lopajin, con su realismo crudo, su sentido práctico, capaz al menos de contener la catástrofe. Por supuesto que Lopajin no es en modo alguno la solución. Pese a su origen humilde –recordemos que Trofimov le dice: "Tu padre fue "mujik" y el mío boticario, de lo cual no se deduce absolutamente nada"–, Lopajin será el nuevo terrateniente y ninguna transformación social llegará con él. Pero en Lopajin hay un germen de trabajo que le sirve a **Chéjov** para acentuar la falta de funcionalidad de Liubov Andreevna, incapaz de solucionar sus problemas inmediatos y salvar "el jardín de los cerezos". Por eso el jardín está condenado a desaparecer.

Durante los cuatro actos de la obra, Liubov Andreedvna presencia la pérdida de su propiedad, incapaz de hacer un solo gesto efectivo para salvarla, en una lastimosa situación de impotencia. En una multiplicidad de interrelaciones dramáticas esa impotencia progresa. Todo esto lo realiza el autor mediante relaciones indirectas. El peligro de la pérdida del cerezal surge desde el primer acto, entre situaciones vacías, entre constantes interrupciones que van dando de lado el problema esencial de los protagonistas, que se escapan, huyen.

El tercer acto, donde la situación hace crisis, se desarrolla mediante una sucesión de trivialidades que no pretenden conducir a ninguna parte y que casi encubren el clímax de la obra. Scharlotta tira las cartas y Varia muestra su constante mal humor. El dramaturgo crea mediante estas situaciones interrumpidas una especie de tensión, de incertidumbre, que nos mantiene alertas y es el "suspense" de **Chéjov**.

Ante una obra donde no hay detalle al descuido, donde no hay una palabra gratuita pese a que muchas palabras parecen serlo, el trabajo es doble. Nuestra representación de *El jardín de los cerezos* fue en todo momento decorosa, a lo que contribuyó en gran parte el correcto trabajo de escenografía y el vestuario realizado por **Andrés**. Pero muchas expresiones resultaron vacías, sin intención, precisamente gratuitas –y no proyectaron la intención interna del texto. Muchos personajes carecieron en muchos momentos de función escénica –que la tienen dentro de una aparente inoperancia– y sus largos silencios no fueron acompañados de algún tipo de movilidad que justificara su presencia en el escenario. En general, la dirección de **Modesto Centeno** imprimió una especie de atmósfera decorosa incapaz, sin embargo, de resistir un análisis profundo.

Sobre todo, hubo dos actuaciones que lastraron la puesta en escena, especialmente por lo fundamental que son a la interpretación total del texto. Me refiero a **Herminia Sánchez** como Liubov Andreevna y **Raúl Selis** como Lopajin. La impresión general que produjo **Herminia Sánchez** fue contraria a la naturaleza íntima del personaje y el espíritu del dramaturgo. La actriz nos mueve al desprecio y al odio; el dramaturgo nos conduce a la piedad y al amor. **Herminia Sánchez** no pareció ver su personaje desde adentro, sino desde afuera, por lo cual nos presenta un carácter antipático y despreciable. Nada más lejos de la protagonista. La incapacidad absoluta de esta mujer conduce a la lástima, mucho más cuando el dramaturgo la enriqueció con rasgos tan virtuosos como absolutamente improductivos e inútiles, que no conducen a ninguna parte. Además, **Herminia Sánchez** nos la ofreció sin transiciones, sin derrotas. En muchas ocasiones su capacidad expresiva quedó reducida al mínimo, en especial en momentos importantísimos del tercer acto. Especialmente hubo pobreza de matices en sus relaciones con Lopajin, que limitó más bien a ciertos gestos, que indicaban molestia, demasiado superficiales. **Raúl Selis** nos ofreció un trabajo artificial y nunca llegamos a descubrirlo como Lopajin, con todas sus implicaciones sociales y dramáticas. Tampoco contribuyó a expresar de modo más eficaz la relación entre ambos. El resto de los actores se movió en términos generales en plano discreto. **Ángel Espasande** tuvo buenos momentos. **Parmenia Silva**, un buen tercer acto. **Pedro Martín Planas**, casi siempre correcto. Y así, un poco más, un poco menos, la generalidad del reparto.

Ilegalidad y Una bromita

Como homenaje a **Chéjov, Luis Carbonell** interpretó dos de sus cuentos, *Ilegalidad* y *Una bromita* en un programa ofrecido por el Departamento Nacional de Cultura y la Comisión Cubana de la Unesco.

Carbonell dramatizó sus cuentos, sino de modo brillante al menos de un modo ponderado y correcto, hasta tal punto que podemos decir que su actuación ha resultado uno de los aportes más certeros en la interpretación de un texto chejoviano llevado a escena entre nosotros. En primer lugar, mantuvo todo el calor humano que se desprende de cada una de las oraciones que **Chéjov** escribió para darle vida interior a sus personajes mediante lo aparentemente insignificante –especialmente en *Una bromita* logró un tono melancólico y humano constante, no ausente de toques de ironía–, sin separarlo de esa minuciosidad de detalles que obligan al actor a estar constantemente en acecho de los mismos para comunicarle su significado al espectador –en ese sentido *Ilegalidad* se presentaba más para esa multiplicidad de facetas típicas de una farsa chejoviana, que el actor supo aprovechar con bastante eficacia, sin aniquilar un elemento con otro, sino complementándolos.

"Humoradas" en Arlequín

La presencia en la *Sala Arlequín* de un triple programa de obras de **Antón Chéjov**, constituye en sí mismo un feliz acontecimiento en que se lleva al fin un buen comediógrafo a la programación de fin de semana en las salas teatrales, lo cual rompe con la rutina de la comedia hueca tradicional. Esperamos que **Chéjov** sea bien recibido y que un nuevo público se acondicione a un nuevo espíritu teatral.

Cerró el programa –y voy a empezar al revés– *El aniversario*. No resultó tan lleno de humor como era de esperarse. En conjunto fue un logro decoroso, pero un poco congelado. La gracia de **Chéjov** estuvo un tanto ausente y la intención no llegó a ser brillante. Sin embargo, el cuidado casi escrupuloso que demuestra **Rubén Vigón** por la puesta en escena –aún en comedias absolutamente insustanciales– mantuvo la realización en un nivel, sino brillante y completamente logrado, al menos discreto. Estas limitaciones se debieron en gran parte a que la actuación no alcanzó siempre ese difícil matiz que late en todo el teatro de **Chéjov**. Salvo en el caso de **Verónica Lynn**, claro. **Verónica Lynn** realiza un magnífico trabajo y estuvo muy a tono con el carácter del personaje. Además, demostró gracia y sutileza, matizando diestramente sus parlamentos. La ausencia de gracia de **Pedro Álvarez** lastró su labor, aunque hacia el final supo ofrecer su aniquilamiento de modo funcional. **Juan Bradman**, que apareció en escena muy correctamente caracterizado, no dio un Jirin muy divertido aunque sí humanamente convincente. **Parmenia Silva** no mostró ninguna sutileza interpretativa y se movió en esa línea imprecisa en que si todo no anda mal, nada convence. **Emilio Rodríguez**, encabezando la delegación final, acertó sin exageración innecesaria. Fueron los momentos finales los más certeros de la dirección de **Vigón**. Una grácil escenografía completó el conjunto.

Al centro, *Sobre el daño que produce el tabaco*, una de las más brillantes creaciones de **Chéjov**. La multiplicidad de matices de esta breve y rica pieza exige la presencia en escena, sencillamente, de un gran comediante, y un montaje exhaustivo del monólogo. No ocurrió así. Sencillamente el actor que interprete íntegramente este personaje, que encierra en sí mismo toda una problemática individual, familiar, hasta alcanzar los límites más amplios del panorama social, convirtiéndose en un análisis incisivo de la burguesía, tendrá que ser un gran histrión. Las facetas del actor han de ser variadísimas. **David Camps** tomó un riesgo demasiado grande. A pesar del cuidado que tuvo en los detalles, esto no fue suficiente para trasmitir todas las implicaciones que hay en el monólogo, quedándose solamente en un laborioso ejercicio académico.

Finalmente, la primera obra, *El Oso*, posiblemente el mayor acierto de la noche. *El Oso* es una pieza muy bien construida. En un corto espacio de tiempo, **Chéjov** logra apresar muchas transiciones del protagonista, siempre sin cargarlas pesadamente, manteniendo un tono lleno de humor. **Rubén Vigón** mantuvo la pieza dentro de un carácter melancólico que no es ajeno al espíritu de **Chéjov**, pero que resultó un poco débil en cuanto a la expresión de la ironía. Esto le restó un cierre perfecto adecuado al tono de la pieza. Por fortuna, **Verónica Lynn** supo ser lo suficientemente sutil para que sin violentar la nota melancólica, supiera traslucir la ironía de la situación, muy suavemente. Un buen trabajo, en resumen, que superó su propio "record" de *El Aniversario*. Pero **Pedro Álvarez** demostró dificultades para matizar los cambios del personaje. Recio y bien caracterizado al inicio, no captó los variados detalles que nos van presentando las transiciones hasta el desplome final. No fue capaz de darnos el personaje íntegramente, aunque éste es superior a su contraparte femenina. Siempre fue "el oso" del comienzo. Aquí **Vigón** debió forzar los rasgos para poder alcanzar el objetivo. Una escenografía funcional completó el conjunto, que si bien no ofreció todas las facetas de **Chéjov**, al menos nos presentó algunas de ellas.

Diego Fabbri

Proceso de familia

La presa está tendida, indefensa. Y el lobo, el hombre, la defiende y la destruye. Abel es víctima del amor. El hombre ama con un amor confuso, egoísta, que conduce a la muerte. El objeto de amor no encuentra otro camino que su propia destrucción ante el turbio egoísmo de quien lo ama. Abel, el niño, objeto del amor de seis personajes que se disputan su propiedad y se niegan a compartirlo, no puede escapar ante esos padres y madres que se han lanzado sobre él y que no hacen otra cosa que conducirlo a la muerte. Hasta aquí, el acierto de *Proceso de Familia* de **Diego Fabbri.**

Pero **Fabbri** comete un error. Quiere ir más lejos. Y después de una destrucción que se hace inevitable, y de negar la salida, busca la salida. Por supuesto que no convence a nadie. El punto de vista es demasiado flojo. El hombre ha actuado y ha consumado su destrucción y después, cuando ya es demasiado tarde, quiere recuperar lo perdido. El laberinto hacia la muerte ha sido trazado con tanta certeza que la oración se torna demasiado pobre y el nombre de Dios, tardío. Los personajes van al rescate de Abel. Unen sus voces en la oración y claman por la armonía final. Pero Abel está muerto. El mal está hecho. Está muerto y enterrado y Sergio tiene en sus manos un papel que certifica la muerte de Abel. Y el nombre de Dios, o quien lo sustituya, llega en el teatro de **Diego Fabbri** demasiado tarde para poder decir la última palabra.

Pirandello expresó en su teatro, con notable habilidad, el juego dramático de la verdad fluctuante. Trabajando con esa desesperante angustia de la verdad que se mueve indecisa entre sí misma y la mentira, construyó muchas de sus piezas. Después de todo, su dramaturgia descansaba en esta idea. Porque, ¿no es un juego dramático de primera línea el simple hecho de una verdad que se contradice? En ello hay un perfecto y profundo antagonismo que es la esencia del drama. Un pensamiento de esa índole lleva en sí todo un proceso dramático de primera magnitud. Esa verdad que cambia y se escapa, tan significativa en **Pirandello**, forma parte esencial de *Proceso de familia*. Un tema así se torna inagotable y en cierto sentido se vuelve patrimonio de todos, permitiendo múltiples modos de expresarlo. Esto hace **Fabbri** en muchos sentidos y lo hace con tal destreza que podemos sentirnos satisfechos con la existencia de este inquietante *Proceso de familia*. Aunque en última instancia el concepto no es nuevo, su aplicación ha sido realizada con notable eficacia. Además, **Fabbri** completa el cuadro dramático con una serie de detalles íntimos que elevan notablemente el nivel de la obra. Estos son los aspectos más genuinos. El dramaturgo ha tenido el talento de dibujar y descubrir las madejas más íntimas de esos personajes que se mueven en ese trasmundo filosófico, hasta llegar a profundas entrañas de lo cotidiano. Descubre así las contradicciones, el rejuego entre las parejas en disputa, sus facetas más secretas y perturbadoras, al parecer menores, que enriquecen la trama. Las relaciones entre Isolina y Emilio, Aldo y Nina, Sergio y Vanna, se van tejiendo y destejiendo lenta y progresivamente.

La noche contó con un buen trabajo de equipo que dio a *Proceso de familia* una coherencia interpretativa poco frecuente. **Liliam Llerena** demostró nuevamente sus condiciones y su Isolina estuvo a punto de ser perfecta. La interpretación general de su personaje y la forma en que todos sus ademanes funcionaron para expresarlo estuvieron trabajados casi al máximo. Digo casi porque se le olvidó una faceta que le diera un mínimo de simpatía a Isolina y que al propio tiempo la hiciera menos unilateral. Nos ofreció una Isolina con toda la grandeza de una criatura movida por un motivo único, heroico casi, que le restó una fuerza humana más directa. En ciertos momentos la voz y el gesto pedían una entonación más dulce, más a tono con sus palabras, más expresiva de algún remoto rescoldo de ternura. **Marta Farré** es aún una actriz inmadura y a veces olvidó las pausas que le dan pleno sentido a una frase, pero en general nos ofreció una Vanna muy bien captada, tal como la imaginamos. Tiene además una evidente destreza para decir ciertas cosas con una sutileza que no es muy abundante en nuestra escena. **Silvia Brito** no logró elaborar la vulgaridad de Nina con efectividad. En los papeles masculinos, **Ángel Espasande** fue muy ponderado y correcto. **Manuel Pereiro**, que nos ha complacido mucho en otros trabajos, parece tornarse por momentos en un actor un poco mecánico e igual, sujeto en gran modo a ciertos y determinados tipos. **Juan Ángel Espasande** tuvo la virtud de seguir siendo un niño.

Francisco Morín en la dirección se hizo responsable de una noche recomendable del teatro en Cuba. La puesta en escena tuvo siempre una ajustada sobriedad y se conservó la intensidad de algunos pasajes. Todos los aspectos se ajustaron al drama, sin que **Morín** los recargara innecesariamente. No hubo ningún efecto falso que alterara la dignidad y el tono de la pieza.

Ionesco

La lección

La lección es una de las piezas más coherentes y de más efectivo desarrollo del teatro de **Eugene Ionesco**. Presenta una curva muy definida en la acción y un cambio bien proyectado, así como un juego variado en la fuerza dominante de sus personajes. Profesor y alumna marcan sus pasos contrastantes. La alumna sube a juicio y finalmente baja. El profesor lo hace a la inversa: baja al inicio, sube y domina al final. Esto es esquemáticamente la estructura de *La lección*, distinta por completo a la de *La soprano calva*, *Las sillas* o *El nuevo inquilino*. Tal vez resulte menos característica porque *La lección* tiene un mínimo de acción dramática y un proceso de desarrollo más visible, aunque en otras piezas suyas también el dramaturgo utiliza una técnica de acumulación angustiosa que conduce al impacto final, como el cerco último en que queda limitado el protagonista de *El nuevo inquilino*, o el propio grito de sorpresa de *La soprano calva*. La peculiaridad de *La lección* radica en que mientras en otros casos se trata más que nada de estados de existencia, o de simples presencias, en *La lección* el estado se transforma en un proceso evolutivo en los personajes que conduce a este acto concreto de dominio.

Ionesco construye su mundo basándose en dos elementos reiterados que conducen a la angustia: los objetos y las palabras. Somos sus víctimas. "Los objetos son la materialización de la soledad, el triunfo de las fuerzas concretas contra las cuales luchamos" (**Ionesco**). En este caso, la ejecución de la alumna se realiza mediante el uso de las palabras, elemento que la lleva a su propia destrucción. **Ionesco** usa el lenguaje infatigablemente, hasta hacerlo culminar con el grito de "cuchillo", que en realidad constituye la fuerza motriz. Es por eso que la palabra, la palabra en sí, no el contrapunto del diálogo, es quien mueve la acción y se transforma en personaje independiente. Porque, ¿qué dice en definitiva el profesor? No lo sabemos y no nos importa. A veces no le hacemos caso. Pero la palabra se transforma así en un personaje activo dentro de la obra, independiente casi de la voz que la pronuncia, que va adquiriendo una fuerza aislada que la hace, finalmente, actuante.

Dentro de ese clima, *La lección* mantiene junto a su angustia un elemento inseparable: el humor. "El humor es mi alivio, mi liberación, mi salvación" (**Ionesco**). También nuestra salvación. **William Saroyan** define claramente la risa en el teatro de **Ionesco**: "**Ionesco** ríe fijamente, y el dolor absurdo es sentido, si este es sentido en algún modo, en medio de cierta risa de hiena, una carcajada sin voz, una carcajada que es sólo sonora en los pulmones o en la boca del asombrado espíritu". De este modo hace sostenible sus situaciones sin acción, radicadas en sí mismas, sin mensaje explícito.

La lección ha contado, por suerte para todos, con una magnífica dirección y una interpretación de primera línea. Nos sentamos así frente a un **Ionesco** bien actuado y dirigido, reímos y nos angustiamos en paz. **Julio Matas** dirige la pieza con la variabilidad de ritmo requerida, con riqueza de matices, de acuerdo con la evolución de la acción, más movida de lo que a primera vista parece. No se conformó sólo con los detalles –el juego, por ejemplo, de las manos del profesor alrededor de la mesa, los diferentes, mínimos, ademanes del profesor y la alumna–, sino que se ocupó del cambio que va teniendo lugar. De este modo el profesor, en el instante en que la acción así lo pide, comienza a girar con fuerza alrededor de la alumna, hasta el clímax afilado, acerado, de la palabra cuchillo. **Julia Astoviza** y **Cecilio Noble** hicieron dos estupendos trabajos de actuación.

La soprano calva

Nuevamente somos víctimas de las palabras. Nuevamente **Ionesco** las toma y las repite, nos las reitera para hacernos sucumbir al juego. *La soprano calva* se convierte así en un teatro sin acción, sin personajes, para transformarse en un teatro en el que el individuo desaparece y pasa a ser un ente puramente circunstancial y transitorio, una abstracción casi, que nos deja desolados en medio de un lenguaje desintegrado, que alcanza vida propia destructiva y aniquilante. El personaje en sentido usual y la acción dramática que supone, desaparecen. Por lo tanto, *La soprano calva* va aún más lejos que *La lección*. En *La soprano calva* el personaje se elimina, la acción apenas se mueve, no existe la progresión, y la palabra se transforma en sonidos que emitimos con la misma objetividad fatal que los emiten instrumentos y objetos. Cobra así la categoría de un enemigo actuante. Las palabras llegan a posesionarse de nosotros para confundirnos y negarnos la explicación, para llevarnos a la desesperación dentro de ecos sin significado.

Esta desintegración absoluta del lenguaje anula las posibilidades de análisis de los personajes, y mucho más las posibilidades de referirnos a algún tipo de mensaje. Afortunadamente **Ionesco** "libera a los actores y espectadores de la manía del mensaje intencional". "Vamos a abandonar ideologías escondidas, intenciones y proyectos". "Yo detesto la obra de tesis, construida como un silogismo en la cual la última escena constituye la lógica conclusión de las introductorias" (**Ionesco**). El equilibrio artificial de este teatro constituye para **Ionesco** una negación escénica.

La soprano calva parte así de esos elementos abismales que encontramos en **Ionesco**. Hacia el final alcanza el clímax de una angustia que se hace abstracta, pero para llegar a tales extremos parte de lo cotidiano. El absurdo nace del lugar común y *La soprano calva* utiliza reiteradamente el lugar común para hacer culminar el absurdo. Lo desusado no surge de cosas extrañas sino, como él mismo ha señalado, procede de la vida diaria, persiguiéndola más allá de sus límites. El dramaturgo bucea en la vida diaria, penetra en sus raíces y hace surgir de ellas el absurdo de la existencia. Es por eso que cuando terminamos de ver *La soprano calva* y pasan los días, con desesperante angustia nos vamos reconociendo en la escena de lo que habíamos visto; o vamos reconociendo, lo que es peor, la escena en nuestra propia vida. De ese modo, nuestra existencia común, las palabras dichas de modo intrascendente en conversaciones intrascendentes, flotan en torno nuestro. Asediados por el lugar común, a medida que nuestros actos se vuelven más comunes, más ilógicos nos volvemos.

Esta conversación desintegrada, esta vida diaria que nos oprime, contó con una certera dirección de parte de **Julio Matas**. El ritmo cotidiano, las pausas intencionales, las sutilezas en los gestos, en los pequeños movimientos, dieron la atmósfera de vida diaria en que debe desarrollarse la acción. Todo fue sutil y opresivo, sin anular otro elemento fundamental del texto: el humor.

La actuación de **Julia Astoviza** resultó completa, sorprendente. Se movió dentro de ese marco indefinido en que somos la realidad y al propio tiempo somos la caricatura de la realidad. (¿No es esto, justamente, la esencia del teatro de **Ionesco**?) Seguimos los matices, los gestos intencionales, las miradas rápidas, los pequeños ademanes. Todo dentro de un nivel de actuación estudiada, inteligente, algo más que simple naturalidad. De modo semejante, en ese mundo preciso entre la caricatura y el ser, **Julio Matas**. Como en **Julia Astoviza**, las fronteras se movieron en ese marco indefinido en que no podemos delimitar cuando terminaba lo real y comenzaba la ficción interpretativa. Su escena inicial es de lo más integrado que hemos visto en la escena cubana. **Natividad González** procuró hacer lo mismo y lo logró en términos generales; tuvo momentos certeros y jocosos, pero siempre se mantuvo dentro de una línea menos efectiva. **Eugenio Domínguez** se acercó exclusivamente a lo caricaturesco y no captó ese espíritu indefinido y grácil. **Leonor Borrero**, como otras veces, se proyectó con encanto y malicia a la vez, activando notablemente el ritmo conversacional de la obra, con el único inconveniente que siempre reconocemos, en demasía, a la propia **Leonor Borrero**.

Patrick Knott

La llamada fatal

"Melodrama para el cine"

En inglés se llama *Dial M for Murder* y ha sido llevada al cine y a la televisión, donde fue inicialmente presentada por la B.B.C. Indiscutiblemente el medio más efectivo de este melodrama no está en las tablas. Tiene demasiadas pequeñas complicaciones de objetos: llaves, teléfonos, cartas, carteras, medias, bufandas y tijeras, y una carencia casi absoluta de sólidos caracteres, lo que la hace más apropiada al lente más escrutador y en muchos casos meramente externo –pero mucho más eficaz en este último sentido que la ficción teatral y el ojo humano– de la cámara cinematográfica. En especial porque *La llamada fatal* se da el lujo de carecer de un solo personaje valioso, cosa usual en el cine y que en ocasiones la pantalla, dado su impacto visual, autoriza a pasar por alto. El teatro, jamás.

Por consiguiente, la fuerza dramática de *La llamada fatal,* que reside en ciertos momentos en el destino de una llave o una cartera, se pierde en la dimensión del escenario como se pierde el hombre en el universo. Dramatismo microscópico que se evapora en el vacío. El cine, que se permite otras cosas, que es en cierto sentido un arte de objetos –los objetos pueden cobrar en la pantalla un calor, una tensión, un dramatismo y una fuerza inusitadas–, que es fundamentalmente un arte para las cosas, constituye el medio propicio para este disco telefónico de la escena.

El espectador a veces se pierde en estas minúsculas complicaciones, pero en general la obra podría mantener el interés. No es un gran interés ni una alta tensión. *La llamada fatal* carece de buenos personajes, y eso la limita, pero **Patrick Knott** se las arregla bien en ciertos momentos. En especial durante el primer acto. La técnica que utiliza el autor para interesar al espectador reside, no en la incógnita sino en el descubrimiento. Nos coloca en antecedentes del crimen que está por cometerse y al caer el telón al final del primer acto estamos relativamente interesados. Nuestra imaginación aportará la posibilidad clave: las cosas no sucederán como exactamente nos han contado. El segundo acto lo dedica **Knott** a poner las cosas al revés, mientras que en el tercero las pone al derecho.

Esta trama, puramente externa, tiene una cierta posibilidad de salir bien cuando se hace bien. No maravillas, claro. Eso es un imposible. Como la pieza se basa en el destino de pequeños objetos hay dos caminos: subrayarlos y ofrecernos los objetos claves con una insistencia que nos haga pensar que somos ciegos o estúpidos, o colocarlos en su modesto lugar, naturalmente, con el peligro de que la acción resulte más confusa todavía. **Manuel Fernández Martínez**, el director, prefirió el primer camino. De esa manera el protagonista nos pasa cerca del rostro las medias de su mujer, las llaves y la cartera, y deja caer una carta al piso, con una falsedad que llega al ridículo. En la escena de los abrigos que se intercambian, la versión inglesa colocó los dos abrigos, colgados, uno junto al otro, lo que resultaba confuso; mientras que en Broadway estaban situados en dos sillas separadas, que resultaba menos confuso. **Fernández Martínez** lo hace confuso –los dos abrigos están en la misma silla, uno sobre el respaldo y otro sobre el asiento– pero nada natural: el Inspector Hubad, al colocar la llave en los abrigos, nos la enseña de forma recalcitrante. En resumen, la representación se ocupó demasiado de estos detalles y de otros –un primitivo uso de la música incidental con la increíble pretensión de ponernos los pelos de punta–, pero se olvidó de lograr un ritmo más movido y rápido. Tal vez hizo como el mismo autor: de tanto mirar los árboles no llegó a ver el paisaje.

Punto y contrapunto.- Valga esta reseña para contrastar lo que estaba presentando *Talia* en el contexto teatral del 1960, aunque debo aclarar que la versión fílmica de *Dial M for Murder* es una película de **Hitchcock** que se encuentra entre mis favoritas. Paradójicamente, la llave y el teléfono juegan un importante papel en mi obra *Su cara mitad*, pero creo haberlos utilizados de otra manera.

John Patrick

Corazón ardiente

La capacidad del hombre para llevar a efecto las acciones más nobles, constituye el núcleo del mensaje de *Corazón ardiente,* presentación del Instituto Municipal de Marianao por **Teatro Estudio** de la obra de **John Patrick**. El hombre en su más bella y tierna expresión, en la más pura comunión, en el más fraternal sentido. De esa fuente de emoción y ternura surge la obra, una pieza poética de gran delicadeza. *Corazón ardiente* es una obra de alto contenido poético y profundo mensaje humano: los hombres son capaces de acercarse, de unirse, en una tarea que los dignifique, cuando llenan su corazón de los más altos propósitos y los más bellos designios.

La obra de **Patrick** parte de una contraposición: el carácter de Lachie, aislado y egocéntrico, frente a los demás. Es su vigor y su orgullo terco frente a los otros lo que vitaliza la acción y hace efectivo el juego escénico. Su firme oposición a los otros da a la pieza una serie de escenas que mantienen el choque de caracteres con indiscutible energía dramática. En general, **Patrick** enfrenta un carácter al grupo, pero dentro de lo segundo la figura más perfilada y grácil de Yank resulta el legítimo oponente dramático en el terreno individual. Los momentos más hábiles, la oposición más violenta, tiene lugar entre ambos. Al inicio, y en especial en las escenas finales en que Lachie se vuelve nuevamente contra el grupo, es el carácter bien elaborado de Yank quien realiza la conquista y reconquista de un corazón.

Es difícil que su contenido humano y su vigor poético se pierdan en una presentación de *Corazón ardiente*. Pese a los altibajos de esta puesta en escena, la obra se mantiene. La dirección de **Gilda Hernández** tuvo una virtud: dentro de la manifestación colectiva logró darle realce a las actitudes y rasgos individuales de cada personaje –como sugiere la pieza– que se comportan en cada momento de acuerdo con su idiosincrasia y adoptan las posiciones de acuerdo con su temperamento. Fracasó al no controlar a sus actores del modo debido, ofreciendo una actuación dispareja. Especialmente en el contrapunto Lachie-Yank, la dirección debió ser más cuidadosa, ya que al no responder uno de los actores con todo su vigor, la situación dramática se desmorona lamentablemente.

El más alto nivel de actuación lo mantuvo **Roberto Blanco.** Toda posible flaqueza en la representación se salva con su trabajo. Es sin dudas un actor de primera. Su Yank no sólo es gracioso. La tartamudez de Yank deja de ser en él un mero artificio para la comicidad. En sus manos sirvió para ofrecer con inteligencia y habilidad, toda una gama de gestos que lo auxiliaban para hacer más expresiva tanto la ira como la ternura. **Blanco** demuestra que un rico trabajo ejecutado con dominio técnico no afecta, sino que enriquece, el contenido interno. Su trabajo está por encima de de todos los restantes...

Punto y contrapunto.- Me impresionó grandemente la puesta en escena de *Corazón ardiente* y después **Vicente Revuelta** me pidió una nota al programa, donde agregué algunas cosas más: "*Corazón ardiente* es una obra blanca y limpia, humana y tierna: permite todos esos adjetivos que hablan de lo más bello del hombre, de lo mejor de cada cual [...] Es una obra de eterna juventud. Se retornan, se reviven las emociones más puras que hemos sentido alguna vez, los mejores instantes. O se viven por primera vez si no los hemos vivido antes. La obra de **Patrick** es una invitación a todas estas pequeñas manifestaciones que acercan a los hombres, a todas esas cosas que se presentan en los hombres cuando descubrimos lo mejor que llevamos dentro. Esos instantes que a veces son furtivos y en los cuales nos quitamos los ropajes que en ocasiones nos deforman. Reactiva lo mejor de nosotros mismos." Y, sin embargo, ya estábamos al borde del abismo. En Cuba se iba a vivir (o se estaba viviendo) todo lo contrario y quizás por ello tuviera tantas resonancias.

Pirandello

(si os parece)

El hombre, la bestia y la virtud

Hacer aunque sea una ligera referencia al teatro de **Luigui Pirandello** se hace difícil en el rápido espacio de una crónica, pero es una necesidad, al menos para mencionar sus notas más características. Por lo menos, lo que resalta en sus obras más conocidas y que se repite como motivo constante: la dualidad del ser y la incapacidad para reconocer la verdad en nosotros y en los demás, porque los personajes de **Pirandello** se debaten en el problema de la máscara que nunca puede eliminarse para dejar el rostro al descubierto; su multiplicidad, no sólo para los demás sino para uno mismo; la angustia atroz que se desborda más allá de la farsa más grotesca. Eso claman a través de su obra todos sus personajes. (En *Así es* (*si os parece*)**:** "Pero digo que todos ustedes se engañan si no me ven como me veo yo. Lo cual no impide que sea una gran presunción, señora, tanto la mía como la suya". En *La vida que te di*: "¿Lo veo? Todo es así. Un sueño... Y si tu cuerpo va cambiando así, sin que te des cuenta... tus imágenes... ésta y aquélla. ¡Todas!" En *Vestir al desnudo*: "Pero tú lo ves todo distinto de como es. ¡Quién sabe cómo me ves a mí ahora!" En *Enrique IV*: "Y puedes consolarte pensando que tampoco nosotros sabemos quiénes somos"). De la multiplicidad interior nacen los mejores ejemplos del mejor teatro desde la época inmemorial en que surge la máscara como expresión dramática. Pero la máscara pirandelliana –que entre otras cosas tiene la propiedad de no necesitar la materialización para hacerse más viva y expresiva– va más allá de todo límite y el juego dramático entre el hombre y la máscara, la confusión de fronteras que los separa, aumenta el interés de sus obras y su angustia. ¿Qué mayor vivencia dramática que la de esta multitud de seres que se cruzan y entrecruzan dentro de cada hombre y ante los ojos de cada hombre? El mundo crece, se multiplica. Sus personajes viven ocultos para ellos mismos y para los demás, incapaces de un autoconocimiento y de un conocimiento para los demás. El ser se vuelve una simple convención humana, limitada en muchos casos a una documentación que al desaparecer crea la tragedia –el drama del registro civil, como se ha dicho. ¿Qué hacemos y qué somos si no estamos en el registro civil? No somos –limitados tal vez a un papel de periódico que nos crea, como en *Vestir* *al desnudo.* La verdad es un fenómeno inalcanzable y cuando se llega a ella en la medida de lo posible, cuando obtenemos una versión de la verdad –los seis personajes que se ven y no se reconocen– surge el clímax de la angustia pirandelliana. (**Pirandello** explica: "Cuando un hombre vive, vive y no se ve vivir. Pues bien, colocad un espejo ante él y haced que se vea a sí mismo en el acto de vivir y bajo el influjo de sus pasiones: o se quedará atónito y sin habla al ver su propio aspecto, o volverá la vista para no verse...")

Sobre este mundo tejido de angustias sobre la existencia y que precisamente a causa de esa angustia se torna dramático, surge toda su obra dramática. Todo este mundo complejo y alucinado no hace otra cosa que enriquecer el drama, ya que su contendido filosófico es en sí mismo una suma de fuerzas en choque. El pensamiento pirandelliano no se escapa de su teatro, pero está llevado con tal habilidad, con tal ligereza, con tal certera funcionalidad escénica, que sirve, en esencia, para enriquecer la teatralidad. Inicia la acción mediante focos imprecisos, frases entrecortadas, situaciones confusas que despiertan el interés en el desarrollo de los caracteres y el desentrañamiento del conflicto. Sólo un dramaturgo de una habilidad extraordinaria es capaz de mantener en alto la trama alucinada, casi abstracta, de piezas como *Así es (si os parece)*, una de sus comedias más inquietante, más pirandelliana, y al mismo tiempo más entretenida.

Pero, ¿qué hay de todo esto en *El hombre, la bestia y la virtud*? ¿Está ausente **Pirandello**? Por supuesto que no. **Pirandello** no puede eliminar a **Pirandello**. La distancia existe, pero no la ausencia. Porque el problema de la dualidad de la existencia y la incapacidad del hombre para reconocer la verdad, la tragedia de la representación, está de todas formas en esta obra, hasta alcanzar por momentos verdadera categoría trágica, como durante el segundo acto con la transformación de la protagonista y su colocarse "ante el espejo" dramático de la farsa que representa y cuyas aristas se confunden. El segundo acto, el mejor de la obra, mantiene todo el nivel conflictivo de la angustia de existir y de verse existiendo. Hay que tener en cuenta que el grotesco que se manifiesta tan en alto no es otra cosa que un modo de expresar la angustia de ser. Ver las cosas de otro modo –si os parece– significa aniquilar al autor y estar muy lejos –en lo posible– del modo que él –supongo– pretendió ver su obra y verse como creador.

La versión que nos ofrece la *Sala Idal* de esta obra de **Pirandello** (o Peraudelo, según el programa) presenta simplemente las aristas exteriores de la farsa, acentúa los elementos negativos que en ella hay, marcando gestos que cuando menos debieron hacerse más sutiles, y hasta altera con intención evidente elementos del diálogo –hay una "descarga", refiriéndose al acto sexual, que está de más, y un "score", refiriéndose a la virilidad del marido, que no resulta pirandelliano–, ofreciendo una versión escénica que desvirtúa los elementos más puros de su teatro. Creo que un **Pirandello** así no debió llevarse a escena. Por supuesto que todo esto es: así es, si os parece.

Todos los actores se movieron a nivel externo y olvidaron la dualidad que representaban. Dentro de eso, el mejor trabajo lo hizo **Idalberto Delgado**, lo cual no excluye que se notara un desmedido esfuerzo por imitar a los actores italianos que el cine nos ha dado últimamente. **Maritza Rosales** no encarnó en ningún momento "la virtud" del título. Se limitó a algunas expresiones fingidas que resultaban demasiado externas, anuló la categoría trágica del personaje y, como no estuvo en papel al inicio, no pudo expresar el cambio dramático posterior. **Ángel Espasande** gritó a más no poder y equivocó la expresión escénica de "la bestia" a que alude su personaje. Remitimos a los actores a los consejos teatrales que ofrece **Shakespeare** en *Hamlet*, limitándome a transcribir las partes más ponderadas: "No muevas con violencia las manos, hazlo con mesura, pues hasta en medio del mismo terror y borrasca, y aún podría decir torbellino de tus pasiones, has de tener y mostrar una templanza que pueda presentarle cierta suavidad."

J. B. Priestley

Esquina peligrosa

J. B. Priestley es sobre todo un dramaturgo hábil pero no muy profundo. Precisamente a consecuencia de pretender serlo. Exactamente, tiene la capacidad de tomar un tema angustioso –nada más angustioso que el tiempo en su máxima gradación cósmica, "Yo estuve aquí una vez", temáticamente hablando– y lo convierte en una pieza dramática interesante y movida pero sin ninguna angustia. Por otra parte, es un dramaturgo indeciso. Nada en demasiadas aguas. A veces nos encontramos con una especie de **Chéjov** inglés que no se decide a serlo del todo, que trata de captar un segmento de la vida inglesa en todo su tedio cotidiano, pero que se traiciona con un poco de erudición barata –*El árbol de los Linden*. **Priestley** pretende conjugar el tedio con la novedad, sin lograrlo, rompiendo la posible efectividad de un tratamiento llano y nostálgico de la situación. El autor no se decide por expresar la vida de sus personajes de un modo sencillo y absoluto. Rompe con sus propios objetivos.

De estas ideas algo chejovianas, pasamos al silogismo de "la pieza bien hecha" –lo más convencional de todo y lo más alejado de la realidad que pretende apresar. Utiliza un silogismo dramático mediante el cual una escena está articulada de modo artificial con la siguiente, pero donde la costura es demasiado obvia. *Edén Termino* está llena de elementos de esta naturaleza. *El Retamal* no se queda atrás, con su cálculo de suma y resta y donde a veces una breve escenita no hace más que prepararnos para la otra.

Después de pasar por estos dos **Priestley** que no se conjugan, llegamos al tercero: el propio **Priestley**, más hábil y en cierto sentido artificial, pero mucho más ingenioso. Claro está que aparece ya perjudicado por esas dos facetas anteriores. Decide, sin embargo, funcionar con máxima eficacia. Aparecen sus características más significativas, a saber: un conflicto rotativo que va desglosando los caracteres por turno (aunque a la larga sabemos que el otro personaje está en "turno" y le "toca" confesar), y aunque crea situaciones forzadas estas llegan a ser interesantes–, trasmutaciones inesperadas que siembran la duda en el espectador y que hacen que éste se pregunte si la cosa va en serio o en broma –como en *El Retamal*–, la eficaz mezcla de situaciones que se encadenan hasta hacerse casi alucinantes –como en *Ha llegado un inspector* y *Esquina peligrosa*–, y los finales inesperados, sorpresivos, que dejan la duda en el espectador.

Esquina peligrosa reúne las condiciones del mejor **Priestley** sin mucho de sus aspectos más negativos. Tiene además una virtud: no recurre a su casi inevitable inspector, un tanto impertinente, que conduce la acción de un modo artificial. En *Esquina peligrosa* cada personaje es el inspector de su vecino, que es mucho más natural y efectivo. La intervención de la novelista Maud Mockridge es afortunadamente marginal y no conduce la acción dramática. La acción rotativa se proyecta a plenitud y al máximo de sus posibilidades y el final es uno de sus buenos finales. Todo, claro, un poco forzado pero ejecutado con la máxima habilidad de **Priestley**.

Pese a posibles defectos, *Esquina peligrosa* es el mejor ejercicio dramático que hemos presenciado en *El Corral*. Claro que la obra es de las más interesantes. Me parece una buena idea seleccionar obras de pocos personajes, ya que permite una mejor atención individual y docente. **Cuqui Ponce de León** en la dirección movió la pieza con mucha intención y logró un nivel en el cual claramente se descubre su trabajo. Los alumnos tuvieron sus buenos y malos momentos, pero hubo seriedad en el esfuerzo. La obra pecó de una ausencia absoluta de "algo" inglés. La escenografía, por el contrario, pretendió tenerla y en cierto grado lo consiguió. Pero, ya que los intérpretes no daban esa nota, ¿no hubiera sido más certero hacer menos objetiva la escenografía y crear una atmósfera un tanto inespacial, adaptable a *Esquina peligrosa*?

Jean Paul Sartre

Presencia de Sartre

Entre nosotros **Jean Paul Sartre** y una consecuencia inevitable: su teatro. Y su teatro es una consecuencia de su mirada al hombre y sus actos, a la vida. Desde *Las moscas* hasta piezas tan distintas a ella como *Nekrasof* y *Kean*, el recorrido está lleno de sorpresas incesantes: la sorpresa del hombre. Y este concepto sorpresivo del hombre es lo que lo lleva, partiendo de una base puramente interna y de contenido, a crear la tensión dentro de nosotros. ¿Cómo? ¿Por qué? Porque cada hombre se desliza por la cuerda floja de sí mismo, está a punto de caer, y nosotros temblamos bajo el equilibrista. Todo dentro de un marco de crisis interna que no tiene nada que envidiar en tensión externa a la más superficial y espectacular de las creaciones –o al más detectivesco "suspense". (Los elementos externos, sin embargo, son utilizados por **Sartre**. En *Las manos sucias* produce escenas de inusitada tensión exterior –hay un revólver que una persona esconde y cuyo descubrimiento nos mantiene alertas ante el peligro– que resultan mucho más inusitadas tratándose de un autor que mira, genuinamente, hacia el mundo interior). Las raíces de la tensión que crean en nosotros las obras de **Sartre**, llenas de sorpresas inesperadas, de misterios que nos asaltan detrás de cada palabra como si estuviéramos habitados por asesinos que nos acechan detrás de cada puerta, están dentro del hombre mismo. Sus personajes están sencillamente libres ante el sí o el no de sus actos y nos conducen a la tensión dramática más intensa que se pueda concebir. Cada uno de ellos está ante una encrucijada y una elección inevitable:

ORESTES: ¿No quieres huir conmigo?
ELECTRA: No quiero huir.

ORESTES: ¿Nunca has pensado en escaparte?

ELECTRA: Me falta valor. Tendría miedo sola, en los caminos.

ORESTES: Debía marcharme hoy mismo. Pero ahora...

ELECTRA: ¿Ahora?

ORESTES: Yo no sé.

JÚPITER: Vuestro criado me dice que os vais.

ORESTES: Yo no me marcho.

En *Las moscas* la aplicación que realiza **Sartre** es llevada hasta sus últimas consecuencias y el hombre lucha ante los actos que tiene que ejecutar. Pero ese hombre, al no estar seguro jamás, nos lleva con ojos fijos y desgarrados hacia su infinito sin salida.

ORESTES: Electra, hemos decidido juntos este crimen y debemos soportar juntos las consecuencias.

ELECTRA: ¿Insinúas que lo quise?

ORESTES: ¿No es cierto?

ELECTRA: No, no es cierto.

JÚPITER: Si alguien entrara aquí con una espada desnuda, ¿ofrecerías el pecho a su espada?

ORESTES: No sé.

Ya esto de por sí es un estupendo ejemplo del "suspense" sartreano –el "suspense" fílmico empequeñece ante una obra de **Sartre**. Pero el dramaturgo no se conforma con esto, sino que ofrece algo más. La incertidumbre situacional emerge en su caso de una incertidumbre interna. El hombre no se conoce a sí mismo. Ante sus actos, es el primer sorprendido, como en el caso de *Muertos sin sepultura*:

SORBIER: Quisiera conocerme. Sabía que iban a acabar por atraparme y que un día, al pie de la pared, me encontraría frente a mí mismo, sin recursos.

La sorpresa se puede desglosar hasta el infinito. En una cadena llena de angustias, teje sus redes, nos mantiene en tensión, nos atrapa y aniquila, nos destruye con la libertad de cada hombre. Libre, efectivamente, libre. Una libertad que nos conduce hacia la búsqueda definitiva. Libertad, ¿hacia dónde? Y aparece aquí lo único fijo que hay en su teatro: los actos del hombre conducen siempre hacia el mismo lugar, hacia ninguna parte: la salida definitiva. En *Las moscas* están encerrados en su destino inevitable. (ELECTRA: Vendrá, no puede dejar de venir. Es de nuestra raza, ¿comprendes? Lleva el crimen y la desgracia en la sangre, como yo). En *Muertos sin sepultura*, la guerra . En *La ramera respetuosa*, una situación social. En *Las manos sucias*, un partido político. Y en *A puertas cerradas*, la clausura definitiva, absoluta, el Infierno, la Vida. Por eso Gracin pregunta que qué hay más allá de las paredes de su Infierno:

>   CAMARERO: Hay un corredor.
>
>   GRACIN: ¿Y al final del corredor?
>
>   CAMARERO: Hay otros cuartos, y otros corredores, y otras escaleras.
>
>   GRACIN: ¿Y después?

Los personajes se encuentran frente a unas barreras y unas puertas que no pueden traspasar. Por eso Gracin retrocede cuando en *A puertas cerradas* le abren la puerta de su Infierno que podría conducirlo a la escapatoria, mientras que Inés, su compañera en el Infierno, grita: "¡Al corredor no, no me arrojes al corredor!" No hay salida. La libertad del hombre choca así contra un muro que lo devuelve hacia sí mismo, pero es precisamente dentro de sí mismo donde encuentra su pena más intensa y la razón de ser de sus caminos en busca de su liberación. Una sola libertad válida. La libertad de Orestes frente a Júpiter. La libertad de Henri frente a los demás: "Me importan un cuerno los compañeros. Las cuentas son sólo conmigo ahora". Y de ese modo, cuando parece ser que todo ha terminado, retorna hacia un juego que tiene sus consecuencias en cuanto al interés dramático implícito en el planteamiento: el hombre libre para sí mismo.

Punto y contrapunto.- No creo que en el momento de la escritura tuviera el texto anterior el significado que le veo en la relectura (como me ha ocurrido en otros casos), pero es indiscutible que los planteamientos sartreanos crean la posibilidad de un multiperspectivismo de acuerdo con la realidad inmediata del escritor y el lector, que en este caso soy yo colocado frente a un mismo texto pero viéndolo desde perspectivas diferentes y, posiblemente, contradictorias.

Sartre y su aplicación técnica de la libertad

La presencia de una pieza de **Sartre** en la cartelera habanera nos coloca frente a una situación fundamental: un autor dramático aplicando a una técnica teatral un concepto filosófico. ¿En qué consiste la clave dramática de una pieza de **Sartre**? En un "suspense" –incertidumbre dramática– legítimamente aplicado. Sus personajes están obligados, ante cada situación, a una doble elección, y ante ese mundo de posibilidades queda el espectador tenso. Sabemos que ante cada palabra por decir o cada situación por resolver existe una sorpresa, porque el hombre es capaz de elección. Una elección cruel, claro está, una libertad extraña: la libertad en el Infierno. "En virtud del concepto existencialista de la libertad (la libertad es total ausencia de ataduras: el hombre está perpetuamente obligado a decidir, sin que lo guíe "sentido" alguno), resulta la proximidad a lo absurdo en la temática, pero no en el desarrollo de la acción, que está dictado por la más aguda lógica y dialéctica" (**Melchinger**). De ahí el fundamento de su técnica dramática y la tensión de sus piezas: la posibilidad de salida en un círculo cerrado. Aplicada exhaustivamente en *A puertas cerradas* y *Muertos sin sepultura*, es utilizada también en *La ramera respetuosa*. Lizzie tiene libertad de elección: puede firmar o no la condena del Negro, puede matar o no a Fred. El Negro puede matar o no a Fred. Es justamente la concepción filosófica del dramaturgo lo que nos mantiene en tensión frente al escenario.

Sartre vuelve otra vez

Efectivamente, la historia no concluye, y el teatro de **Sartre,** con las últimas palabras de mi crónica anterior –el hombre libre para sí mismo– recomienza. Ciertamente **Sartre** puede ofrecernos toda una pieza dramática a base de esa conciencia moral y ese análisis interno. El hombre, en definitiva, tiene su libertad para una sola cosa: rendirse cuentas a sí mismo. Ese es el procedimiento que utiliza predominantemente en *Las manos sucias,* una pieza exhaustiva e interesante.

Este carácter de profunda concentración filosófica ante el hombre y sus actos late en todas ellas, incluyendo *Nekrasof* y *Kean.* Tal vez por eso a *Nekrasof* le falte ligereza. En definitiva, pese a los vivos momentos de esta obra demasiado larga, **Sartre** nos mantiene siempre en actitud de recelo y nos dice, nuevamente, esta vez con comicidad, que el hombre está siempre encerrado en determinadas circunstancias.

Nekrasof no puede escaparse de la circunstancia vital en que se desenvuelve. Tiene tal vez libertad para saltar de un lugar a otro, puede elegir quizás el lugar, pero elegirá siempre un lugar del cual no podrá escapar. Todo eso coarta un poco la risa que nos viene a la boca. No estamos tranquilos del todo.

En *Kean*, sin embargo, al fin nos hace perder un poco la conciencia vital y nos podemos abandonar finalmente al espectáculo, ofreciéndonos una de las piezas más regocijantes que hemos leído y, sin duda, la más regocijante de **Sartre**. Esto no quiere decir que el autor se olvide, finalmente, de todo lo que él representa. No es posible. Hacia el final retorna a sus características fundamentales: el hombre que se desconoce a sí mismo, que se descubre como farsante inconsciente, la acción que cambia inesperadamente, el acto sorpresivo. Al final de la obra, **Sartre** retorna a su propia dramática.

Les Sequestres D'Altona

Les Sequestre D'Altona: Último estreno de **Sartre**. No sé si **Sartre** utiliza en esta pieza (que todavía no ha sido estrenada en Cuba y cuya publicación tampoco nos ha llegado) antiguos elementos de su obra dramática. La situación parece indicarlo: Franz, un antiguo oficial Nazi, vive aislado del mundo, incapaz de aceptar la recuperación económica y espiritual de Alemania, llevando en su interior los actos de su pasado y la subsecuente búsqueda de justificación. **Sartre** no puede separarse de sus motivos constantes. **Pierre Marcabru,** crítico de *"Arts, Lettres, Spectacles",* señala en esta pieza una "ebullición" fascinante –¿qué pieza de **Sartre** no la tiene?–, característica propia del teatro sartreano. "La pieza es larga, muy desigual, muy espesa y muy desordenada, mas es, ciertamente junto *A puertas cerradas*, la más densa y la más rica que él nos ha ofrecido". Por su parte, **Bernard Frank** señala que "a pesar de sus vulgaridades" y "una confusión evidente", "jamás ha escrito una pieza tan bella, tan patética y tan ambigua" –ambigua es una palabra precisa para definir su teatro. **Jean Pierre Lenoir** escribe en *"Theatre Arts"*: *"Les Sequestres"* está débilmente construida. Su exposición parece interminable: la técnica retrospectiva es empleada hasta el punto del abuso; la mayor parte de los sucesos y caracteres descritos son tan melodramáticos que nos obligan a una severa tensión sobre nuestra propia credulidad. Las opiniones referentes a los valores teatrales de la pieza también varían notablemente, desde las actitudes salvajemente agresivas hasta las de respetuosa admiración". Todo lo cual demuestra que *Les Sequestres D'Altona* mantiene íntimos nexos con la producción sartreana anterior.

Punto y contrapunto.- La puesta en escena de una obra en la cartelera habanera, la cual tenía que reseñar, me llevaba a un proceso de investigación de los textos de los autores en cartelera, pues lo creía mi responsabilidad, que no creo consideren como tal muchos "críticos" que se atreven a reseñar piezas dramáticas fuera del contexto individual y colectivo en que dichas piezas se conciben. La mayor parte de los jóvenes de la generación que forma parte activa en la cultura cubana inmediatamente después del triunfo revolucionario, se va formando a medida que participan en la vida cultural, particularmente en territorios como la dramaturgia, que nos forzaba a ser autodidactas. Fue un año para mí de investigación académica, que me obligaba a la búsqueda de textos para hacer una evaluación crítica consciente. De ahí mi inmersión, siempre que me fuera posible, en todos estos autores, cubanos o no, de **Ramos** a **Priestley**, porque es responsabilidad crítica estar documentado, cosa que no hacen, seguramente, los cronistas faranduleros. En el caso de **Sartre** su visita a Cuba era un acontecimiento de mayor monta que me permitió ponerme al día con su obra, saliendo una serie de artículos. Lo que no pudo salir fue mi reseña a *La ramera respetuosa*, porque como la puesta en escena me pareció un desastre, y como a mi poco me importaba si Fidel Castro estaba presente al lado del dramaturgo y si al uno o al otro le había gustado o no la obra, la crítica que escribí diciendo lo que yo pensaba no me la publicaron.

Es evidente que **Sartre** nos estaba enfrentando a nosotros mismos dentro del teatro existencialista cubano, donde era inevitable "la decisión", partir o quedarse, decidirse a una cosa o la otra, con la Revolución todo o nada. Como el cristianismo, el existencialismo en este sentido exige una posición que es difícil llevar hasta sus últimas consecuencias, y todos tenemos que cargar, quieras o no, con las consecuencias de "la decisión". Con su teatro, que es el de todos nosotros, hasta no decidirse equivale a hacerlo. Claro que algunos quieren recibir los beneficios de una doble decisión, pero esa duplicidad en definitiva es una decisión que también tiene sus consecuencias, que es el refugio de los cobardes.

Lo cierto es que el castrismo es un Infierno existencialista y las puertas y corredores estaban allí. Paradójicamente, mientras intentaban lavarme el cerebro día a día, el existencialismo y el absurdo, el teatro de la crueldad y el teatro dentro del teatro, me estaban liberando de sus garras. Mucho de lo que estaba escribiendo se puede leer con un significado subyacente, sin que con ello pretenda justificar una sola palabra.

Bernard Shaw

Santa Juana

Shaw nos ofrece una *Santa Juana* que pese a su esmerado análisis de las condiciones sociales, políticas, económicas y religiosas que la llevaron a la hoguera –o tal vez a consecuencia de las mismas–, pese a su estudio de los intereses creados y los verdugos que la asedian, resulta una pieza bastante insatisfactoria cuando sube a escena. Para ser más exactos, lo mejor de *Santa Juana* está en el prólogo, que no es escenificable, y el epílogo, que fue eliminado para dejar el regusto trágico de la hoguera, cosa que fue un desacierto en esta puesta en escena. Así que quedó lo sobrante entre dos aguas: nada.

Santa Juana pretende ser, entre otras cosas, una justificación del proceso que la lleva a la hoguera, y **Bernard Shaw** utiliza comparaciones históricas para hacer ver las buenas intenciones de sus inquisidores. Se propone así salvar lo insalvable. Por supuesto, que todo queda aclarado cuando se lee el prólogo, pero el que se limite a la representación se queda a medias. Además, la Juana de **Shaw** se metió en la hoguera, en cierto modo, porque quiso. En esto existe un poco de libre elección existencialista, pero si es un acierto dejar bien aclarado la libertad de elección de Juana, no es menos cierto que sus verdugos después de todo fueron libres para ponerla en la hoguera, premeditación que no enfatiza la obra.

Dramáticamente, observemos a los verdugos y a la víctima. Los primeros nos ofrecen sabias discusiones, muy bien llevadas sin duda, pero que llegan a producir cansancio. Y la víctima nos ofrece una serie de escenas de una mecánica dramática repetitiva, monótona, como un silogismo. Juana convenciendo a Roberto de Baudricourt, Juana convenciendo al Delfín, Juana convenciendo a Dunois y, finalmente, lo ya esperado: Juana abandonada a su suerte y no convenciendo a nadie.

Para empeorar la situación, la noche estuvo por debajo de la pieza. **Bertha Martínez** ofreció una dirección desajustadísima. Cuando dos personajes hablaban, quedaban estáticos, frente a frente. En las escenas de conjunto, la cosa era peor: ningún movimiento particularmente eficaz, todos lucían disfrazados. No eludió el mal gusto del final de algunas escenas de **Shaw** –recuerdo las gallinas poniendo al final de la primera y la exagerada sorpresa de Baudricourt. No hubo coherencia. Algunas escenas resultaron limpias de efecto, como el encuentro entre Warwick, Cauchon y el capellán inglés –horrendo pero tal vez ajustado tributo a la inamovilidad de **Shaw**–; y otras estuvieron llenas de efectos artificiales, como la escena del juicio, con su falsa y tonta movilidad, por medio de focos que produjeron un efecto pueril y un modo de desviar la atención de los rígidos moldes de **Shaw**. El mejor momento: el final de la escena V, cuando todos le dan la espalda a Juana.

Berta Martínez estuvo igualmente desacertada en materia interpretativa. Su Juana no fue una aldeana decidida, hábil, con la cabeza bien puesta sobre los hombros; sino una Juana bastante descarada, más coqueta de la cuenta, nada digna ni decorosa. Habló sin matices, precipitadamente. Casi todos hablaban así, como buscando un modo de aligerar la obra.

Carl Schoenherr

La endemoniada

Cinco breves actos en tensión. Un juego. El juego de las trampas abiertas. Y la mujer y el hombre y el general hacen juego. Tienden sus redes. Sus trampas. Malignamente, esperamos frente a ellas.

La endemoniada es un siniestro juego dramático de **Carl Schoenherr**, de perseguidores y acusados, en el que sus personajes se envuelven siniestramente, encerrados en el laberinto que se retuerce y los atrapa a todos, los suelta y los atrae, en un ir y venir de la trampa que se transforma y que constituye el ardid dramático en función que ha sido construído por **Schoenherr**. Porque ese laberinto, esa madeja, constituye la técnica que viene y va, que conduce y nos detiene, que nos mantiene alerta y nos hace caer.

Latidos siniestros. Toques de avaricia y una inusitada habilidad para retorcer la intriga. La cacería. La mujer y el hombre tienden su trampa al gendarme. El gendarme tiende su trampa a la mujer y al hombre. Situación dramática abierta. Durante cinco actos progresa el juego, varía, fluctúan las disposiciones de cada cual. Conspiran y se retuercen. Nosotros frente a ellos. El juego comienza y sigue. El autor no descansa. Con los mismos elementos –una economía extraordinaria de recursos llevados al máximo de sus posibilidades– el autor cambia las fichas, las dispone como en un tablado de ajedrez. Las fichas cambian y se disponen de modo diferente. El juego prosigue hasta el final.

Basándose en esa técnica variable, **Carl Schoenherr** nos ofrece una sólida estructura dramática caracterizada por la absoluta variabilidad de las situaciones que se alternan y de los personajes que viven dentro de ellas. *La endemoniada* es fundamentalmente una depurada manifestación de habilidad técnica, de mucho interés y altamente recomendable.

Francisco Morín se encuentra a sí mismo en *La endemoniada* y retorna a modos que le son característicos. Los movimientos retorcidos, fluctuantes, responden al espíritu de *La endemoniada,* con sus permanentes cambios y mutaciones. En tal sentido la dirección de **Morín** no deja nada que desear, si no fuera porque olvida que la plenitud de tales logros depende del equipo de actores. Por tal motivo su dirección, por mucho que nos guste y hasta fascinen los movimientos que les marca a sus actores, sólo alcanza, como otras veces, la mitad de su objetivo. Un espectáculo teatral constituye una fuerte unidad en la que todos toman parte. Vistas las cosas desde esta perspectiva, la puesta en escena fracasa por una actuación endeble que a veces llegó a dar un ritmo y una atmósfera letal.

Sin embargo, no sé en qué posición colocarme ante la actuación de *La endemoniada*, cuyas limitaciones han sido la causa de su fracaso parcial. Tomo en cuenta las condiciones de nuestro teatro, que fluctúa entre lo decorosamente profesional y los ensayos no profesionales. ¿Cómo delimitar los campos? ¿Dónde pueden formarse prácticamente nuestros actores jóvenes? Esto me lleva a pensar también que muchos de nuestros actores que hoy tienen treinta años y que hacen un buen trabajo en escena, comenzaron su larga historia de ensayo y error diez años atrás por procedimientos semejantes. Claro está que todo esto es polémico y muchas cosas en contra podrían decirse de *La endemoniada*, que adolece de una actuación tan endeble. Hay que considerar que en cuanto a la formación de actores, con "método" o sin "método", las cosas no han cambiado tanto como todos quisiéramos.

Libre de relativismos, **Silvia Brito** hizo grandes esfuerzos por expresar las complejidades de un personaje extremadamente difícil, de cambios violentísimos, pero en general el papel le resultaba grande.

Carlos de León captó la generalidad del personaje, estuvo discreto y posiblemente logrará nuevas representaciones con mayor riqueza de matices. **César Torres** demostró menos condiciones, estuvo rígido, monótono, dicción pobre, entonación falsa. Su actuación está por debajo de la de sus acompañantes.

Punto y contrapunto.- Para un anecdotario sobre esta obra debe consultarse *Por amor al arte* de **Francisco Morín**. Aparentemente durante una de las puestas en escena, **Silvia Brito** insultó a **César Torres**, este le cayó atrás con un machete y también le entró a golpes a **Carlos de León**. Yo de estas cosas no me enteraba, porque vivía al margen de estos golpes de efecto faranduleros, pero obviamente no se reflejó en la actuación de la noche que fui a ver la obra, que no fue nada vibrante. Siempre he mantenido una posición distanciada de este viboreo caracterizador.

Sin embargo, *La endemoniada* debió dejar un fuerte impacto en mi concepción de *La sal de los muertos*, que escribí en 1960, porque los términos que uso en mi reseña ("redes", "trampas abiertas", "perseguidores y acusados", "fichas", "tablero de ajedrez") reflejan un nexo medular, aunque son obras por lo demás muy diferentes.

Louis Verneuil

El Señor Lambertier

"Celos inútiles"

Entran Ana María y Mauricio. Todo está en calma y parece que el matrimonio marcha sobre ruedas. Son felices. De pronto Mauricio mira para la pata de la mesa y empieza a interrogar a Ana María sobre el Sr. Lambertier. Que si el Sr. Lambertier tiene la manía del teléfono, que si tiene demasiada confianza con ella, que si esto, que si lo otro. Ana María se pone nerviosa, trata de disimular, hace muecas y prepara su sonrisa más tentadora. Finalmente, hace una clase de historia que con celos o sin celos no hay quien la digiera. De todos modos, llega un momento en que Mauricio decide aceptar el cuento, posiblemente por cansancio, y todo parece volver a calmarse. Pero de eso nada. **Louis Verneuil** no descansa. Mauricio mira para cualquier lado o se le ocurre cualquier cosa y de nuevo le mete mano a la historia del Sr. Lambertier. Que si el Sr. Lambertier dijo esto o lo otro, que si la tocó por debajo de la mesa, que si ella le enseñó los dientes. Y así tenemos Sr. Lambertier para rato. Ana María cuenta otra mentira más grande que la anterior. Mauricio protesta y protesta y al final hace como si se tragara la píldora, restaurándose, aparentemente, la calma. Pero de eso nada. **Louis Verneuil** no descansa. Y el truco cíclico se sucede hasta el agotamiento durante tres actos que se tornan intolerables. La pobre Ana María inventa lo inimaginable hasta el grado que, cuando dice la verdad, nadie del público ha decidido hacerle caso. Este truco **Verneuil** podría ser tolerable dos o tres veces, pero el dramaturgo no se conforma con tan poco.

Esta historia de folletín hecha con pretensiones de virtuosismo escénico, parece ser un imán para actuaciones igualmente pretensiosas, pero que no son otra cosa que un tributo al ridículo. El dúo **Jiménez-Coego** se empeñó en esta descabellada empresa, otra equivocada selección de la *Sala Talia*. *Celos* de **Louis Verneuil** es una pieza trasnochada, artificial, que reune todos los defectos señalados y muchos más. Lamentamos que *Talía* se decidiera por este triste empeño. Porque hasta los celos, hoy en día en que otras cosas están de moda, se han quedado atrás. La gente ha encontrado otras morbosidades en que entretenerse y los celos ya no van a ninguna parte.

Por supuesto que no va a ninguna parte el trabajo de estas conocidas figuras de la televisión: **Violeta Jiménez** y **Manolo Coego. Coego,** mucho más modesto que su compañera, es un galán que tipológicamente ya pisa el terreno del característico. Aporta a su trabajo la usual inamovilidad de un actor de televisión junto a algunos gestos del peor teatro. Pero al lado de **Violeta Jiménez** es un actor ponderado y discreto. **Violeta Jiménez** estuvo decidida a sacarle el mayor partido a este estúpido disparate. Nos deleitó con una gama variadísima de falsedades, sonrisas dentífricas, nerviosismo a lo peor **Bette Davis** y gestos elegantes a lo **Greer Garson**. Pero ni siquiera estás actrices están de moda. El final del primer acto, cuando la "estrella" queda en escena deslumbrando al espectador con la variada gama de falsedades que ha derrochado, es algo francamente sorprendente en el terreno del "divismo", admirable compendio de todo el espectáculo.

En fin, *Celos*, que es un pretencioso y aburrido melodrama, tuvo toda la mala suerte que se merecía.

Punto y contrapunto.- No dejó de sorprenderme que años después, en una de esas proyecciones televisadas de la medianoche, viera al azar una película de **Bette Davis**, *Deception*, que tenía todas las trazas de ser una versión del dichoso Sr. Lambertier, igualmente insoportable aunque quizás no tanto. Aunque no faltaron manerismos de **Bette Davis**, no hizo tantos como la **Bette Davis** de la escena cubana pero **Paul Henreid** estuvo más engolado y artificial que **Coego**. Es posible que de ahí surgiera la moda Lambertier en la *Sala Talia*. El personaje ausente que sirve de título, fue corporeizado en el cine por **Claude Rains**, que hizo un trabajo impecable, como le era acostumbrado. Pero como es el personaje ausente de **Verneuil**, afortunadamente nadie acabó con él en la puesta en escena.

La Ópera de Pekín

Elementos dramáticos en la Ópera de Pekin

A veces el lenguaje, esa siniestra barrera, separándonos. Pero pese a él, sobre él, el espectáculo de la *Ópera de Pekín* se alza vibrante y nos hace llegar de modo directo, a nosotros, occidentales, toda una serie de sensaciones comunes, idénticas, iguales entre los hombres. Podrán existir sutilezas, detalles que se escapan, cosas que están más allá de nosotros y que el lenguaje obstruye; pero el conjunto llega y vibra con su impacto.

El espectáculo conjuga a veces de modo integral, otras veces separadamente, elementos musicales, danzarios, acrobáticos y otros más que en su mayor parte son difíciles de aislar. También está presente la acción dramática. Es esto último en particular lo que me interesa. La acción dramática no cobra particular importancia en todos los momentos. La música y la danza sobresalen, pero hay casos en que la misma cobra un particular relieve. Me refiero específicamente a *Encrucijada, Chiuchiang* y *Los adioses de la favorita*. En cuanto a *Ofrenda de la perla en el puente del arcoiris,* presentada como ópera clásica, nos resultó un estupendo espectáculo danzario y acrobático, pero muy limitado en la acción que desarrolla. Quisiera rcfcrirme concretamente y con brevedad a estos tres números, para así captar dentro de mi mentalidad occidental –cuya transformación es imposible– los elementos de acción dramática que me llegaron con mayor viveza y claridad.

Encrucijada es una pieza cómica ejecutada como una pantomima con un eficaz y tenso acompañamiento musical. El lenguaje tiene un relieve inferior en la obra, cobrando el movimiento, perfectamente conjugado con la acción dramática, una categoría primordial. Por consiguiente, es extremadamente directo y claro, y es el número que me parece más importante como pieza dramática. En medio de la oscuridad absoluta de la noche, dos personajes se buscan y luchan, en una inagotable y continuada sucesión de equívocos. Se trata de un malentendido en que los personajes se persiguen en la oscuridad. De un modo incansable, llevado hasta sus últimas consecuencias, se desarrolla la acción que adquiere notable comicidad. En su aprovechamiento de las situaciones y el continuado enlace que se hace de una con otra, nos recuerda a un cómico occidental: **Chaplin**. Se trata de un juego inteligente desarrollado con una habilidad extraordinaria, rica en movimientos funcionales de acuerdo con un incidente dramático determinado.

En *Chiuchian* encontramos otros elementos interesantísimos. *Chiuchian* no es otra cosa que un breve incidente humorístico entre una joven que sigue la pista de su amante y un viejo barquero, bondadoso y bromista, que se demora en zarpar e intranquiliza a la joven. El incidente es simple y directo, pero gracioso. El interés que despierta se debe a que toda la acción está desarrollada en un plano imaginativo –hay una casi completa ausencia de objetos–, pero llevada al máximo de un realismo minucioso y cuidadoso en extremo. La imaginación y la realidad unen sus polos aparentemente opuestos en un centro común, claro, brillante. Hay un cuidado minucioso en el detalle y mediante el uso de la imaginación creadora llegamos a un realismo absoluto. Los gestos proceden de la realidad y se depuran analíticamente para expresar a plenitud un breve conflicto. Además, existe una curiosa traslación de lugar y el actor cambia su espacio físico frente a nosotros de una manera concreta. El contenido genuinamente realista se llena de fantasía creadora.

Más compleja en su acción y en el desarrollo de sus personajes nos pareció *Los adioses de la favorita*. En este caso encontramos más diálogo y la pérdida idiomática es mayor. Tal aspecto se salva por las características interpretativas del actor chino, que hace *palpable* el contenido del diálogo. Encontramos así, nuevamente, un aspecto que nos sostiene más allá de las complicaciones del idioma. *Los adioses de la favorita* nos cuenta las aflicciones de Siang Yui ante su derrota por no poder alcanzar el trono. Yui Chi, su concubina favorita, se suicida con una espada con la noble idea de que Siang Yui pueda ser por eso más firme y lograr la victoria. Hay una breve lucha de emociones en la que se enfatiza la unidad interpretativa de los actores. **Yuan Shi-jai** en el papel de Siang Yui es una unidad de fuerza que trasmite al personaje todos los sentimientos que lo forman. Aparece tras un espeso maquillaje, pero maquillaje y vestuario se unen a su voz para darnos el todo inseparable que lo constituye. **Tu Chin-fang** es la favorita. Su actuación parece ser tan sutil como el movimiento de sus manos y no nos queda otro remedio que lamentar no poder captar las expresiones que el lenguaje nos oculta, como enemigo. Pero el simple juego de sus manos es una evidencia delicada frente a Siang Yui, así como los juegos mímicos que traslucen su estado emocional.

De este modo, la *Ópera de Pekín* nos ofrece tres ejemplos interesantísimos para el arte dramático occidental: los movimientos, utilizados hasta el agotamiento, expresando un equívoco rico –en *La encrucijada*–, la imaginación llevada a un extremo en que se convierte en realismo en estado de pureza –en *Chiuchian*– y el actor como un todo expresivo que llega a trascender en lo posible los límites del idioma –en *Los adioses de la favorita*.

Sugerencias de "Selva de jabalíes"

"Esta *Ópera de Pekín*, repitiendo símbolos y gestos legados por las generaciones anteriores, es el teatro más fascinador del mundo. Es una pieza de museo, pero está viva, y no es una reconstrucción intelectual, porque no ha dejado de existir como espectáculo que atrae a la gente." (**María Teresa León** y **Rafael Alberti**).

Selva de jabalíes, presentada por la *Ópera de Pekín*, no ha dejado en mí las profundas huellas de *Chuichián* o *Encrucijada*. Pero no por eso ha dejado de poblar nuestra mente de múltiples imágenes. La *Ópera de Pekín* ha tenido el fascinante poder de despertar en nosotros todo un mundo de sugerencias.

He comentado con anterioridad que el trabajo del actor chino compensa en gran parte las dificultades idiomáticas, aunque en *Selva de jabalíes* el diálogo que se nos escapa parece tener algo que decirnos. Sin embargo, en todo momento la expresividad se eleva hasta tal punto que llega a librarnos del molesto apego a un programa en que se nos explica la acción. La labor del actor chino no es una suma de partes, sino una suma integral.

"¿Qué es hoy día un acróbata de circo? Pues es un actor al que se le ha olvidado la obra que interpreta. ¿Qué es un danzarín? Un actor que se ha olvidado que sabe cantar. Pero el actor chino es mimo, acróbata, cantor. Danzarín, intérprete. Es justamente el intérprete que no ha olvidado nada, y que nos ofrece la imagen de un hombre completo: el que tiene garganta para cantar, músculos para saltar, una voz para la poesía y el diálogo, un cuerpo para danzar" (**Claudel Roy**).

Ejemplo de ese virtuosismo y esa integración la ofrece **Li Shao-chun**, protagonista de *La selva de jabalíes*. La evolución de un personaje en escena es un elemento fundamental del teatro occidental; también del teatro chino, como queda demostrado a través del trabajo de **Li Shao-chun**. Especialmente, al final de la escena VI, cuando Lin Ching cae en la red tendida y es derrotado, así como en la escena en medio de la selva en que van a darle muerte a Lin Ching, adquiere la labor de **Li Shao-chun** esa coordinación de elementos que le son característicos al actor chino. (En esta última escena también es de notar el vivo contraste que hay entre las actitudes de los personajes que la integran, el énfasis que se hace entre la dignidad de Lin Ching y la villanía de los dos guardias).

Debemos anotar que **Li Shao-chun** es el producto del carácter milenario y tradicional del teatro chino. Su padre fue un famoso actor de la ópera *El rey de los monos*, conocida por el especial virtuosismo que requiere. **Li Shao-chun**, intérprete también de la referida ópera, no es un mero accidente teatral sino el producto en vivo de una versátil tradición. La actuación es, en *Selva de jabalíes*, un vivo contraste de actitudes que se ponen de manifiesto en todos los personajes. El actor estructura un todo para dar esos contrastes. El héroe es, efectivamente, todo un héroe, su presencia es absoluta y su grandeza no vacila en colocarse por encima de todos los demás. El señorito Kao es a las claras un galán cobarde con dinero. Lu Chien es, efectivamente, un parásito-consejero. De este modo captamos plenamente las características fundamentales del personaje. De ahí parte el actor hacia los matices, fundamental aspecto de su labor que, lamentablemente, escapa para un espectador occidental.

> "Justamente el espectador chino presencia y escucha cientos de veces su obra favorita, pues su principal interés en el espectáculo no radica en la trama, sino en la forma y matices de su interpretación" (**Bernardo Kordon**).

Con propósitos similares funciona el vestuario. El mismo responde a un carácter y objetivo determinados, y no es necesaria la erudición para comprenderlo. Juega con los movimientos y con el tono general del actor, y adquiere una participación dramática, conjuntamente con el maquillaje, que pocas veces encontramos en nuestro tradicional concepto teatral.

La serpiente blanca

La serpiente blanca constituye un buen resumen de los diferentes aspectos que hemos venido observando a través de las distintas representaciones de ese importantísimo acontecimiento que ha sido la *Ópera de Pekín*, no sólo el más destacado evento cultural que ha tenido lugar desde el inicio del Gobierno Revolucionario, sino en muchos años; y la culminación de este despertar de la cultura que estamos viviendo después de una etapa sombría. *La serpiente blanca* nos lleva a insistir en algunos pensamientos sobre el fenómeno teatral chino y por extensión, sobre el teatro.

El escenario adquiere en el teatro chino una especial dimensión. Ya lo hemos dicho. Una simple mirada basta. Si un actor chino mira hacia el horizonte, no es necesario objetivar el horizonte en escena. El horizonte está en los mismos ojos del actor. El aprovechamiento del espacio escénico adquiere especial relieve en las escenas de las batallas, difícilmente superables en un simple y desnudo tablado teatral. Con un mínimo de elementos, un máximo de destreza física y un supremo sentido de lo que es el movimiento –tres elementos dejados a un lado entre nosotros– surge en escena toda una batalla que adquiere una vitalidad, una fuerza difícilmente alcanzable aún en medios de mayores recursos como el cine. No se trata de eficacia cuantitativa, sino de logros genuinamente cualitativos.

Tal vez para el gusto occidental exista demasiada reiteración en el teatro chino. Sin dudas la hay. Y seguramente responde a una tradición. Los mismos motivos y los mismos recursos se repiten de una pieza dramática a la otra y aún dentro de una misma representación escénica. Esta es posiblemente la limitación de su teatro, pero con algo hay que pagar el depurado logro de sus virtudes. ¿Cómo de no ser así hubiéramos podido disfrutar de una escena tan reiterada, pero tan llena de intención, cuando Chiner –interpretada con suprema gracia por **Sia Mei-chen**–, llena de soberbia, quiere matar a Sü-sien, con los marcados –y también reiterados– temblores de este? Las diferentes y pronunciadas actitudes, las repetidas y expresivas intenciones son utilizadas para alcanzar un máximo de claridad y gracia. No son el producto accidental de una pieza dramática, o el exclusivo virtuosismo de *La serpiente blanca* y sus intérpretes, sino el compendio de todo un quehacer teatral. El teatro chino es una suma continuada de valores. Los actores están conscientes de ello hasta tal grado que no es el rasgo que rompe la tradición su mayor virtud, sino aquel que la continúa con mayor fidelidad. Por ejemplo, la actuación de **Tu Chin-fang**, protagonista de *La serpiente blanca*, ha sido altamente elogiada porque su interpretación en *Los adioses de la favorita* está realizada de la misma forma a como la hacía el famoso actor **Mei La-fang**.

El humor, la gracia y la delicadeza, son elementos inseparables en el teatro chino, y *La serpiente blanca* es un alto exponente. De ahí surgen sus más bellas escenas. ¿Podría encontrarse coqueteo más grácil que el ejecutado por **Tu Chin-fang** alrededor de la sombrilla? Además, hay que anotar que un simple motivo –la sombrilla en el caso de *La serpiente blanca*– puede servir de eje de la acción en una larga secuencia dramática.

Finalmente, *La serpiente blanca* tiene algunas formas de realismo no objetivo que hemos encontrado en otras piezas, el rasgo que nos parece más interesante y rico en este teatro. **Henry Michaux** escribe lo siguiente sobre el particular, con lo cual quiero terminar estas notas: "Solamente los chinos saben lo que significa una representación teatral. Hace mucho tiempo que los europeos no representan nada en su teatro. Los europeos lo presentan todo. Todo lo que quieren mostrar lo ponen en escena. Todas las cosas están ahí, nada falta, ni siquiera el paisaje que se ve desde la ventana". Sigue diciendo que como en el teatro chino, "la escena cambia cada tres minutos, terminará por no instalar ningún objeto ni mueble alguno. Su teatro es extraordinariamente rápido, parecido al cine". Y agrega: "Hay obras de un movimiento terrible, donde los artistas trepan muros inexistentes, ayudándose de escalas inexistentes, con el fin de robar cofres inexistentes."

Punto y contrapunto.- La visita de la *Ópera de Pekín* fue uno de los espectáculos más impactantes que presenciamos al principio de la revolución, con una serie de elementos que entendíamos a medias pero que excitaban la imaginación. Ingenuamente, nos fascinaba todo el exotismo del espectáculo, que al mismo tiempo interpretábamos dentro de las perspectivas de la escena cubana, particularmente como escuela de actuación y vehículo que servía para extendernos en el contrapunto entre realismo e imaginación que se discutía entre nosotros. No menos sorprendente e impactante sería ver treinta años después, en la pantalla y en Hawai, *Good-bye My Concubine*, que recreaba la experiencia desde otro ángulo, como si ahora la viéramos desde adentro, incluyendo las componendas marxistas de la puesta en escena original, que latían por debajo de aquella lustrosa embajada cultural. ¿Cuántas penurias habrían tenido que pasar aquellos enmascarados actores para darse aquel salto tropical? ¿Cuántas purgas, cuántas lamentaciones, cuántas mutilaciones, cuántas delaciones, que nosotros no podíamos ni siquiera imaginar?

Liliam Llerena y Ernestina Linares en *Gas en los poros*.

Ofelia González en *Los fusiles de la Madre Carrar*.
Foto de Mayito.

Entrevistas

Miriam Acevedo y Pedro Álvarez en
La ramera respetuosa.
(Foto de Mayito)

Desde que empiezo a desempeñar la crítica teatral en el periódico *Revolución,* comienzo a publicar con relativa frecuencia entrevistas a autores, directores, actores y actrices. A la verdad, lo hacía con pocas ganas, pero algunas de ellas reflejan el entusiasmo que hay por el teatro en ese momento. Pocas de ellas tienen un carácter de propaganda oficial, salvo la que le hago a **Nora Badía**, en la Dirección de Bellas Artes, sobre proyectos de teatro infantil en el Año de la Educación, y a **Isabel Monal**, como Directora del Teatro Nacional. Por ese carácter, decido omitir ambos textos. No así la que le hago al dramaturgo **Fermín Borges**, muy al principio de mi actividad en el periódico, y que es un caso representativo de lo que podía sentir un joven creador ante las supuestas perspectivas del futuro teatro cubano, sin darse cuenta (sin darnos cuenta) de nuestra ignorancia ante la dimensión del proceso político que estábamos viviendo. Estoy seguro que **Borges** actuaba de buena fe, con sus naturales y razonables intereses como dramaturgo y participante del movimiento teatral cubano, pero sin trastienda dogmática a pesar de su entusiasmo revolucionario, como lo va a demostrar después cuando se exilia. Yo conduzco la entrevista con alguna torpeza y relativo entusiasmo, aunque no me excluyo de que nos abrigaban grandes esperanzas respecto al futuro de la dramaturgia cubana. Algunos de los objetivos, que señala **Borges**, para su infortunio posiblemente, se lograron en el transcurso de los años, en una u otra medida; pero costó demasiado caro y en muchos casos representó una prolongada complicidad con el crimen y una denigración ética lamentable, aunque nunca en su caso.

Me parecen de particular interés teatral las entrevistas hechas a diversos dramaturgos, en los que exponen sus puntos de vista sobre sus textos, aunque como en el caso de **Gloria Parrado** no pasó de decir un par de tonterías sobre una obra a mi modo de ver bastante mala. También entrevisté, en este caso para *Lunes de Revolución,* a **Nicolás Dorr**, que era apenas un adolescente y que tampoco dijo nada interesante. El importante estreno de *La taza de café*, pieza que reafirma el nombre de **Rolando Ferrer** dentro del contexto revolucionario, lleva a una entrevista de grupo, como también ocurre con la que les hago al equipo de *Teatro Estudio*, que monta *Mundo de cristal*, donde los entrevistados se vuelven políticamente muy recalcitrantes, caen en la demagogia y el lugar común.

A **Carlos Felipe**, que estaba dado algo de lado en el periódico *Revolución*, a favor de **Virgilio Piñera**, le dedico dos entrevistas; una de ellas por la publicación de su *Teatro* por la Universidad de las Villas y otra por las dificultades que representaba la pospuesta escenificación de *Réquiem por Yarini*. **Reguera Saumell** también deja constancia de sus puntos de vista. He omitido un reducido número de ellas a diversos actores y actrices, por el interés muy relativo que tienen, dejando los comentarios de **Liliam Llerena** (casi a modo de homenaje), **Adela Escartín** y, especialmente, **Miriam Acevedo**, cuyo regreso a Cuba fue visto como todo un acontecimiento.

Las preocupaciones de todos los integrantes en el desarrollo de nuestra dramaturgia y la búsqueda del camino que debíamos seguir, se pone de manifiesto en una entrevista que **Fausto Canel, Luis Agüero** y yo le hicimos a **Peter Brook**. Yo me encargué de la parte correspondiente al teatro. Transcribo una pregunta que le hice, típica del momento, y su atinada respuesta:

–¿Cúal sería su consejo a los actores, directores y autores cubanos, de acuerdo con el teatro y los acontecimientos que se están viviendo en Cuba?

–Después de una revolución uno quiere un teatro revolucionario. Sin embargo, la experiencia en todos los países demuestra que no se puede forzar a los autores a escribir en el momento obras importantes sobre el momento trascendental que se vive. De ahí que en mi opinión lo importante es hacer que el teatro sea vital y popular. Usando obras clásicas, obras musicales, obras cómicas, hay que hacer teatro popular y vital para el pueblo, sin tener en cuenta si su contenido marcha parejo con lo que uno quisiera hacer en el momento. Obras de profunda calidad pueden ser presentadas de una nueva forma y esta es una buena manera de atraer al público. Cuando lo que se presenta es excitante y el público está allí, entonces se ha creado una nueva base de la cual, espontáneamente, una nueva forma de escribir y nuevos temas saldrán. El cubano debe confiar en su exuberancia natural. Yo estoy muy impresionado por lo que he visto de la enorme tradición musical, tanto culta como popular, y de la tradición de baile, y yo siento que el teatro cubano como en todas partes del mundo, puede ser regenerado encontrando su tradición más antigua, en la cual la música, la danza y el texto estaban mezclados. Cuba puede y debe ofrecer al mundo una nueva forma de espectáculo musical.

Voces en una entrevista

Entrevista realizada con motivos del estreno de *La taza de café,* con la participación de **Rolando Ferrer**, **Dumé**, **Rebeca Morales**, **Ingrid González** y **Cecilio Noble**.

RF: Estoy contento con el éxito de *La taza de café*. Creo en el teatro cubano y la prueba de sus posibilidades ha sido demostrada por el éxito de mi obra. Se han devuelto entradas. Además, creo que los actores cubanos se han de sentir mejor con obras cubanas. El único modo de permanencia de nuestro teatro radica en empresarios decididos, precios económicos y prolongación de la obra en escena.

CN: Esta es la primera obra cubana que el público entiende y que ha sido un éxito. No había ocurrido antes nada parecido.

RF: La idea de la taza de café y el gesto final de Irma partió de una anécdota real. No encierra odio, además, sino profundo desprecio.

IG: Creo que escupir en el café de la Marquesa, enfocándolo a través de mi personaje, es la mayor venganza que se puede tomar contra ella, porque, ¿quién no escupiría a este tipo de gente que aún existe en nuestro país?

D: El final fue fácil. Era muy definido y se desprendía de su mensaje social. Lucha de clases, no de razas.

RF: El personaje de Irma responde a un proceso interior que culmina cuando escupe en la taza... Una silenciosa trayectoria... Mundo interior...

D: En cuanto a la labor de los actores, me siento satisfecho, así como el recibimiento del público.

RM: Un verdadero y uniforme "team work"... Para mí, la Marquesa se llama Victoria Gómez de Estrada, Marquesa de Aguas Verdes. Es uno de los personajes más difíciles que he hecho, porque requiere gran cantidad de matices. El público ríe con la Marquesa, pero yo la he visto con una enorme seriedad. Ella, para mí, tiene su interés vital: subsistir, no importa los medios. Debe valer para ser estimada: es este mensaje social de la obra lo que me ha hecho trabajar con tanto ahínco. Lo he hecho con amor, sobre todo, porque por primera vez me he sentido dirigida por ese sentimiento, para mí básico: el amor.

RF: El director ha dicho siempre que no hay autores. El autor que no hay directores. El actor que no hay críticos. Es una cadena interminable que debe finalizar. Todos hemos sido autodidactas en todo. Hemos realizado un titánico esfuerzo, pero ahora es necesaria una mayor disciplina.

D: Quiero señalar, sin embargo, que *La taza de café* encontró trabas, dificultades. No lo digo en sentido polémico, pero es necesario anotarlo para formar en todos la conciencia que el teatro cubano y sus autores deben encontrar siempre las mayores facilidades.

RM: No teníamos lugar apropiado para los ensayos. Y el programa no apareció con la nota necesaria sobre la obra.

IG: Sé que tenemos buenos autores, actores, directores y buenos temas para escribir. Yo, como actriz, me siento muy satisfecha de haber actuado en la obra y quiero seguir haciendo obras cubanas.

RF: Todas las dificultades se superarán. El autor cubano antes no tenía fe y no esperaba nada, pero ahora su conciencia creadora está esperanzada en sus posibilidades de expresión y su futuro.

Punto y contrapunto.- Esta fue mi primera entrevista y, debo confesar que nunca me he sentido muy a gusto haciendo este trabajo, ya que prefiero la "escritura". De hecho evadía estos encuentros y casi nunca participaba en los que organizaban *Revolución* o *Lunes de Revolución* en torno a escritores que nos visitaban. Posiblemente hice mal, porque esto me hubiera dado oportunidad de establecer "contactos" que me hubieran sido de utilidad al irme de Cuba. Pero en este sentido reconozco que no tengo ningún talento. Cuando llegué a los Estados Unidos lo hice con las manos vacías, incluyendo relaciones de este tipo, y cuando le dije a un taxista puertorriqueño en Nueva York que yo no tuve nada en Cuba en el sentido de bienes materiales y que a mí Castro no me había quitado nada (en este sentido, naturalmente), me dijo que era el único cubano que él había conocido que "no tuvo". Yo me iba con lo que tenía en el cerebro, con **Yara** y mi hija. Mi hijo no había nacido todavía.

También es pertinente anotar que este fue el primer éxito de **Dumé** después del triunfo revolucionario, aunque su inserción en nuestra dramaturgia es anterior, desde que interpretó *El manto de la abstracción* en las funciones que se hicieron en el Parque Central en 1950, la cual también se representó en el Lyceum, donde, de acuerdo con **Rine Leal**, sería **Herberto Dumé** "quien cargaría con todos los honores de la representación. Fue su parte en la Farsa un acierto que supo dar el punto necesario y su personaje un continuo creador de risas y de logros en la obra". Después, ya en 1959, va a tener grandes éxitos como declamador, cuando obtiene un triunfo espectacular en el Anfiteatro habanero en un recital organizado por el Departamento de Bellas Artes del Municipio. Pero no será hasta principios de la Revolución cuando se establezca como uno de los directores claves del teatro cubano, uniéndose a la nómina de **Andrés Castro, Francisco Morín** y **Vicente Revuelta**.

Como me ha comentado posteriormente el propio **Dumé**, la generación que se había ido formando durante la década del cincuenta, aunque fuera de forma incompleta, iba a darle al teatro cubano de los sesenta, y a la cultura cubana en general, un carácter de avanzada que repercutiría fuera de Cuba a favor del castrismo. Nosotros creíamos estar en deuda con la revolución, pero en última instancia estábamos siendo utilizados. El castrismo se ha caracterizado porque a falta de petróleo para la exportación, utiliza lo que cada cubano pueda dar, que puede ir desde los genitales al cerebro. Éramos soldaditos de Angola. Claro está que nos estaban programando para que pensáramos así y nos sentíamos culpables por no haber hecho nada mientras los "héroes" se habían sacrificado por nosotros. La digestión de este embutido fue lenta, pesada, difícil. A mí, afortunadamente, sólo me duró tres años.

Fermín Borges: mensaje a los actores

Un encuentro con **Fermín Borges** en *Revolución*. La conversación, por supuesto, sobre teatro, específicamente sobre teatro nacional, más específicamente aún sobre el *Teatro Nacional*. De inmediato, con motivo de las recientes convocatorias, la pregunta:

–¿Ya se cerró la convocatoria para aspirante a actores del *Teatro Nacional*?

–No. La convocatoria se ha prorrogado hasta el sábado 23 del presente mes, dándose así oportunidad de presentarse a los que no lo han hecho todavía.

Pero es necesario saber más.

–¿Cómo será el curso de altos estudios de teatro?

–Se le dará gran importancia a la actuación. Se depurará la expresión escénica, bajo la dirección de conocidos directores como **José Quintero**, con quien el *Teatro Nacional* está ya en conversaciones. Es posible que para el mes de junio esté ya entre nosotros. Esperamos la respuesta de algunas notables figuras del teatro francés. Existe la posibilidad de que venga al *Teatro Nacional* uno de los más valiosos dramaturgos jóvenes de Francia.

El aspecto parece amplio. **Fermín**, con las manos en la cabeza en un gesto característico, no hace silencio. Habla.

–Los actores graduados en este curso se convertirán de hecho en los primeros aetores de la nación. El *Teatro Nacional* se propone elevarlos al rango de primeras figuras del teatro mundial, llevándolos en "tournée" por América y Europa, Broadway, el Festival Internacional de París, etc. No escatimaremos toda la propaganda que la profesión requiere. Para estos primeros meses del curso de altos estudios serán elegidos cuarenta actores, a los cuales se les pagará para que se entreguen totalmente a la exigente labor que se desarrollará. Debido a las exigencias del curso, los becados para el mismo no podrán desarrollar ninguna labor fuera del *Teatro Nacional*, con excepción del Instituto del Cine, por ser otra institución del Gobierno Revolucionario. Una vez terminado el curso, a aquellos actores que integren la *Compañía del Teatro Nacional*, se les duplicará o triplicará el sueldo, y afirmamos esto públicamente, porque el doctor Fidel Castro nos ha prometido toda la ayuda necesaria para el auge y engrandecimiento de nuestras labores. Las primeras personalidades de nuestra Revolución quieren conocer y charlar con los actores durante la celebración del curso. Es decir, por esta parte hay un respaldo oficial pleno a la actividad creadora.

Como de los autores no debemos olvidarnos (la base de la estructura teatral), la siguiente pregunta es necesaria:

–¿En qué forma se ocupará el *Teatro Nacional* de los dramaturgos?

–Los dramaturgos forman uno de los primeros intereses del *Teatro Nacional*, porque de ellos depende la plasmación definitiva de nuestro teatro. Los autores nacionales tendrán nuestra preferente atención. Se ha pedido a los dramaturgos cubanos que envíen sus obras para seleccionar las que se han de representar en la Sala Avellaneda, en la Sala Covarrubias, en la Sala del Teatro Experimental y en el Teatro Arena que se construye en el último piso del teatro, o sea, en los cuatro escenarios que funcionarán en el *Teatro Nacional*. También se ofrece en estos momentos el Seminario de Dramaturgia José Antonio Ramos.

–¿Cuál será el enfoque del Seminario?

–En este seminario se estudiarán y discutirán los problemas de la creación dramática nacional. Se invitarán dramaturgos cubanos y extranjeros como profesores. Pienso en **Arthur Miller**, por ejemplo. El Seminario trabajará anexo al Teatro Experimental donde se representarán las obras de los dramaturgos matriculados. También el Departamento de Artes Dramáticas publicará dentro de dos meses las obras de autores cubanos en español, francés o inglés, que ya se están traduciendo.

Pero otra noticia de mayor interés viene todavía.

–Próximamente se subvencionará con un sueldo de doscientos pesos mensuales para que los dramaturgos puedan dedicarse a la creación artística sin tener que resolver el problema económico y cuyas obras serán estrenadas en el *Teatro Nacional*.

Le pregunto a **Fermín** cuáles son los planes para su selección.

–Serán de acuerdo con los valores estéticos de las obras ya escritas. Es un plan que pronto se comunicará públicamente para conocimiento de los autores.

Punto y contrapunto.- Esta es la segunda entrevista que publico en *Revolución*. **Fermín Borges** era uno de nuestros más prometedores dramaturgos, cuya obra quedó trunca y que murió en Miami poco tiempo después de su salida de Cuba, donde quería hacer realidad algunos de estos sueños y encontró toda clase de obstáculos. Su entusiasmo por el teatro se pone de manifiesto en esta entrevista, en la que aparece como vocero de los primeros proyectos del *Teatro Nacional*, edificado en su mayor parte durante el gobierno de Batista, pero que estaba todavía sin terminar. Como muchos de nosotros, no se imaginaba ni remotamente el terreno político que estaba pisando, y se deja arrastrar por su amor al teatro. Estoy casi seguro que yo oía a **Fermín** (con el que tenía amistad) con la boca abierta, como quien oye a un iluso, porque a pesar de mi ignorancia política, creo que era algo más realista. Es cierto que, en gran medida, el plan se lleva a efecto, pero más diabólicamente y no en los detalles específicos que mencionaba el dramaturgo. Ya se harían estas y otras cosas bajo las normas férreas del comunismo.

Vagamente, la situación de **Borges** me va a inspirar el contexto dramático del segundo acto de mi obra *Exilio*, donde Rubén aspira a ocupar la dirección del *Teatro Nacional* y es desplazado por Beba, la militante marxista –cuya situación corresponde a la de una militante desconocida que toma las riendas del *Teatro Nacional,* **Isabel Monal**, mientras todos nosotros nos preguntábamos de dónde había salido. Como podrá verse, sus palabras dan la medida de lo engañados que estábamos y, de paso, la pasión que sentíamos por el teatro.

En realidad, **Fermín Borges** no se daba cuenta de la dimensión de lo que estaba diciendo. Ni yo que lo escuchaba. Se daban los primeros pasos para el desarrollo de una maquinaria politizada de la cual no tenía idea un buen número de los participantes de aquel momento y que iba a durar hasta nuestros días. Me atrevería a afirmar que a **Fermín Borges** le costó algunos años de vida. Obsérvese la anticipada presencia de "las primeras personalidades revolucionarias", que a primera vista parece una forma de apoyo, pero que en definitiva es un modo de control politizado. Lo mismo en el caso de Castro, metido en todo. La politización de la escena cubana donde cada participante se convertía en vocero del régimen a través de la escena mediante un acto de compra-venta creadora, en la que se le vendía el alma al diablo (ver *Exilio*, que es el espejo donde se reflejan muchos conocidos) estaba teniendo lugar y, como efectivamente iba a suceder, las bases de la internacionalización de nuestro teatro se establecían mediante un contubernio con el crimen, del que serían cómplices un buen número de "comediantes" de habla hispana, ya que se "inicia el desfile" de los oportunistas del continente, flujo y reflujo que no se ha detenido todavía. Lo que desconocíamos algunos de nosotros era la dimensión política de la propuesta, como puede verse en su afirmación de que las obras de los autores que estrene el *Teatro Naciona*l "serán de acuerdo con sus valores estéticos". El patetismo histórico da ganas de llorar.

Carlos Felipe

Entrevista a una voz necesaria

El hombre y su circunstancia

CARLOS FELIPE: "En los gloriosos momentos históricos que vivimos, sin precedentes en toda la América Latina, el concepto teatro conlleva un necesario sentido incorporativo o subordinativo; esto invita a una postura estética compatible con una demanda constante de apoyo a la Revolución."

Lamentablemente para algunos, **Carlos Felipe** está consciente de sus posibles frutos. Su teatro tiene su aporte y él espera frutos actuales. Claro está que por imperativo histórico el momento es más afortunado para las generaciones jóvenes, aunque tal vez los verdaderos afortunados pertenezcan a las generaciones no nacidas. Pero los aportes de hombres como **Carlos Felipe** no pueden estar limitados a conceptos estrechos. En definitiva, las generaciones cambian y las circunstancias vitales, pero los aportes legítimos permanecen.

CARLOS FELIPE: "Actualmente, por tanto, el mérito de un dramaturgo estará en proporción a su habilidad para acercarse a este ajuste, sin abandonar demasiado los eternos principios de la escena. Los dramaturgos cubanos han dicho presente. Son muchas y muy valiosas las obras nacidas bajo este signo. Es sensible que el director, el empresario y dueño de sala entre nosotros, hechas las salvedades del caso, con sensibilidad orientada hacia Broadway, y no tocados aún con la gracia del sentimiento nacionalista, no preste mayor atención a las obras de nuestros autores."

No es necesario –sí, sí es necesario– insistir sobre el abandono a nuestros autores y la sed de los mismos. El propio caso de **Carlos Felipe** es asombroso. Reconocido como uno de nuestros más positivos dramaturgos, sólo ha visto en escena tres de sus obras. Y se trata de un dramaturgo a quien, por fuerza, se tiene que reconocer, a pesar de no pertenecer a sectas al gusto. ¿Por qué no ha vuelto a escena *El chino*, esa obra extraordinaria, ese destello brillante, tal vez el más brillante –no sé– de nuestro teatro?

Para los hipócritas

CARLOS FELIPE: "Desde luego, antes que nada, se ha de ser sincero, único modo de respetar a los demás, respetándonos. Por otra parte, busco mi ajuste. Seré el más feliz de los cubanos cuando logre un tema, un personaje, una situación, que hechos teatro, es decir, concretados a los límites y necesidades de la escena, encierren el espíritu de la hora en que vivimos, que sea un equivalente dramático a la palabra húmeda y encendida de Fidel. Pero esto ha de llegar por el camino, para mí imprescindible, de mi propia emoción."

El credo de **Carlos Felipe** es el de un hombre sincero. Un credo escaso, tal vez. Porque **Carlos Felipe** está consciente –no todos lo están– que la obra que responda a la palabra encendida de Fidel, a la revolución amada por el pueblo, ha de surgir en nuestros autores como IMPERATIVO INTERNO, una fuerza que mueva a la creación, y no como un ejercicio circunstancial y aprovechado. Inútil esfuerzo, en tal caso, que morirá ahogado por sus propias cenizas.

Una torre de marfil cotidiano

CARLOS FELIPE: "Se me ha preguntado dónde busco mis temas. En realidad, no busco un tema: lo encuentro sin buscarlo. ¿Dónde? En la vida, en la calle. Yo vivo en la calle. Veinte veces al día cruzo a pie las calles de La Habana. Oigo una palabra; veo un rostro; capto una expresión que me hiere –pues ha nacido un tema. Lo trabajaré o lo rechazaré, según las posibilidades que yo le vea para ajustarlo a mi técnica. Es ridículo, por tanto, cuando se habla de mí, mencionar "torres de marfil". Nadie más callejero que yo, nadie más convencido que yo que es la calle la fuente de estímulos para el artista."

Carlos Felipe busca un acercamiento legítimo, puro, sincero, hacia el hombre común. Yo me pregunto como podrá expresar nuestra labor creadora la vida íntima, secreta, complicada –los hijos, la mujer, las cuentas, las enfermedades, el trabajo– de nuestra gente elemental y fundamental, si vivimos encerrados en círculos intelectuales. Interpreto que **Felipe** piensa algo de esto. Busca un acercamiento directo, un contacto íntimo con nuestro hombre común, como camino puro para expresarlo en nuestra escena.

Los aportes de **Carlos Felipe** a nuestra integración y formación dramática ya están, pero aún debemos esperar de él –como él espera ofrecernos– nuevos elementos que se unan eficazmente a la formación de nuestro teatro.

Punto y contrapunto.- Nadie es perfecto, como dicen en inglés, y ni **Felipe**, ni **Piñera**, ni **Borges**, ni yo lo éramos con nuestro entusiasmo del momento. Advierto que me costó trabajo transcribir lo de "la palabra húmeda y encendida de Fidel", pero hay que tener en cuenta que muchos se tragaron la píldora y que apenas habían pasado dos años del triunfo revolucionario, y también me la tragué yo, aunque a la verdad yo no era de los que me empujaba sus discursos. Los dramaturgos compartíamos, en general, un parecido punto de vista, aunque nunca me sentí entusiasmado por "la palabra húmeda y encendida", a pesar de repetir términos de **Felipe**. Prefería referencias menos personales y, las pocas veces que lo hice, me refería a la Revolución en sentido genérico, evitando el culto a su personalidad, que nunca me atrajo. Obsérvese, además, mi insistencia en la autenticidad del IMPERATIVO INTERNO, que destaqué con mayúsculas, frente a la creciente proliferación de oportunistas y descarados, ante los cuales siempre he sentido particular repugnancia. En **Felipe** pudo haber error, pero no hipocresía.

Carlos Felipe:
no apto para timoratos

Carlos Felipe –autor de *El chino*– ya tiene escrito *Réquiem por Yarini*. La comedia está.
¿Una comedia escabrosa? ¿Dónde metemos *Réquiem por Yarini*?
No apta para timoratos, diría yo. Yarini, un "chulo" que hizo historia en La Habana y en San Isidro, un barrio de prostitución, sube a escena.
La Universidad de Las Villas ha tenido la visión de ver el *Réquiem por Yarini* y la ha publicado. "Quiero agradecerlo antes que nada", dice **Carlos Felipe**.
Veo en la obra una gran denuncia social. Pero una denuncia implícita en la acción. ¿No era la denuncia de **Chéjov**? "No está lo social propuestamente, pero está. Están las lacras, las rectificaciones necesarias", nos dice **Felipe**. "No pretendí siquiera un documento, pero el documento surgió tan pronto presenté los productos de un estado de descomposición social, toda una época negativa. ¡Mira a ver si está contenido lo social! Hay en ella una clase social que pedía a gritos una rectificación". Y esto lo agrego yo: **Felipe** ha escrito, propuesta o casualmente, un documento que es toda una época de decadencia. Releyendo la obra creo que no necesita una coma al respecto. Basta con su objetividad.
"Una de las cosas más difíciles de hablar es de la obra de uno. Tal vez uno sea la persona menos capacitada al respecto. Una obra es una serie de sentimientos que se van formando. Siento la inquietud por trabajar la entraña de nuestro pueblo y me preocupa la forma de incorporar estos elementos al teatro. La obra utiliza nuestros vicios, nuestras supersticiones, utiliza nuestras costumbres, trata de captarlos y poetizarlos. **Sartre** señaló que cada país debe crear sus propios mitos e integrarlos al arte."
Para los que siempre están buscando mensaje y significado, **Felipe** contrapone la objetividad y, sobre las implicaciones de los elementos del "más allá" que entran en juego, agrega: "No pretendí sentar cátedra sobre el oscurantismo, sino incorporar al teatro elementos que han estado presentes en nuestro pueblo".
Personalmente, estoy insatisfecho con la presencia de La Dama del Velo, un personaje secundario que Felipe introduce poco justificadamente en la acción; especialmente dañino por el uso del monólogo

interior –muy bien utilizado, por el contrario, con Yarini, porque en Yarini es necesidad primaria.

"Este personaje", dice **Felipe** sobre La Dama del Velo– "es la curiosidad, la inquietud. No es la Macorina. No es la muerte. Está utilizada, además, para atenuar la situación dramática."

Dice después que para escribir la obra habló "con mucha gente que conocía a Yarini en el barrio de San Isidro. Conozco el barrio de San Isidro. Me documenté. Visité la casa famosa. Conocí la forma en que murió, aunque mi obra no es en modo alguno absolutamente biográfica. Si algo yo puedo aportar al teatro cubano, y eso quiero que se diga, es aquello más popular. En las clases donde las lacras sociales se han saciado, es donde hay más necesidad de amor. Considero que aún los seres que medran pueden tener sus más altas aspiraciones y las más bellas y creo que son ellos los de mayor pureza. Pienso en la no culpabilidad del hombre y que cualquier camino puede conducir a Dios. Sentí inquietud por penetrar en Yarini, representativo de un medio, y quise penetrar en él".

Manuel Reguera Saumell

Tulipa: "Me acuerdo que yo iba a ver a pasar las maestras por la mañana tempranito... iban todas limpias... tan decentes... ¡Y todo el mundo las trataba con tanto respeto! ¡Cómo me hubiera gustado ser maestra!"

Manuel Reguera Saumell vuelve a ocupar la atención del cronista. El estreno el año pasado de *Sara en el traspatio*, sin dudas el más certero toque de realismo en las últimas producciones de nuestros dramaturgos, nos obliga a fijar la atención en la próxima pieza de este dramaturgo, *Recuerdos de Tulipa*, que se presentará los fines de semana en *Arlequín* bajo la dirección de **Rubén Vigón**.

–¿Por qué Tulipa?

–Tulipa es el nombre de una bailarina de circo–, nos cuenta. –Yo la recuerdo de años atrás, cuando los circos acostumbraban llevar a los pequeños pueblos, en una pequeña carpa, a una bailarina que siempre bailaba desnuda con el simple acompañamiento de una flauta y un tambor. La recuerdo por los años cuarenta y pico, allá, en un circo pequeño...

–¿Y en el fondo de todo ello?

–El contenido social. Ese tipo de muchacha no tenía hasta la revolución ninguna salida positiva a su destino. Sus únicas posibilidades eran la prostitución, o en el mejor de los casos, convertirse en una criadita de pueblo, modo más o menos indirecto de prostituirse. Tulipa, por su parte, se ve obligada por una serie de incidencias a que la lleva su marido, a escoger este oscuro camino del circo. En el trasfondo de ella he tratado de crear una pugna entre el instinto de solidaridad humana y el egoísmo personal. Va a ser sustituida en el circo por una guajirita más joven y he procurado desarrollar esta faceta del personaje.

Apunto algo sobre el tratamiento del tema y su posible escabrosidad. **Reguera Saumell** aclara:

–A mí también me preocupaba todo eso. Temía que los personajes fueran vulgares o chabacanos, pero parece que al tratar de exaltar la parte humana y positiva de unos personajes que se mueven en un ambiente completamente negativo, logré escapar de ese peligro. Por lo menos **Rubén Vigón**, el director, me asegura que están rodeados de ternura.

–¿Cúando te decidiste a escribirla?

–A petición de **Vigón** me propuse escribir una comedia, pero los resultados fueron más patéticos que la comedia propuesta. No obstante ello, a **Vigón** le gustó y decidió ponerla.

–¿Sigue la línea de *Sara en el traspatio*?

–Es definitivamente una pieza realista, pero yo creo que es una cosa distinta a *Sara en el traspatio*. Otra obra que he terminado de escribir, *Propiedad particular*, premiada en un concurso auspiciado por "Escenario 4", sí sigue sus pasos, pero *Recuerdos de Tulipa* tiene una atmósfera completamente distinta.

–Y el teatro, ¿qué significa para ti?

–Para mí el teatro es la manera más fácil que tiene uno de darle salida a una cosa que se lleva dentro y al mismo tiempo un modo de hacer algo útil a los demás. Es un escape emocional, pero que tiene sus fines en una labor responsable, pensada; que ha de tener un fin determinado, ya sea un mensaje o una idea, destinada a cumplir una misión.

Gloria Parrado

Tres ante "La brújula"

Un conflicto de estilo

El *Teatro Nacional* está presentando *La brújula* de **Gloria Parrado**. Nos acercamos a **Adolfo de Luis**, director, y a **Gloria Parrado**. *La brújula* tiene a simple vista dualidad de estilos: el simbolismo poético de la protagonista y el mundo más directo que la circunda. Sobre esto nos dice **Adolfo de Luis**:
–La obra maneja elementos del absurdo y de la realidad, por lo cual se hace muy difícil y riesgosa de equilibrar. Para la realización ha sido muy difícil pues es necesario estar tanteando entre ambos elementos. Para la interpretación ha sido igualmente difícil.

Gloria Parrado, por su parte, explica:
–La obra está hecha, intencionalmente, en dos estilos. La Duquesa es un símbolo. No debe ser realista. Algunas cosas, sin embargo, las siento más realistas de lo que pudiera parecernos en escena.

–La veo con mucha tendencia al esquema–, comento yo.

–Es un poquito esquemática–, dice **Gloria Parrado**. –Tal vez algo de inexperiencia, pero particularmente quiero señalar que fue escrita a principios de 1959 y con intención de hacerla funcionar desde esa fecha, de un modo directo e inmediato, con la Revolución. El estreno se demoró y la pieza se me fue un tanto de las manos...

Gloria Parrado se muestra particularmente entusiasmada con el contenido de la pieza. Y entre sus personajes muestra una especial preferencia por el obrero:

–Lo veo muy sencillo, sin énfasis... Problemas que todos conocemos... Todo el pueblo está con él. Encierra aún más que el campesino la multiplicidad de pugnas sociales. La ciudad es más dura, menos generosa que la tierra.

–Ya que hablamos de personajes y de contenido, tal vez sería conveniente decir algo sobre la protagonista, la Duquesa, portadora de "la brújula".

–Ella para mí–, dice la autora– representa la Revolución en su más amplio sentido. La Revolución en general. Por eso los personajes van tras ella y dicen que vamos a buscar su lugar.

Punto y contrapunto.- Las opiniones de **Gloria Parrado** son casi tan disparatadas como la obra. De todos modos, observemos el desastre que representó la revolución para este grupo de entusiasmados. **Felipe**, el mayor del grupo, pudo hacer mucho más pero no hizo realidad lo que parecía iba a hacer de acuerdo con sus puntos de vista en las entrevistas. **Gloria Parrado** tampoco hizo mucho más a partir de este momento y, en todo caso, lo mejor ya lo tenía escrito antes de 1959. Otro tanto habría que decir de **Rolando Ferrer,** que no había llegado a los cuarenta años. **Fermín Borges**, que tenía treinta años en el momento de la entrevista, no va a producir más nada en Cuba y poco en el extranjero. La carrera de **Reguera Saumell** aparentemente llegó a su final poco después. En fin, un verdadero desastre.

Adela Escartín

Yerma vuelve otra vez

Un encuentro durante el ensayo de *Yerma*, en el *Teatro Nacional*

Adela Escartín: "*Yerma* me trajo definitivamente a La Habana hace diez años para radicarme en Cuba. La forma en que me recibieron público y crítica me ligaron para siempre a este país. Aquella *Yerma* de *Las Máscaras*, en el diminuto escenario del Palacio de los Yesistas, marcó el momento en que me sumé a la lucha por el teatro en Cuba. Debutar con *Yerma* en el *Teatro Nacional* con el que acabo de firmar contrato por dos años, significa para mí como un nuevo inicio, como si de pronto me hubiera colocado de nuevo en el principio. La dirección de **Andrés Castro** fue muy buena y no pretendo superarla, pero la concepción de la obra tiene que ser forzosamente distinta. **Vicente Revuelta, Augusto Borges, Hortensia Guzmán, Leonor Borrero, Elena Huerta, Esperanza Magaz,** fueron magníficos compañeros en 1950. Pero sé que mis compañeros de ahora, **Miguel Navarro, Alberto Insúa, Mary Munne, Naida Santí,** todos, nos proporcionarán la oportunidad de tener un recuerdo imborrable."

Liliam Llerena

He visto *Proceso de familia* de **Diego Fabbri** en **Prometeo.** He escrito mi crítica. El lector tal vez recuerde a Isolina, una de las madres que anhelaba la posesión de un niño en disputa: Abel. Busco a **Liliam Llerena** para hablar de Abel. Es decir, de Isolina, la madre que interpreta Nada mejor que hablar con la actriz. Ella conoce al personaje. Lo ha estudiado. La actriz y el cronista hablan de Abel, de Isolina, de *Proceso de familia*:

EL CRONISTA: El final de *Proceso de familia* no tiene para mí una fuerza que esté a la altura de su desarrollo.

LA ACTRIZ: Comparativamente me parece un cierre ligero que no está a la altura del desarrollo anterior. Debió tener un poco más de elaboración. Hay un principio cristiano, seguramente católico... Pero hay una cosa positiva: los personajes son incapaces de juzgarse los unos a los otros. Básicamente, por esa posición positiva, hice la obra.

EL CRONISTA: Decía en mi crítica que a su Isolina le faltaba ternura...

LA ACTRIZ: Para mí la ternura es un sentimiento un poco tornasolado. Enternecen muchas cosas. Pero me parece que en un alma tan traumatizada como la de Isolina no puede tener toda su amplitud. Además, entre Isolina y su marido hay un conflicto sobre la educación del niño que se manifiesta en ciertas pugnas y detalles, como la referencia al tapadito azul. Isolina está contra la proyección educacional de Emilio. La ternura es en Isolina un sentimiento hipertrofiado. Además, el egoísmo posesivo de Isolina forma un superobjetivo que no debe ser aminorado o desviado en ningún momento. Su forma de amar es poseer, no dar.

Nos encontramos así frente a dos puntos de vista. El de la actriz y el del cronista. Pero el público tiene, en definitiva, su verdad, su palabra. Enfréntese usted con Isolina en *Proceso de familia,* piense sobre ella. Entonces, el próximo punto de vista será el suyo.

Miriam Acevedo

El retorno y la espera

PRÓXIMO ACONTECIMIENTO: "LA RAMERA RESPETUOSA". **Miriam Acevedo** retorna desde el pasado con el recuerdo perfecto de *Las criadas*. Retorna siguiendo el mismo recorrido del teatro cubano, incompleto, imperfecto a causa de su ausencia. Ensaya en *el Teatro Nacional La ramera respetuosa* –otro retorno significativo– bajo la dirección de **Morín**. Esperar la pieza de **Sartre** es una espera fundamental.

Está y aún no ha llegado. Estamos enraizados en el recuerdo imborrable de una noche perfecta, una actuación perfecta, una dirección perfecta, un mundo diabólico perfecto: *Las criadas* de **Genet**. Dentro de esa pausa vuelve **Miriam Acevedo** que aún no ha llegado para romper su propio hechizo. La ruptura, el retorno y la reafirmación inevitables están en Lizzie, la prostituta de *La ramera respetuosa*. Es realmente Lizzie –no son sus pasos que se alejan de Nueva York, no es el avión en que retorna, no es su vuelta al sol– quien nos trae a **Miriam Acevedo**. Es justamente Lizzie. Es por eso que hablo con **Miriam** del personaje que lleva en sus raíces.

Una pregunta indefinida sobre lo fundamental de la pieza de **Sartre** nos pone en "situación":

Miriam: (encuentro con Lizzie). "El personaje se va a enfocar desde el punto de vista social. Una mujer simple, inculta, ligada a una circunstancia extraña, rara. Sí, sí ha estado acostumbrada en cierto modo, pero ahora es un momento diferente. En realidad es una víctima, pero tiene gran sentido de la verdad y la justicia y no quisiera traicionar su verdad. Es la coacción quien la obliga. No tiene fuerzas para luchar contra el medio.

MMH: La obra y sus proyecciones conducen a un lugar común: lo sexual.

Miriam: No, no lo habrá. El problema sexual es, por supuesto, importante. Late en el fondo de Lizzie y de Fred. Esta mujer, que se supone se acueste con un hombre por negocio, siente que Fred le ha dado algo aquella noche, que ha sido sincero y al propio tiempo la ha movido a ella. La relación ha sido legítimamente sincera. Se han entregado de verdad. Eso crea la pugna con la situación social en que sus vidas se desenvuelven. La lucha de Fred es intensa porque, por ser joven, es aún puro y encuentra en esa mujer, a su pesar, lo que nunca había encontrado.

MMH: El senador es para mí el personaje más peligroso de la obra. Se presta a la caricatura y a que se oculten sus raíces más íntimas. **Manuel Pereiro** tiene sin duda una tarea difícil: la falsedad e hipocresía de un personaje no implica la ausencia de una verdad interna. Eso sería ver el personaje desde afuera.

Miriam: El padre de Fred es realmente sincero. Es el producto de una clase sureña y está formado así en sus raíces. El representa a una sociedad clasista y todo el mundo se ve obligado a actuar dentro de su propia circunstancia.

MMH: El conflicto fundamental de Lizzie y el Negro, sus posibilidades de hacerle frente a sus enemigos, conduce al problema de la libertad...

Miriam: Es el mismo problema de *Las criadas*. La condición social imposibilita el asesinato de la señora. Lizzie, que es una mujer simple, se siente aturdida por el lenguaje del Senador y carece de armas para hacerle frente. El Negro no puede hacerle frente tampoco. Claro que en él es algo más profundo, de mayor alcance y raíces... Un problema de vida o muerte.

Punto y contrapunto.- Mis expectativas respecto a este "retorno y espera" quedaron defraudadas con la puesta en escena. **Miriam Acevedo** estaba fuera de papel. La demagogia marxista (o el tratamiento irónico de la misma, si se quiere ver así, de la puesta en escena de **Morín**) nunca llegó a la altura de la "pornografía" de la salita teatral donde **Chela Castro** se encamaba siguiendo el esquema del dulce encanto de la burguesía –mucho más efectivo, hay que reconocerlo, que el de la hoz y el martillo.

Vicente Revuelta

Durante un año de mediocridad interpretativa [1961] y tras una larga espera del actor en la plenitud de su hacer escénico –desde **Roberto Blanco** en *Corazón ardiente* estaba ausente– al fin el público cubano ha tenido la fortuna de encontrarse con él. Me refiero a **Vicente Revuelta** y su Azdak en *El círculo de tiza caucasiano* de **Bertold Brecht**, donde el actor se descubre sin miramientos: para la crítica y para el público. Respaldado por la responsabilidad de una buena faena escénica, le hacemos cuatro preguntas a un actor que sabe justificar, mediante su profesionalismo, su presencia en escena.

–¿Cuál ha sido tu interpretación del personaje desde el punto de vista sicológico y social?

–El personaje es en su sentido sicológico lo que más se acerca a un poeta. Lo veo con un sentido de la realidad muy por encima de la realidad misma: un visionario. Al mismo tiempo está mostrando un punto básico en **Brecht**: como la propia naturaleza en su movimiento histórico se anticipa a la interpretación marxista de la realidad. Es por eso que Azdak se muestra contradictorio: aprovechado y oportunista. Su justificación está en su falta de comprensión de la realidad, ya que en definitiva es un oprimido. En lo social ofrece básicamente la sabiduría del pueblo.

–¿Cuál ha sido básicamente tu línea de actuación?

–Sigo un tipo de actuación interna, muy importante para el teatro de **Brecht**, pero siempre teniendo presente las circunstancias ambientales y como Azdak tenía que responder a esas circunstancias. El personaje se me hizo más simple a medida que lo fui desarrollando y evolucionó a lo largo de los ensayos. Tal vez por razones personales lo vi en un principio más intelectual y solitario, pero a medida que los ensayos fueron avanzando se me fue haciendo más popular y comprensivo de la realidad social, sin dejar por ello su carácter intelectual y solitario. Fue marchando de lo trágico hacia lo festivo.

–¿Qué participación tiene el personaje dentro de la estructura general de la obra?

–Me parece que *El círculo de tiza caucasiano* plantea dos de sus más grandes temas. De un lado, lo trágico de la moral de una sociedad dividida en clases, representada por la trayectoria dramática de Grushe. De otro lado, en Azdak, una moral triunfante, la visión optimista de **Brecht**, como las contradicciones de la moral son resueltas por la justicia en manos del pueblo, la moral que no entra en contradicción con la sociedad.

(Esta concepción tan clara de la estructura general de la obra y sus dos partes esenciales, pienso yo, la justificación de las metas hacia donde va la obra, se pierden en una puesta en escena que no se sabe a dónde va, a la larga confusa, en la cual las ideas de **Brecht** se diluyen en su anécdota prolífica, sus efectos lumínicos y las interpretaciones cantadas que no se entienden)

–¿Exige el método épico un modo específico de actuación contrapuesto a otros métodos, **Stanislasvski**, por ejemplo?

–El método épico es un desarrollo armónico del sistema **Stanislavski**. Podemos quizás hablar de oposición entre **Stanislavski** y **Brecht** en cuanto a la estética, pero ya en cuanto a sistema de trabajo del actor hay que partir de **Stanislavski** para comprender a **Brecht**.

Punto y contrapunto.- Recuerdo el trabajo de **Revuelta** como una actuación brillante. Su identificación con el personaje parece reflejar una dualidad entre el artista y el militante, que quizás sea muy representativa de un conflicto que se planteaba en muchos niveles. Pero hay que reconocer que sus respuestas son las de un profesional inteligente, aunque fuera marxista-leninista. En cuanto a la puesta en escena, que no reseñé porque a partir de febrero de 1961 dejé de hacerlo, no la recuerdo como muy efectiva.

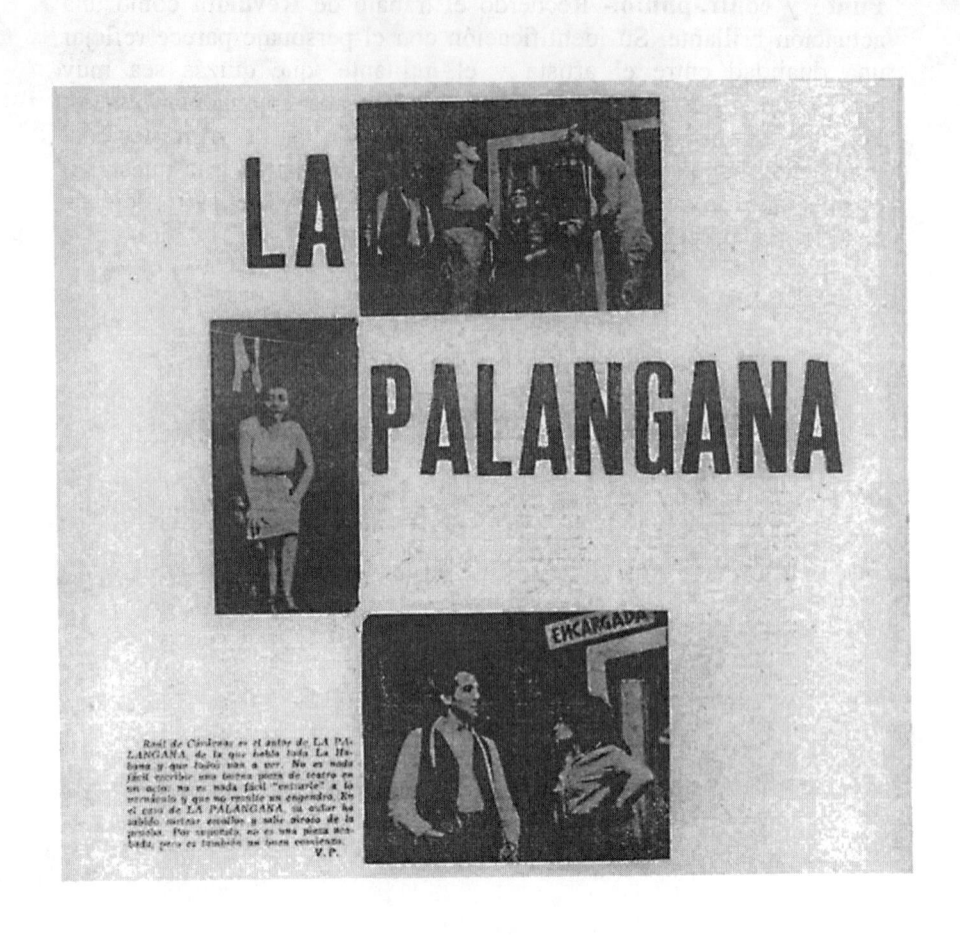

Escenas de *La palangana* de Raúl de Cárdenas.

Retablo

A partir del mes de febrero de 1961 dejo de escribir reseñas en el periódico *Revolución* y paso a redactar una columna llamada *"Retablo"*, de carácter informativo, a la que trato de darle cierta solidez crítica. **Rine Leal** regresa del extranjero y vuelve a encargarse de la crítica teatral en el periódico. Comparto con **Luis Agüero**, crítico de televisión, y **Fausto Canel**, de cine, un programa semanal en la televisión dedicado a comentarios sobre televisión, cine y teatro.

Este es el momento en que el teatro cubano, específicamente a través de la danza, empieza a alcanzar resonancia cuando el Conjunto de Danza Moderna del Teatro Nacional, dirigido por **Ramiro Guerra**, triunfa en París en el Festival de las Naciones. Se inicia así una "política" de exportación de la estética musical cubana que va a darle al castrismo estupendos resultados. En "La danza cubana triunfa en París", dejo constancia, citando a la prensa francesa, de ese entusiasmo desenfrenado que ha durado más de cuarenta años. "Fue un espectáculo resplandeciente de luz y de color. Un diálogo suntuoso en lo que el presente le contrarresta al pasado, dándole realce a un arte forjado en el crisol de una tradición verdadera... Ahora, cuando todavía se mezclan los colores de nuestra mente como en un caleidoscopio, una idea se impone a nosotros como una certidumbre, en lo que a Cuba respecta, dándole la razón a **Bela Bartok** cuando dice que 'El baile y el canto también representan la conciencia de una nación'" *(L'Humanité],* "Un espectáculo lleno de vida, dominado por los ritmos obsesivos de la música afrocubana. De todas las influencias que se notan la más fuerte sin duda es la africana, seguida muy de cerca de la española... Pero el colorido, la concepción, el 'humor' que caracterizan el espectáculo son muy cubanos. Muchos de estos bailarines, muchos de los cuales no son profesionales, tienen un sentido nato del teatro y del ritmo verdaderamente extraordinario" *(France-Soir).* "La Rebambaramba es un ballet lleno de colorido, de sabor popular, satírico en algunos aspectos, una imagen de la emancipación" *(Le Figaro). Lettres Françaises* finalmente apunta: "**Ramiro Guerra** ha creado un género nacional. Su compañía se lo agradece y se lo demostró dedicándole las ovaciones recibidas. Sin duda alguna, ésta ha de ser una de las representaciones más brillantes de las ofrecidas en París por el Teatro de las Naciones". Posteriormente, **Ramiro Guerra** se iría de Cuba.

Para esa fecha yo estaba también a punto de hacerlo. Me iba precisamente cuando más oportunidades iba a tener para ver mis obras representadas, en particular porque el teatro cubano estaba en un momento de efervescente entusiasmo. Las funciones de la *Sala Arlequín*, dirigidas por **Rubén Vigón**, que inicia los *Lunes de Teatro Cubano*, los estrenos de *Prometeo*, los proyectos experimentales de *Las Máscaras*, seguían en cartelera, e inclusive yo mismo estaba en cartelera. Estas actividades representan los últimos "gestos" de las salas teatrales privadas, destinadas a desaparecer al ser "nacionalizadas." Mi interés en la dramaturgia nacional y el estreno de obras cubanas se pone de manifiesto una y otra vez, así como mi insistencia en una mayor responsabilidad estética. Lamentablemente todo esto llevará a la politización y dogmatismo del movimiento teatral, por lo que me fui de Cuba a fines de 1961, en el preciso momento en que *Prometeo* lleva escena mi obra *Gas en los poros*, a cuyo estreno no puedo asistir. *La botija* siguió poniéndose después de irme, aunque no sé si con mi nombre y apellidos, mientras pasaba a formar parte de una lista negra que todavía sigue en pie.

Con motivo de la celebración del *Festival de Teatro Obrero y Campesino* en el mes de marzo, aunque para esa fecha no me estaba ocupando regularmente de la crítica teatral en el periódico, donde se estrenó mi obra *El tiro por la culata*, publico una reseña adicional, "Mirada a un festival", que no incluyo porque ya ha aparecido en mi libro *Obras en un acto*.

En *Talía* se llevará a escena *El segundo hombre* de **S. H. Behrman**, a la que le dedico un *"Retablo"*. **Roberto Peláez** comenta que de "los autores de las grandes comedias modernas, de las llamadas "altas comedias", no hay duda que **Behrman** es uno de sus grandes cultores. Una buena prueba de esto es *El segundo hombre*, donde el famoso autor muestra su talento singular. Creo personalmente que esta obra del autor de *Biografía* será del agrado de la crítica y el público". Yo comento:

"El cronista anticipa algo sobre *El segundo hombre*. Se trata de una comedia recomendable que tiene la suficiente habilidad dramática para justificar su puesta en escena. **Behrman** escribió su pieza con indiscutible destreza y un certero manejo de las escenas, pese a un endeble y melodramático tercer acto. **Behrman**, además, supo crear cuatro caracteres interesantes y en algunos de ellos se descubren reminiscencias de personajes que el teatro norteamericano desarrolló después, particularmente en el caso de Mónica -la muchacha vulgar, considerada estúpida, pero con un mundo legítimamente humano por dentro–, que hemos visto tal vez con mayor profundidad en el teatro y el cine, pasando entre ellos, inevitablemente, por **Tennessee Williams**. Sin sobrestimarla demasiado, ni caer en subestimación fácil, *El segundo hombre* es una comedia que merece la atención que esperamos, y que, como señala **Roberto Peláez**, su director, posiblemente sea del agrado del público y de la crítica".

Es posible que me estuviera suavizando, porque, como ya dije, estaba a punto de partir, como ocurría también en *Las Máscaras* con **Andrés Castro** y **Antonia Rey.** No obstante ello, se cubrían las formas con *El sombrero de paja de Italia*, que tuvo una delirante puesta en escena.

"Esta vez un grupo de jóvenes actores, alumnos de **Andrés Castro**, subieron al tablado de *Las Máscaras* y les recordaron a los profesionales que el teatro es también, entre otras cosas, espectáculo y diversión. La obra*: El sombrero de paja de Italia*, de **Labiche** y **Michel**, interpretada con no menos delirante entusiasmo. **Andrés Castro** nos cuenta: "El entusiasmo de los muchachos y su sentido de la disciplina, lejos de decaer, ha aumentado con las representaciones y el contacto con el público. Y el público ha respondido maravillosamente. No nos podemos quejar." La selección de la obra de **Labiche** y **Michel**, por su carácter alegre y externo, su atmósfera de genuino delirio perfectamente hilvanado, las marcadas intenciones de la dirección y el ritmo bien mantenido de los alumnos, han hecho de estas representaciones algunas de las noches de teatro más agradables y divertidas que hemos pasado en mucho tiempo".

En la *Sala Arlequín* se ensayaba nada más y nada menos que a **Jean Cocteau**, en lo que podríamos llamar "puesta en escena en evasión":

"Anticipemos algo de *Las viudas* de **Jean Cocteau** que se ensaya en la *Sala Arlequín*. Entre un buen número de cosas superficiales (**Jean Cocteau** mueve a sus personajes entre cosas superfluas, aunque a la larga no son tan superfluas como parecen serlo), desarrolla **Cocteau** una breve historia de amor e hipocresía. El amor se torna en *Las viudas* en una farsa saturada de humor negro. (El amor crece y florece esta vez en una tumba). La farsa se vuelve en una aguda burla que la hace penetrar en los caracteres. **Cocteau** sabe crear una atmósfera satírica que se proyecta entre líneas, de una forma fugaz y breve, penetrante a su vez. Salvo una transición demasiado violenta de la protagonista, *Las viudas* es un agradable-desagradable encuentro con **Cocteau**".

Pero en particular siguen los *Lunes de teatro cubano* donde se lleva a escena *La palangana* de **Raúl de Cárdenas**, un pequeño clásico del teatro cubano por su festinada mezcla de un teatro vernáculo con toques de absurdo, así como *Las pericas* de **Nicolás Dorr**, de la cual comenté:

> "Ahora no se trata de un grupo de actores, sino de un autor que también ha recordado a los autores cubanos que el teatro sigue siendo espectáculo. En este caso se trata de **Nicolás Dorr** y *Las pericas*, que con sus elementos musicales, su frondosidad en el diálogo y la acción, constituyó uno de los éxitos más importantes de la primera mitad de este año. *Las pericas* constituye una enloquecedora acumulación de absurdos en el que se deja ver la exuberancia de un joven escritor. Si bien acusa una frondosidad gratuita, una multiplicidad de detalles en la cual no hay que buscar ningún sentido, es ello lo que da a *Las pericas* el sentido de espectáculo teatral que esconde y descubre a un creador innato. Su carácter gratuito sirve para hacernos ver que su autor tiene un legítimo sentido del espectáculo".

Prometeo hace lo que puede y ese año estrena un par de obras cubanas. Una de ellas es *El vivo al pollo* de **Antón Arrufa**t, una de sus peores obras, no muy bien dirigida por **Morín**, con una certera escenografía de **Andrés** y una correcta faena histriónica de **Elsa Nima González**. **José Triana** señala en la nota al programa: "Desde las primeras escenas el espectador descubre que asiste a un delirio macabro, que el autor está jugando con un elemento poco común: la muerte". Hacia fines de años llevará a escena mi obra *Gas en los poros*, con **Parmenia Silva** y **Verónica Lynn**, y que según me dijeron quedó muy bien, también dirigida por **Morín**.

Por otra parte, el aburguesado *Hubert de Blank*, que había hecho las delicias de la burguesía, pasa a cumplir otro destino de clase, y otro tanto hace la *Sala Tespis*, con un concepto que acabará siendo totalitario. "Todo es Lorca" es como se titula el siguiente *"Retablo"*:

> El más vigoroso exponente de la figura de **Federico García Lorca** no es otro, sin duda, *La casa de Bernarda Alba*, la pieza en que el inmortal escritor supo conjugar con suprema eficacia al dramaturgo y al poeta. Porque en ella la poesía deja de ser ruptura con la trayectoria dramática de la obra, para convertirse en una corriente soterrada pero

presente, continuada, tejida en la misma acción, que no desaparece en ningún momento del trágico trayecto de Bernarda Alba. Por eso, sin la deliberada interrupción poética de otras obras suyas –*Yerma,* por ejemplo, sólo salva su desequilibrio dramático gracias a que el poeta es **Lorca** y no un poeta menor– *La casa de Bernarda Alba* es un todo perfectamente conjugado en el que la frustración del pueblo español –frustración individual, frustración social y sobre todo frustración y agonía política en manos de Franco; frustración absoluta– se desborda a plenitud entre las paredes blancas y opresivas de "la casa" y al conjuro terrible de la voz de Bernarda: "Aquí se hace lo que yo mando. Ya no puedes ir con el cuento a tu padre. Hilo y aguja para las hembras. Látigo y mula para el varón."

A gran distancia dramática, pero con idéntico clamor poético y con no menos fuerza en la intención política, en su clamor por la libertad del hombre y en su enaltecimiento a sus mártires y a sus héroes, surge en el retablo del poeta las angustias y anhelos de su *Mariana Pineda*, romance popular en tres estampas, que si bien no constituye su máximo aporte dramático, se une siempre con dignidad y sincero entusiasmo a su conjunto. Obra dramática menor, la poesía sin embargo la inunda y la salva, la eleva, porque los versos que Marinita Pineda teje eternamente para la libertad, tienen la permanencia que **Lorca** ha sabido darle cuando dice: "En la bandera de la Libertad bordé el amor más grande en mi vida..." Una vez más, **Lorca** entreteje el drama íntimo de Mariana Pineda con el drama más amplio y no menos doloroso de la patria, en una interrelación constante de mensajes, presente a lo largo de todo su teatro.

No será Mariana Pineda quien tenga la última palabra, sino Bernarda Alba, que con su bastón de mando, nos mandará a callar a todos.

Jorge Reyes, Pedro Rentería, Jorge Trigoura, Julie de Grandy y Eliana Iviricú en *Exilio*, Miami, 1996. (Fotografía de Asela Torres).

Epílogo

La representación de la historia

> Trabajo presentado en la sesión plenaria "El escritor y la representación de la historia", durante el congreso del Instituto Internacional de Literatura Iberoamericana celebrado en The City College de Nueva York, junio 8 al 12 de 1987.

Al empezar a escribir este trabajo me vino a la memoria una anécdota sobre alguien que quería conocer a **Vicente Blasco Ibáñez** y otra persona le dijo que para qué quería conocer a un individuo que de la historia contemporánea sólo conocía la primera persona del singular: YO esto, YO lo otro, YO lo de más allá. Todos sabemos que andan sueltos por ahí muchos escritores de ese corte. Sin embargo, cuando se entrelazan debidamente el YO individual y el YO colectivo, historia y representación, realidad y ficción, el primer YO puede proyectar una perspectiva válida y profunda que ilumine la interpretación de la conciencia colectiva. En definitiva, somos nosotros, los escritores, los que hacemos la historia en el momento y hora que pasamos a representarla. Nuestro YO se vuelve caso específico del hecho histórico total, y el YO individual amplía su significado. La historia nos hace en la medida parcial de las circunstancias, pero el escritor es el que tiene, en definitiva, la última carta de la baraja, que es la ganadora. Sobrevivimos el escenario de nuestra representación inmediata con el sudor último de nuestro cerebro, espejo en que se representa la realidad y la ficción.

Me doy cuenta que mi representación de la historia está asociada a un momento muy exacto, cuando el 27 de noviembre de 1961 decidí salir de Cuba y venir a los Estados Unidos (fecha en que muy pocos escritores de mi generación habían tomado tal decisión), cambiando el escenario en que tendría lugar mi futura representación. Cuando empecé a escribir en Cuba tenía y tomaba como escenario las frustraciones de Cuba republicana. No hacía otra cosa que seguir una línea histórica que se había hecho muy marcada en los escritores de la primera generación republicana y que buscaba en esos momentos nuevos contextos expresivos. De 1959 a 1961 paso a representar un momento efervescente de nuestra realidad, viéndome en un vórtice del cual no salgo cuando definía mi disidencia (como habrían de hacerlo después un considerable número de escritores de tal sello oficial pero que por aquel entonces no se habían decidido, algunos de los cuales todavía se están decidiendo) dando un paso esencial que transformaría el escenario de la representación. Pero, ¿hasta qué punto?

La traslación espacial que tiene lugar en 1961 no quiso decir en modo alguno que me iba de Cuba. De hecho se nos advertía que no podíamos escapar y se pronosticaba que íbamos a pasar a la nómina de los desaparecidos, muertos y enterrados. Ni tanto ni tan poco, pero nuestro destino parecía marcado con un torniquete en la garganta. En lo que a mí respecta, ya un escritor de la primera generación republicana, **José Antonio Ramos,** me lo había advertido en sus textos: el nacionalismo romántico del siglo XIX era una cosa del pasado, un espejismo de la memoria, reemplazado por una lucha internacionalista entre ideologías, intereses y movimientos contrapuestos. Anticipaba **Ramos** la evolución y la ruptura de nuestra elemental insularidad. Por una razón o por la otra, y en especial por razones interiores, por genética del ser, como les ha ocurrido a otros, al irme no me iba, sino que la línea de continuidad se alargaba y entrelazaba por espacios continentales y oceánicos, de isla en isla, pero existiendo dentro de una vista fija del ser, que en esto tenía su ambivalente toque décimonono. Porque, además, no hacía otra cosa que unirme a la tradición del siglo pasado, con la que hemos ido formando una línea de continuidad de doble vertiente, que va de nombres tan bien recordados como **Heredia, Villaverde y Martí;** a otros tan olvidados como **José Agustín Quintero, Pedro Santacilia, Leopoldo Turla** y otros poetas, alienados y trágicos, unidos en Nueva Orleans un siglo atrás, "desterrados al fuego" bajo el concierto de *El laúd del desterrado.*

Cambiaba, por fuera, el escenario de mi representación de la historia, pero el paisaje interior de un atardecer pictórico en Honolulú no iba a diferir en absoluto de las palmas visualizadas por **Heredia** junto al Niágara, genes subyacentes de un romanticismo patriótico. Odio con odio, cainismo con cainismo, fratricidio con fratricidio, envidia con envidia, capilla con capilla, rencor con rencor, quedamos entrelazados como Laocontes despedazados bajo el turbio cielo de un trópico que golpea nuestra urbanidad brutal. De esta forma, la historia por representar en el escenario continental de los Estados Unidos, no podía ser otra cosa que una variación del mismo motivo que se iniciaba en el siglo XIX. Fenomenología que se sigue gestando durante la República con escritores medularmente cubanos como **José Antonio Ramos,** y reafirma su vitalidad a partir de l959 con una línea de continuidad que ya seguirá hasta fines del presente siglo gracias a inmigraciones más recientes, que no han hecho otra cosa que confirmar la permanencia del escenario de nuestra representación.

De hecho, a la coordenada vertical en el tiempo hay que unir la coordenada horizontal en el espacio. La derecha y la izquierda del péndulo creador están umbilicalmente anudadas por un vórtice político donde confluyen, luchan y se unifican opuestos. Todos los escritores cubanos tenemos un escenario único, CUBA, vista de adentro y de afuera, quizás hasta cuando no se mencione, nacional o internacional, en un juego de perspectivas opuestas, que algún día, cuando termine la miopía intelectual de escritores y críticos, cubanos y extranjeros (los primeros, aplicando a veces una cronología temporal, personal, de capilla, plagada de recelos respecto al vecino más cercano, que se ignora, excluyendo de acuerdo con el proceso de la diáspora cubana, subdividida, autodestructora; los segundos, aplicando un criterio espacial basado en intereses personales la mayor parte de las veces, incluyendo viajes insulares y protectorados diversos; los menos, en posiciones ideológicas); algún día, digo, se escribirá la verdadera y completa historia de la literatura cubana del siglo XX, la no excluyente, y se llegará al escenario global de nuestra representación de la historia.

Es indiscutible que la historia coloca al escritor en un complicado laberinto de oposiciones y que es más fácil aceptar la historia oficial y reproducirla de acuerdo con los dictámenes de la oficialidad del caso, en un espejo de contradicciones, que escribir una historia que no reciba los beneficios directos de la oficialidad y el aplauso fácil de la mayoría. También en definitiva es más acomodaticio torcer nuestro criterio y enfocar nuestra atención crítica en aquellas causas populares, mientras allá, en el fondo de nuestra conciencia, se nos está avisando del error. Todas estas trampas se abren a cada paso al escritor y sus intérpretes, y son más fáciles las cosechas inmediatas que las últimas.

Así pudieron pensarlo, en la línea de continuidad expuesta, los escritores que en el siglo XIX salieron de Cuba, arriesgando su escritura, o aquéllos que lo hacían dentro de un contexto alienatorio interior que era su modo de irse. La verdadera angustia y honestidad de criterio representan un recorrido por la puerta estrecha que lleva a un modo de representación de la historia nada acomodaticio, antipopular –incluyendo con ello la popularidad literaria, naturalmente–, el único posible, al modo bíblico, de primero entrará un camello por el ojo de una aguja que un rico en el reino de los cielos. En sentido literario, para evitar la peligrosa superimposición de la historia oficial, hay que desnudarse de oficialidad, de facilismo, negar, y decir exactamente aquello que nadie quiere oír, aquello que se quiere desconocer. La comodidad literaria no conduce a la mejor literatura.

Esto no excluye las graves dificultades en que se encuentra el escritor que no representa la historia oficial y otras causas populares. Desde el subconsciente puede verse atenazado por dudas, dualidades y peligros. Sobre el texto de la razón puede superimponerse el de la sinrazón, las razones de sus propios personajes, los que crea, fantasmas que le hablan y lo asedian en el proceso de la representación de la historia

Más de una vez se me ha acercado el astuto de Miguel Ángel, que saliendo del escenario de mi obra **Exilio** y hablando desde el punto de vista de su representación, me advierte los riesgos de la antioficialidad de la representación de la historia: "No, yo no puedo irme de Cuba. Lo perdería todo. Hasta el nombre que estoy ganando. La "cantata" ya empieza a recitarse por toda Latinoamérica. Y contigo pasará lo mismo, Román. Estrenarás en todas partes. En el Teatro Nacional, en México, en Colombia, en Argentina, en Venezuela, en el Perú. Te traducirán al ruso, al checo, al alemán, al francés. Te darán el Premio Casa de las Américas. Es fácil. No cuesta trabajo. Sólo tienes que ponerte para tu número..." Pero, en todo caso, yo estaba más allá de los textos de mi propio personaje. Tras recibir en 1960 el *Premio José Antonio Ramos* por mi versión absurdista de la revolución cubana en *Las vacas*, escribo en 1961 *La Madre y la Guillotina*, y al hacer de ella una representación de la historia que no me es posible dar a conocer, entiendo a plenitud que no había nacido, como escritor, para oficialidades históricas, que dejaba para otros "personajes". El destino era partir, representar la historia desde adentro y desde afuera, seguir la continuidad, establecer el nexo alienatorio de irse, mantener el cordón umbilical con aquéllos que habían partido por los caminos de la alienación: **Milanés, Casals, Luisa Pérez de Zambrana.** En el reino de la indivinidad, como diría **Virgilio Piñera**, partir es la voz de Orestes, y la historia podía representarse también, con no menor autenticidad, en los remotos horizontes de lava, arena y mar, y en los atardeceres de la distancia.

Índice onomástico

A

Acevedo, Miriam, 27, 134, 148, 195, 208, 273, 288-289
Acevedo, Nena, 161
Acha, Rafael de, 195
Acosta, Tino, 227, 228
Acuña, 174
Adler, Heidrun, 137
Agüero, Luis, 148, 273, 293
Águila, Rigoberto, 73
Aguirre, Mirta, 42, 135
Alberti, Rafael, 265
Alfonso, Paco, 21, 22, 133, 186, 213
Almanza, Regina, 155
Almendros, Néstor, 66
Almirante, Enrique, 219
Alonso, Alberto, 72
Alonso, Alicia, 71
Alonso, Dora, 133, 163, 164, 165
Alonso, Eduardo Héctor, 135
Álvarez Guedes, Eloísa, 167
Álvarez Ríos, María, 36
Álvarez, Manolín, 188
Álvarez, Octavio, 188
Álvarez, Pedro, 73, 238, 239
Alvaro, Corrado, 197
Anderson, Maxwell, 32
Andrés, 146, 151, 230, 236, 296
Andueza, José María, 107
Anouilh, Jean, 14, 229, 231, 232
Arcocha, Juan, 33
Arenal, Humberto, 31, 33, 37, 74, 133
Ariza, René, 135, 142, 232
Armas, Helena de, 196
Arriví, Francisco, 137
Arrom, Juan José, 47, 107, 139, 140, 141
Arrufat, Antón, 22, 28, 30, 33-34, 39, 40, 41, 133, 135, 191, 228, 230, 296
Astorga, Pedro Pablo, 218
Astoviza, Julia, 134, 224, 242, 244
Atkinson, Brooks, 207
Avellaneda, *Ver* Gómez de Avellaneda, Gertrudis

B

Bachiller y Morales, Antonio, 126
Badía, Nora, 135, 272
Ban, Son, 33
Baragaño, 27
Barielet, 229
Bartok, Bela, 293
Bautista, Aurora, 32
Baxandall, Lee, 33
Behemaras, Marcos, 133, 160, 166
Behrman, S. H., 294
Beltrán, Alejo, 39, 191
Ben-Ari, Reiken, 71, 74
Benavente, Jacinto, 54
Benedek, Laslo, 79
Bentley, Eric, 204, 209, 210
Bernal, Carmen, 218
Blanco, Roberto, 134, 165, 247, 289
Blank, Olga de, 168
Blasco Ibáñez, Vicente, 299
Bloch, Pedro, 198, 199
Boix, Magaly, 165
Borges, Augusto, 286
Borges, Fermín, 23, 133, 136, 272, 276-279, 281, 286

303

Borrero, Leonor, 96, 142, 244, 286
Bowdin, Muriel, 71
Bradman, Juan, 238
Brando, Lina, 167
Brecht, Bertold, 14, 33, 87, 184, 193, 229-230, 232-234, 289-291
Brito, Silvia, 241, 260, 261
Brook, Peter, 273
Brunet, Luis, 155
Buero Vallejo, 14, 36, 177, 178
Bujones, Minín, 168
Bustamente, Manuela, 169

C

Cabrera Infante, Guillermo, 19-20, 27, 34, 66, 133
Cabrera, Raimundo, 108, 109
Calderón de la Barca, 41, 139, 180
Calvo Sotelo, 14, 177, 178
Camejo, Pepe, 173
Camps, David, 133, 145, 153, 155, 162, 163, 238
Canel, Fausto, 66, 273, 293
Capote, Truman, 14, 220
Carballido, Emilio, 137
Carbonell, Luis, 237
Cárdenas, Raúl de, 28, 133, 160, 161, 296
Cardona, Miguel, 195
Carmona, Rosario, 228
Carpentier, Alejo, 24, 110
Carril, Pepe, 173
Carvajal, Dora, 173
Casal, 174
Casals, Julián del, 302
Casanova, Maria Julia, 168
Casey, Calvert, 39, 135
Castilla, Pedro de, 108, 123
Castro, Andrés, 29, 71, 96, 134, 201, 206, 211, 276, 286, 295
Castro, Chela, 29, 289

Centeno, Modesto, 96, 135, 181, 236
Cervantes, Miguel de, 14, 32, 101-104, 179
Chaplin, Charles, 264
Chayefsky, Paddy, 57-66
Chéjov, Antón, 14, 34, 36, 64, 111-113, 121, 143, 207, 215, 229-230, 235-239, 250, 282
Chéjov, Miguel, 71, 207
Chin-fang, Tu, 265, 268
Cid Pérez, José, 31
Cocteau, Jean, 295
Coego, Manolo, 262-263
Corrales, José, 133
Corrieri, Sergio, 73
Covarrubias, Francisco, 24, 105-110, 124-129
Crespo y Borbón, Bartolomé, 108
Cruz, Ramón de la, 128
Cúneo, Adrián, 189

D

Dacosta, Ofelia, 169-170, 228
Danchenko, 34-35, 111
Davis, Bette, 158, 262-263
Delgado, Idalberto, 178, 189, 228, 250
Devries, 227
Díaz, María Ofelia, 134, 186, 213, 226
Diez, Lydia, 232
Domínguez, Eugenio, 72, 244
Domínguez, Marcelo, 165
Doré, Sergio Jr., 222
Dorr, Nicolás, 28-29, 133, 272, 296
Dort, Bernard, 33
Douglas Home, William, 229
Dragún, Osvaldo, 14, 196
Dumé, 134, 142, 172, 174, 199, 229, 234, 274-276

E

Eguren, Raúl, 133, 153-154, 160
Escarpanter, José A., 24, 110, 135, 221
Escartín, Adela, 71-74, 134, 208, 273, 286
Espasande, Ángel, 195, 236, 241, 250
Espasande, Juan Ángel, 241
Esquilo, 162
Estorino, Abelardo, 28, 134, 174, 191
Eurípides, 162, 197
Évora, Tony, 19

F

Fabbri, Diego, 14, 239, 240, 287
Farr, Yolanda, 188, 229
Farré, Marta, 240
Felipe, Carlos, 31, 39, 272-273, 279-283, 286
Fernández Martínez, Manuel, 245
Fernández, Pablo Armando, 27, 36, 37
Fernández, Zoe, 142, 145
Ferreira, 160
Ferreira, Ramón, 22-23, 157-159
Ferrer, Rolando, 24, 28, 30, 133, 141, 143-145, 272, 274-275, 286
Fields, 227
Fornaris, Fornarina, 35-36
Fornés, María Irene, 191
Foxa, Francisco Javier, 108
Frank, Bernard, 256
Franqui, Carlos, 19, 27, 208
Fresquet, Fresquito, 166
Fuente, Eustaquio de la, 125

G

Gainza, Ramón, 135
Gali, Ernesto de, 181, 222

Galich, Manuel, 41, 134, 191
Gambaro, Griselda, 137
García Lorca, Federico, 14, 32, 35, 177, 182-183, 203, 296-297
García, Doris, 223
Garrick, 128
Garson, Greer, 262
Gassner, 208
Gay, Cristina, 151, 157
Gelada, José, 70-71
Genet, Jean, 32, 288
Gómez de Avellaneda, Gertrudis, 105, 110, 277
Gómez, Miriam, 148, 231, 232
González Cunquejo, Antonio, 42
González de Cascorro, Raúl, 28, 31, 133, 155, 156
González Freire, Natividad, 39, 66, 71, 135, 139, 155, 224, 244
González Montes, Yara, 5, 12, 84
González, Elsa Nima, 158, 296
González, Ingrid, 142-143, 274-275
González, Miguel, 123
González, Ofelia, 134, 174, 234
González, Tomás, 135
Gorostiza, Carlos, 137
Gorostiza, Maricusa, 135
Gredy, 229
Green, Graham, 187
Groning, César, 213
Guerra, Dania, 165
Guerra, Juan, 39
Guerra, Ramiro, 172, 293, 294
Gutiérrez, Homero, 188
Gutiérrez, Ignacio, 28, 39, 133
Gutiérrez, Miguel, 226
Guzmán, Hortensia, 286

H

Heredia, José María, 300
Hernández, Cándido, 37
Hernández, Gilda, 39, 247
Hernández, Helmo, 96, 210, 211

Hernández, Leopoldo, 133
Hernández, Marcelo, 84
Hernández, Rogelio, 181
Herrera, José, 153
Hickerson, Harold, 32
Hitchcock, Alfred, 246
Huerta, Elena, 147, 286
Huerta, Helena, 134
Huidobro, Eulalia, 5, 11
Hurtado, Oscar, 37

I

Ibsen, 121, 153
Iglesias, 174
Inge, William, 14, 66, 203-204, 206, 207
Insúa, Alberto, 286
Ionesco, Eugene, 14, 33, 59, 229, 230, 241-244

J

Jiménez, Violeta, 262
Jordán, 174
Jordán, Daniel, 159
Jorge, Antonio, 73

K

Knott, Patrick, 244-245
Kordon, Bernardo, 266

L

Labiche, 295
Lacasa, Rosita, 169-170
La-fang, Mei, 268
Larrondo Maza, Enrique, 105
Lauten, Flora, 155
Laviera, Tato, 137
Leal, Rine, 21-23, 29-30, 32-33, 35, 38-41, 66, 151, 275, 293
Lekain, 128
Lenoir, Jean Pierre, 256

León, Carlos de, 261
León, María Teresa, 265
Lima, Ricardo, 155
Linares, Ernestina, 73, 134
Lizárraga, Andrés, 14, 33, 191, 193-194
Llauradó, 174
Llerena, Liliam, 134, 147, 240, 273, 287
Llopis, Jorge, 178
Lope de Vega, 14, 36, 41, 139, 177, 180
Luaces, Joaquín Lorenzo, 105, 108
Lugo, Alejandro, 148
Luis, Adolfo de, 32, 39, 71-74, 135, 285
Luján, 174
Lynn, Verónica, 96, 134-135, 229, 232, 238, 296

M

Machado, 174
Magaz, Esperanza, 286
Magnier, Claude, 229
Maíquez, 128
Manet, Eduardo, 173, 195
Manino, Anthony, 71
Mann, Paul, 71
Manrique, Jorge, 37
Marcabru, Pierre, 256
March, Frederic, 57
Marichal, Delfina, 213
Márquez, Luis, 197
Martí de Cid, Dolores, 31
Martí, José, 30, 37, 170-172, 300
Martín Planas, Pedro, 234, 237
Martínez Aparicio, 39
Martínez, Armando, 157, 228
Martínez, Bertha, 72, 229, 258, 259
Martínez, Jorge, 195
Marty, Sam, 196
Mascorietto, Jeddu, 224, 232

Masó, Fausto, 135
Matas, Julio, 25, 39, 40-41, 134, 148, 184, 191, 223-224, 228-229, 242-244
Matilla, Julio, 172, 174
Mederos de Baralt, Liliam, 135
Mei-chen, Sia, 267
Melchinger, 255
Mendoza, Isaura, 151, 165
Mestre, Mercedes Dora, 135
Michaux, Henry, 268
Michel, 295
Mier, Miriam, 158
Mihura, Miguel, 14, 32, 177, 185-186
Milanés, José Jacinto, 105, 302
Millán, José Agustín, 36, 105, 108-109, 125, 128, 133, 140
Miller, Arthur, 14, 36, 65, 75-84, 95, 162, 208-217, 277
Mirodán, Alexandru, 34
Mojica, Francisco de, 123
Monal, Isabel, 27, 39-40, 42, 272, 278
Montero, Fausto, 155, 168
Montes Huidobro, Matías, 36, 40, 148, 160
Montes, Lidia, 228
Montesco, Miguel, 161
Montesinos, Gerardo, 145
Morales, Rebeca, 142, 274-275
Moratín, 36
Morín, Francisco, 20, 27, 74, 96, 134-135, 146-148, 151, 191, 217, 228-229, 241, 260-261, 276, 288-289, 296
Moure, Eduardo, 147, 195
Munne, Mary, 286

N

Naborí, 153
Nathan, George J., 209-210
Navarro, Miguel, 148, 286

Neville, Edgar, 177-178
Noble, Cecilio, 142, 232, 242, 270, 274
Noriega, Clara Luz, 151
Novak, Kim, 57
Núñez Rodríguez, Enrique, 167
Núñez, Ofelita, 188

O

Odets, Cliford, 14, 32, 72, 225-227
Olivier, Lawrence, 66
Olmos García, F., 33
O'Neill, Eugene, 14, 32, 64, 66, 73, 92, 162, 209, 222
Oquendo, Luis, 197
Orta Varona, Lesbia, 12
Orticón, Luis, *Ver* Agüero, Luis
Otero, Lisandro, 20

P

Parajón, Mario, 33
Paris, Rogelio, 148
Parrado, Gloria, 133, 191, 272, 285-286
Pascual Ferrer, Buenaventura, 106, 123, 126
Pascual Ferrer, Sara, 135
Patrick, John, 14, 229, 246-247
Pavloswski, Eduardo, 137
Peláez, Roberto, 294-295
Penichet, Silvia, 188
Pereiro, Manuel, 72, 199, 241, 289
Pérez de Vargas, Juan, 123
Pérez de Zambrana, Luisa, 302
Pérez Ramírez, Manuel, 123
Petrone, Francisco, 96
Picasso, Pablo, 34, 183
Pichardo Moya, Felipe, 133, 140
Piñeiro, Carlos, 72
Piñera, Virgilio, 16, 21, 25-26, 31, 34, 39, 133, 136, 146-149, 230, 272-273, 281, 302

307

Pirandello, Luigi, 14, 240, 248-249
Piscator, 71-72
Pita, Santiago de, 133, 139
Pogolotti, Graziella, 33
Ponce de León, Cuqui, 157, 227, 251
Ponce, Miguel, 36, 157, 196
Potts, Renée, 31
Priestley, J.B., 14, 36, 229, 250-251, 257
Prieto, Antonio, 126
Prieto, Pedro Pablo, 181
Pudovkin, Vsebold, 34
Puig, Germán, 66

Q

Quesada, Armando, 232
Quevedo, Francisco de, 37
Quintero, José, 31-32, 276
Quintero, José Agustín, 300

R

Rains, Claude, 263
Ramírez, Vilma, 37
Ramos, José Antonio, 16, 22, 25, 31, 36, 45- 48, 50-52, 54, 133, 135, 277, 300-302
Rattigan, Terence, 230
Reguera Saumell, Manuel, 28, 133, 146, 149, 273, 283-284, 286
Rengifo, César, 200
Resnais, 34
Revuelta, Raquel, 73
Revuelta, Vicente, 23, 71-774, 96, 134-135, 180, 214, 228, 247, 276, 286, 289, 291
Rey, Antonia, 96, 134, 142, 203, 206-208, 211, 219, 295
Rice, Elmer, 32
Ríos, Nidia, 218

Riovega, Elodia, 157
Rivera, Frank, 31
Robinson, Edward G., 57
Robles, Arturo, 151
Rodríguez, Asenneh, 134, 151-152, 165
Rodríguez, Emilio, 238
Rodríguez, José Antonio, 211
Romay, Eric, 142
Ronay, Clara, 39
Rosales, Maritza, 250
Rosencof, Mauricio, 35
Rowlands, Gene, 57
Roy, Claudel, 266
Rueda, Lope de, 101
Ruiz Iriarte, Víctor, 14, 177, 187-188

S

Sacco, 32
Saenz, Marisabel, 96
Sainz, Ana, 198
Salinas, Pedro, 14, 31, 183, 184
Sánchez Galarraga, 42
Sánchez, Herminia, 134, 236
Sánchez, Luis Rafael, 137
Sánchez, René, 148, 151
Sandoval, Berta, 228
Santacilia, Pedro, 300
Santana, Henry, 155
Santana, María de los Ángeles, 169
Santí, 174
Santí, Naida, 286
Santos, Berta, 181
Santos, Felipe, 134, 157

Sarachaga, 107, 109
Sarduy, Severo, 30
Saroyan, William, 242
Sartre, Jean Paul, 14, 26-27, 33, 161, 229-230, 252-253, 255-257, 282, 288

Schmidhuber, Guillermo, 137
Schoenherr, Carl, 14, 229, 259-260
Schrager, Phillip, 71
Seki-Sano, 71-72
Selis, Raúl, 181, 236
Sellén, Francisco, 108
Shakespeare, William, 14, 180, 229, 250
Shao-chun, Li, 266
Shaw, Bernard, 14, 229, 258-259
Shi-jai, Yuan, 264
Silíceo, Juan Bautista, 123
Silva, Parmenia, 135, 237-238, 296
.Silvestre, 174
Sófocles, 162, 231, 232
Sosa, Lorna de, 71
Sotomayor, 123
Stanislavski, Constantin, 34-36, 69-74, 290-291
Stanley, Kim, 207
Steinbeck, John, 72
Stevens, Leslie, 229
Suri, 123

T

Taboada, Emilio, 159-160
Talma, 128
Taylor, Elizabeth, 88
Tirso de Molina, 41
Torres, César, 261
Trelles y Govín, Carlos Manuel, 108
Triana, José, 28, 30, 39-41, 133, 136, 149-153, 191, 230, 296

Turla, Leopoldo, 300
Turosvskaya, Maya, 34

U

Ugarte, Rafael, 135
Ulive, Hugo, 36, 39, 41

V

Vailand, Roger, 34
Valdés Rodríguez, 39, 66
Valerio, Juan Francisco, 109
Vanzetti, 32
Vázquez, Esperanza, 188
Vega, Irma de la, 71-73
Verbitsky, Bernardo, 76
Vergara, Eduardo, 174, 226
Verneuil, Louis, 261-262
Vidal, Carina, 165
Vigón, Rubén, 39, 66, 134, 145, 153, 157, 229, 231, 238-239, 283-284, 294
Vilar, Jean, 162, 187
Villaverde, Cirilo, 300

W

Wilder, Thornton, 14, 223-225
Williams, Tennessee, 14, 63, 65, 87-96, 158-159, 162, 204, 208, 217-218, 295
Wolf, Egon, 137

Z

Zúñiga, Reynaldo de, 229

OTROS LIBROS PUBLICADOS EN LA COLECCIÓN POLYMITA:
(crítica y ensayo)

CARLOS FUENTES Y LA DUALIDAD INTEGRAL MEXICANA, Alberto N. Pamies y Dean Berry
CUBA EN EL DESTIERRO DE JUAN J. REMOS, Josefina Inclán
JORGE MAÑACH Y SU GENERACIÓN EN LAS LETRAS CUBANAS, Andrés Valdespino
REALIDAD Y SUPRARREALIDAD EN LOS CUENTOS FANTÁSTICOS DE JORGE LUIS BORGES, Alberto C. Pérez
LA NUEVA NOVELA HISPANOAMERICANA Y TRES TRISTES TIGRES, José Sánchez-Boudy
EL INFORME SOBRE CIEGOS EN LA NOVELA DE ERNESTO SÁBATO «SOBRE HÉROES Y TUMBAS», Silvia Martínez Dacosta
CHARLAS LITERARIAS, Roberto Herrera
PABLO NERUDA Y EL MEMORIAL DE ISLA NEGRA, Luis F. González Cruz
PERSONA, VIDA Y MÁSCARA EN EL TEATRO CUBANO, Matías Montes Huidobro
LUIS G. URBINA: SUS VERSOS (ENSAYO DE CRÍTICA), Gerardo Sáenz
ESTUDIO CRITICO HISTÓRICO DE LAS NOVELAS DE MANUEL GÁLVEZ, Joseph E. Puente
TEATRO EN VERSO DEL SIGLO XX. Manuel Laurentino Suárez
PANORAMA DEL CUENTO CUBANO, Berardo Valdés
AYAPÁ Y OTRAS OTÁN IYEBIYÉ DE LYDIA CABRERA, Josefina Inclán
LA NOVELA Y EL CUENTO PSICOLÓGICO DE MIGUEL DE CARRIÓN, Mirza L. González
IDEAS ESTÉTICAS Y POESÍA DE FERNANDO DE HERRERA, Violeta Montori de Gutiérrez
DOS ENSAYOS LITERARIOS, Silvia Martínez Dacosta
LA POESÍA DE AGUSTÍN ACOSTA, Aldo R. Forés
LA OBRA POÉTICA DE EMILIO BALLAGAS, Rogelio de la Torre
JOSÉ LEZAMA LIMA Y LA CRÍTICA ANAGÓGICA, Luis F. Fernández Sosa

PANORAMA DE LA NOVELA CUBANA DE LA REVOLUCIÓN,
  Ernesto Méndez Soto
BIBLIOGRAFÍA SOBRE EL PUNDONOR: TEATRO DEL SIGLO DE
  ORO, José A. Madrigal
REALISMO MÁGICO Y LO REAL MARAVILLOSO EN «EL REINO
  DE ESTE MUNDO» Y «EL SIGLO DE LAS LUCES» DE ALEJO
  CARPENTIER, Juan Barroso VIII
ARTE Y SOCIEDAD EN LAS NOVELAS DE CARLOS LOVEIRA,
  Sarah Márquez
NUESTRO GUSTAVO ADOLFO BÉCQUER (1870-1970), Grupo
  Coaybay
LA FLORIDA EN JUAN RAMÓN JIMÉNEZ, Ana Rosa Núñez
BAUDELAIRE (PSICOANÁLISIS E IMPOTENCIA), José Sánchez-
  Boudy
LA SERENIDAD EN LAS OBRAS DE EUGENIO FLORIT, Orlando E.
  Saa
TEATRO LÍRICO POPULAR DE CUBA, Edwin T. Tolón
EL MARQUES DE MANTUA, Hortensia Ruiz del Vizo
GUILLERMO CARRERA INFANTE Y TRES TRISTES TIGRES,
  Reynaldo L. Jiménez
LA POESÍA NEGRA DE JOSÉ SÁNCHEZ-BOUDY, René León
NOVELÍSTICA CUBANA DE LOS AÑOS 60, Gladys Zaldívar
ENRIQUE PIÑEYRO: SU VIDA Y SU OBRA, Gilberto Cancela
CUBA, EL LAUREL Y LA PALMA, Alberto Baeza Flores
LAS ANSIAS DE INFINITO EN LA AVELLANEDA, Florinda Álzaga
EL DESARRAIGO EN LAS NOVELAS DE ÁNGEL MARÍA DE LERA,
  Ellen Lismore Leeder
JORGE MAÑACH, MAESTRO DEL ENSAYO, Amalia de la Torre
LA ÉTICA JUDÍA Y LA CELESTINA COMO ALEGORÍA, Orlando
  Martínez Miller
DON JUAN EN EL TEATRO ESPAÑOL DEL SIGLO XX, María C.
  Dominicis
QUEVEDO, HOMBRE Y ESCRITOR EN CONFLICTO CON SU
  ÉPOCA, Ela Gómez-Quintero
JUEGOS DE VIDA Y MUERTE: EL SUICIDIO EN LA NOVELA
  GALDOSIANA, Serafín Alemán
HOMBRES DE MAÍZ: UNIDAD Y SENTIDO A TRAVÉS DE SUS
  SÍMBOLOS MITOLÓGICOS, Emilio F. García

HEREDIA Y LA LIBERTAD, Julio Garcerán
POESÍA EN JOSÉ MARTÍ, JUAN RAMÓN JIMÉNEZ, ALFONSO REYES, FEDERICO GARCÍA LORCA Y PABLO NERUDA, Eugenio Florit
JUSTO SIERRA Y EL MAR, Ellen Lismore Leeder
JOSÉ LEZAMA LIMA; TEXTOS CRÍTICOS, Justo C. Ulloa, editor
JULIÁN DEL CASAL: ESTUDIO COMPARATIVO DE PROSA Y POESÍA, Luis F. Clay Méndez
LA PÍCARA Y LA DAMA, Mireya Pérez-Erdelyi
LA EVOLUCIÓN LITERARIA DE JUAN GOYTISOLO, Héctor R. Romero
HOMENAJE A GERTRUDIS GÓMEZ DE AVELLANEDA, Rosa M. Cabrera y Gladys Zaldívar
JOSÉ REVUELTAS: EL SOLITARIO SOLIDARIO, Marilyn R. Frankenthaler
NOVELÍSTICA CUBANA DE LA REVOLUCIÓN (1959-1975), Antonio A. Fernández Vázquez
LA OBRA NARRATIVA DE CARLOS MONTENEGRO, Enrique J. Pujals
FEMENISMO ANTE EL FRANQUISMO, Linda G. Levine & Gloria F. Waldman
LO CHINO EN EL HABLA CUBANA, Beatriz Varela,
HISTORIA DE LA LITERATURA CATALANA, Juan V. Solanas
ANÁLISIS E INTERPRETACIÓN DE DON JUAN DE CASTRO DE LOPE DE VEGA, Antonio González
LEZAMA LIMA: PEREGRINO INMÓVIL, Álvaro de Villa y José Sánchez-Boudy
NUEVAS TENDENCIAS EN EL TEATRO ESPAÑOL (NATELLA-NIEVA Y RUIBAL)., Anje C. Van der Naald
EL MUNDO DE MACONDO EN LA OBRA DE GABRIEL GARCÍA MÁRQUEZ, Olga Carrera González
LA PROBLEMÁTICA PSICO-SOCIAL Y SU CORRELACIÓN LINGÜÍSTICA EN LAS NOVELAS DE JORGE ICAZA,, Anthony J. Vetrano
LA TEMÁTICA NARRATIVA DE SEVERO SARDUY, José Sánchez-Boudy
THE STRUCTURE OF THE ROMAN DE THEBES, Mary Paschal

JULIÁN DEL CASAL, ESTUDIOS CRÍTICOS SOBRE SU OBRA, Varios autores
ÍNDICE BIBLIOGRÁFICO DE AUTORES CUBANOS (DIÁSPORA 1959-1979). José B. Fernández,
CARMEN CONDE Y EL MAR/CARMEN CONDE AND THE SEA, Josefina Inclán
ORÍGENES DEL COSTUMBRISMO ÉTICO SOCIAL. ADDISON Y STEELE: ANTECEDENTES DEL ARTÍCULO COSTUMBRISTA ESPAÑOL Y ARGENTINO., Gioconda Marún
JUEGOS SICOLÓGICOS EN LA NARRATIVA DE MARIO VARGAS LLOSA, María L. Rodríguez Lee
LA NARRATIVA DE LUIS MARTÍN SANTOS A LA LUZ DE LA PSICOLOGÍA, Esperanza G. Saludes
NUEVAS PERSPECTIVAS SOBRE LA GENERACIÓN DEL 27, Héctor R. Romero
LA DECADENCIA DE LA FAMILIA ARISTOCRÁTICA Y SU REFLEJO EN LA NOVELA ESPAÑOLA MODERNA,, Heriberto del Porto
EL BOSQUE INDOMADO...DONDE CHILLA EL OBSCENO PÁJARO DE LA NOCHE, Josefina A. Pujals
EL INDIO PAMPERO EN LA LITERATURA GAUCHESCA, Conrado Almiñaque
LA CRÍTICA LITERARIA EN LA OBRA DE GABRIELA MISTRAL, Onilda A. Jiménez
LA NARRATIVA DE JOSÉ SÁNCHEZ-BOUDY (TRAGEDIA Y FOLKLORE) Laurentino Suárez
HISTORIA, ÍNDICE Y PRÓLOGO DE LA REVISTA «LA PALABRA Y EL HOMBRE» (1957-1970)., Samuel Arguéz
JORGE LUIS BORGES Y LA FICCIÓN: EL CONOCIMIENTO COMO INVENCIÓN, Carmen del Río
SOCIEDAD Y TIPOS EN LAS NOVELAS DE RAMÓN MEZA Y SUÁREZ INCLÁN., Manuel A. González
ENSAYO SOBRE EL SITIO DE NADIE DE HILDA PERERA, Florinda Álzaga
ESTUDIO ETIMOLÓGICO Y SEMÁNTICO DEL VOCABULARIO CONTENIDO EN LOS LUCIDARIOS ESPAÑOLES, Gabriel de los Reyes

ANÁLISIS ARQUETÍPICO, MÍTICO Y SIMBOLÓGICO DE PEDRO PÁRAMO, Nicolás E. Alvarez
EL SALVAJE Y LA MITOLOGÍA: EL ARTE Y LA RELIGIÓN, José A. Madrigal
POESÍA Y POETAS (ENSAYOS TÉCNICOS-LITERARIOS), Luis Mario
PLÁCIDO, POETA SOCIAL Y POLÍTICO, Jorge Castellanos
EDUARDO MALLEA ANTE LA CRITICA, Myron I. Lichtblay, editor
LA ESTRUCTURA MÍTICA DEL POPUL VUH, Alfonso Rodríguez
TIERRA, MAR Y CIELO EN LA POESÍA DE EUGENIO FLORIT, María C. Collins
LA OBRA POÉTICA DE EUGENIO FLORIT, Mary Vega de Febles
LA EMIGRACIÓN Y EL EXILIO EN LA LITERATURA HISPÁNICA DEL SIGLO VEINTE, Myron I. Lichtblau
VIDA Y CULTURA SEFARDITA EN LOS POEMAS DE «LA VARA», Berta Savariego & José Sánchez-Boudy
HISTORIA DE LA LITERATURA CUBANA EN EL EXILIO, VOL. I, José Sánchez-Boudy
EL PLEYTO Y QUERELLA DE LOS GUAJALOTES: UN ESTUDIO, Gerardo Sáenz
EL OBSCENO PÁJARO DE LA NOCHE: EJERCICIO DE CREACIÓN, María del C. Cerezo
VIDA Y MEMORIAS DE CARLOS MONTENEGRO, Enrique J. Pujals
TEORÍA CUENTÍSTICA DEL SIGLO XX, Catharina V. de Vallejo
RAYUELA Y LA CREATIVIDAD ARTÍSTICA, Myron Lichtblau
LA COSMOVISIÓN POÉTICA DE JOSÉ LEZAMA LIMA EN «PARADISO» Y «OPPIANO LICARIO», Alina Camacho-Gingerich
LA INTUICIÓN POÉTICA Y LA METÁFORA CREATIVA EN LAS ESTRUCTURAS ESTÉTICAS DE E. BALLAGAS, L. CERNUDA, V. ALEIXANDRE, Israel Rodríguez,
LA ESCRITORA HISPÁNICA, Nora Erro-Orthmann & Juan Cruz Mendizábal
ES HEREDIA EL PRIMER ESCRITOR ROMÁNTICO EN LENGUA ESPAÑOLA?, Ángel Aparicio Laurencio
TRES VISIONES DEL AMOR EN LA OBRA DE JOSÉ MARTÍ, Louis Pujol
ANACRONISMOS DE LA NUEVA LITERATURA HISPANOAMERICANA, Arthur A. Natella

MODALIDADES DEL CASO Y EL PROCESO JURÍDICO EN EL TEATRO HISPANOAMERICANO, Teresa Rodríguez Bolet
AGUSTÍN ACOSTA (EL MODERNISTA Y SU ISLA), María Capote
LA PREFIGURACIÓN COMO RECURSO ESTILÍSTICO EN «AMALIA», Héctor P. Márquez
EL HOMBRE Y LAS METÁFORAS DE DIOS EN LA LITERATURA HISPANOAMERICANA, Israel Rodríguez
EL COSMOS DE LYDIA CABRERA, Mariela Gutiérrez
HUELLAS DE LA ÉPICA CLÁSICA Y RENACENTISTA EN «LA ARAUCANA» DE ERCILLA, María Vega de Febles
LOS ESPACIOS EN JUAN RULFO, Francisco Antolín
CIENCIA Y ARTE DEL VERSO CASTELLANO, Luis Mario
MENSAJE Y VIGENCIA DE JOSÉ ENRIQUE RODÓ, Orlando Gómez-Gil
SEIS APROXIMACIONES A LA POESÍA DE SERGIO MANEJÍAS, Orlando Gómez-Gil
ELEMENTOS PARA UNA SEMIÓTICA DEL CUENTO HISPANOAMERICANO, Catharina V. de Vallejo
LA SIGNIFICACIÓN DEL GÉNERO: ESTUDIO SEMIÓTICO DE LAS NOVELAS Y ENSAYOS DE ERNESTO SABATO, Nicasio Urbina
LA AFRICANÍA EN EL CUENTO CUBANO Y PUERTORRIQUEÑO, María Carmen Zielina
APROXIMACIONES A LA LITERATURA HISPANOAMERICANA, Manuel Gómez-Reinoso
REINALDO ARENAS: RECUERDO Y PRESENCIA, Reinaldo Sánchez (Ed.)
TERESA Y LOS OTROS (Voces narrativas en la novelística de Hilda Perera), Wilma Detjens
LITERATURA DE DOS MUNDOS: ESPAÑA E HISPANOAMÉRICA, Ela R. Gómez-Quintero
LO AFRONEGROIDE EN EL CUENTO PUERTORRIQUEÑO, Rafael Falcón
AL CURIOSO LECTOR, Armando Álvarez Bravo
SEMBLANZA Y CIRCUNSTANCIAS DE MANUEL GONZÁLEZ PRADA, Catherine Rovira
THE YOUTH AND THE BEACH (A Comparative Study of Thomas Mann...and Reinaldo Arenas...), Michael G. Paulson

LA ALUCINACIÓN Y LOS RECURSOS LITERARIOS EN LA NOVELAS DE REINALDO ARENAS, Félix Lugo Nazario
STRUGGLE FOR BEING: AN INTERPRETATION OF THE POETRY OF ANA MARÍA FAGUNDO, Zelda I. Brooks
MARIANO BRULL Y LA POESÍA PURA EN CUBA, Ricardo Larraga
ACERCAMIENTO A LA LITERATURA AFROCUBANA, Armando González-Pérez
ESCRITO SOBRE SEVERO (Acerca de Severo Sarduy), Francisco Cabanillas
PENSADORES HISPANOAMERICANOS, Instituto Jacques Maritain de Cuba
MAR DE ESPUMA: MARTÍ Y LA LITERATURA INFANTIL, Eduardo Lolo
EL ARTE NARRATIVO DE HILDA PERERA (De *Los cuentos de Apolo* a *La noche de Ina*), Luis A. Jiménez & Ellen Lismore Leeder (Ed.)
INTERTEXTUALIDAD GENERATIVA EN *EL BESO DE LA MUJER ARAÑA* DE MANUEL PUIG, Rubén L. Gómez
LA VISIÓN DE LA MUJER EN LA OBRA DE ELENA GARRO, Marta A. Umanzor
LA AVELLANEDA: INTENSIDAD Y VANGUARDIA, Florinda Álzaga
POÉTICA DE ESCRITORAS HISPANOAMERICANAS AL ALBA DEL PRÓXIMO MILENIO, Lady Rojas-Trempe & Catharina Vallejo (Ed.)
PASIÓN DE LA ESCRITURA: HILDA PERERA, Rosario Hiriart
LA MUJER EN MARTÍ. En su pensamiento, obra y vida, Onilda A. Jiménez
LAS MADRES DE LA PATRIA Y LAS BELLAS MENTIRAS: LA IMAGEN DE LA MUJER EN EL DISCURSO LITERARIO DE LA REPÚBLICA DOMINICANA, 1844-1899, Catharina Vallejo
EMILIA BERNAL: SU VIDA Y SU OBRA, Armando Betancourt de Hita. Edición de Emilio Bernal Labrada
JOSÉ MARÍA ARGUEDAS: MÁS ALLÁ DEL INDIGENISMO, Gladys M. Varona-Lacey
ÍNDICE BIBLIOGRÁFICO DE LA *REVISTA DE LA HABANA* (1930, Gustavo Gutiérrez, Director), Berta G. Montalvo
REINALDO ARENAS, AUNQUE ANOCHEZCA (TEXTOS Y DOCUMENTOS), Edición de Luis de la Paz
LITERATURA CUBANA DEL EXILIO, PEN Club de Escritores Cubanos en el Exilio